国家林业和草原局"林业草原法律保护体系研究"软科学项目
江苏省高校哲学社会科学优秀创新团队（生态环境保护执法研究） 资助
"十三五"江苏省重点建设学科（公安学）

STUDY ON THE RULE OF LAW OF ECOLOGICAL SECURITY

生态安全法治研究

林 平　张崇波　著

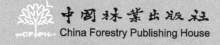
中国林业出版社
China Forestry Publishing House

图书在版编目（CIP）数据

生态安全法治研究 / 林平，张崇波著. --北京：
中国林业出版社，2020.4（2022.2）
ISBN 978-7-5219-0539-7

Ⅰ. ①生… Ⅱ. ①林… ②张… Ⅲ. ①生态安全-环境保护法-研究-中国 Ⅳ. ①D922.680.4

中国版本图书馆 CIP 数据核字（2020）第 063489 号

中国林业出版社·自然保护分社（国家公园分社）
策划编辑：刘家玲
责任编辑：刘家玲 葛宝庆

出版	中国林业出版社（100009 北京市西城区刘海胡同7号）
	http：//www.forestry.gov.cn/lycb.html 电话：(010)83143519 83143612
印刷	北京中科印刷有限公司
版次	2020年4月第1版
印次	2022年2月第2次
开本	710mm×1000mm 1/16
印张	16.25
字数	350千字
定价	68.00元

未经许可，不得以任何方式复制或抄袭本书之部分或全部内容。

版权所有 侵权必究

生态环境法治研究丛书编委会

主编 　林　平　南京森林警察学院党委副书记、副院长，教授，教育部高等学校教学指导委员会委员，江苏省重点建设学科（公安学）、江苏高校哲学社会科学优秀创新团队（生态环境保护执法研究）带头人

编委 　杜　群　北京航空航天大学法学院教授、博士生导师，环境资源法经济法中心主任，中国法学会环境资源法学研究会副会长

　　　　晋　海　河海大学法学院教授，兼任中国环境资源法学研究会常务理事、中国水利学会水法专业委员会委员、江苏省环境资源法学研究会副会长（兼秘书长）、江苏省生态法学会副会长

　　　　杨朝霞　北京林业大学生态法研究中心主任，黄河研究院研究员

　　　　张崇波　南京森林警察学院副教授，国家林业和草原局森林公安法制研究中心副主任

　　　　张志平　南京森林警察学院教授

　　　　陈积敏　南京森林警察学院副教授

　　　　赵小康　南京森林警察学院副教授

　　　　骆家林　南京森林警察学院副教授

　　　　邓琳君　南京森林警察学院博士

总　序

党的十八大将生态文明建设纳入中国特色社会主义事业"五位一体"总体布局。党的十九大报告在总结以往实践的基础上，明确地提出"坚持人与自然和谐共生""像对待生命一样对待生态环境""实行最严格的生态环境保护制度"等论断，充分彰显出以习近平同志为核心的党中央在生态文明建设中清醒的问题意识，对解决生态文明建设中存在问题的清晰思路和举措，向全世界发出了中国建设生态文明的庄严承诺。

制度问题更具有根本性、全局性、稳定性和长期性。建设生态文明，是一场涉及生产方式、生活方式、思维方式和价值观念的革命性变革，必须更加注重法治的"顶层设计"，更加注重从法律制度、法治方式和法治机制入手，充分发挥法治的引导和规范作用。2018年5月，习近平总书记在全国生态环境保护大会上发表重要讲话，强调要"用最严格制度最严密法治保护生态环境，加快制度创新，强化制度执行，让制度成为刚性的约束和不可触碰的高压线。"这个论断深刻地回答了怎样建设生态文明的重大理论和实践问题。

当前，我国生态文明建设正处于压力叠加、负重前行的关键期，已进入提供更多优质生态产品以满足人民日益增长的优美生态环境需要的攻坚期，也到了有条件、有能力解决生态环境突出问题的窗口期。加强生态环境法治研究和建设，是生态文明建设的内在要求，也是推动生态文明建设不断迈上新台阶的可靠保障，更是切实推进生态文明领域国家治理现代化的关键所在。

为贯彻习近平生态文明思想，服务生态文明国家战略，加强生态环境法治建设，南京森林警察学院坚持特色发展，围绕生态环境、森林草原、生物安全等领域开展科学研究、技术服务和人才培养，充分依托行业的优势和校外丰富的合作资源，不断提升科研实力、增强技术服务和咨询能力，在多年的办学中积淀了明显的优势，为提高生态环境保护执法效能，严厉打击违法犯罪作出了积极贡献。

南京森林警察学院生态环境保护执法研究团队是江苏省高校哲学社会科学优秀创新团队。2017年以来，团队以江苏省重点建设学科(公安学)、国家林业和草原局森林公安法制研究中心等优质资源为依托，围绕完善生态环境保护立法，加强司法保障机制，深化生态环境行政执法改革，健全行政执法和刑事司法衔接机制，强化规范执法等开展研究，开展了《林业与草原保护法律体系研究》《域外国家公园立法研究》《国家公园综合执法改革研究》《森林防火法治体系研究》等一系列课题研究工作，团队建设获得了"人才培养贡献突出、科学研究成果丰硕、社会服务成效明显、文化传承与创新能力不断提高的建设成效"的好评。

"生态环境法治研究"丛书是该团队系列成果之一。该丛书包括《生态安全法治研究》《环境犯罪预防论》等著作。丛书以运用法治理念和法治方法对生态环境进行系统保护为目标，围绕生态执法，从预防到惩治、从微观到宏观、从局部到整体，在构建环境犯罪预防体系、完善生态环境保护立法，深化生态环境部门综合执法，健全行政执法和刑事司法衔接机制，完善执法程序、严格执法责任、加强规范执法，建立行政执法机关与公检法机关信息共享机制等领域开展研究，为健全生态环境保护法治提供了理论支撑和实践指导，具有较高的学术价值和实践应用价值。本丛书的编写出版得到了公安部食品药品犯罪侦查局、国家林业和草原局科技司、江苏省教育厅和南京森林警察学院的大力支持，也得到了许多领导、专家、同行的悉心指导，在此一并致谢！

我们期待通过"生态环境法治研究"丛书的出版，为生态环境保护行政执法和刑事执法工作提供建睿智之言、献务实之策，也为完善生态环境法治建设提供有益借鉴和启发。由于时间仓促、水平有限，本丛书汇集的关于生态安全法治方面的初浅思考与探索，难免会有不足疏漏之处，敬请批评指正，也希望能引起更多专家学者和同行作深入的探讨。

林 平

2020 年 4 月

前言

习近平总书记指出，既重视传统安全，又重视非传统安全，构建集政治安全、国土安全、军事安全、经济安全、文化安全、社会安全、科技安全、信息安全、生态安全、资源安全、核安全等于一体的国家安全体系。明确将生态安全纳入国家安全体系之中。生态安全与政治安全、军事安全和经济安全一样，都是事关大局、对国家安全具有重大影响的安全领域。

《生态安全法治研究》一书是"生态环境法治研究"丛书中的一本。本书以生态环境治理为切入点，以生态安全法益保护为主轴，从生态安全保护的理念、立法、执法、司法等环节入手，探索构建我国生态安全法治体系。本书阐释了生态安全法治的内涵，以林业行政执法为视角回顾了深化综合改革执法的实践历程，分析了生态安全法治的路径，进行了改革执法模式的比较考察，重点就深化生态安全综合行政执法改革进行了探讨，并提出了对策建议。本书分析了生态犯罪刑事规制的正当性、现状及问题，从更新生态犯罪的基本理念、把握构成的认定路径等提出了完善生态犯罪刑事立法对策。从生态安全行政执法与刑事司法衔接程序、生态犯罪刑事规制司法的专门化、追诉主体的专业化等方面探讨了生态犯罪刑事规制司法的完善。本书还整理了生态犯罪的具体罪名、生态犯罪的犯罪构成、生态犯罪刑事案件的证据指引等3个附录，便于一线工作的读者便捷查阅生态环境犯罪相关刑事法律规范。

在既有研究成果的基础上，本书期望通过系统梳理生态安全法治的基本脉络，阐述生态安全法治的基本内涵，探索生态安全法治的基本路径，提出应对生态环境违法犯罪的措施，促进我国生态安全法治理念的更新，为完善我国生态安全法治体系提供理论参考。期望通过生态安全行政执法与刑事执法的研究探讨，构建生态环境保护执法的良好运行机制，为提高执法成效，完善系统保护山水林田湖草的法治保障提供对策建议。

　　本书的撰写得到了南京森林警察学院的大力支持，也得到了业内许多领导专家和同事的关心帮助，在此一并致谢！

　　鉴于著者水平所限，不足和错漏之处敬请谅解。

林平　张崇波

2020 年 4 月

目 录

总序
前言

绪论 ……………………………………………………………… 1

第一章　生态安全法治概述 ……………………………………… 7
　第一节　生态安全法治的内涵诠释 …………………………… 7
　　一、生态安全的含义 ………………………………………… 7
　　二、生态安全法治的发展历程 ……………………………… 13
　第二节　生态安全法治的现状阐述 …………………………… 17
　　一、生态安全保护的理念 …………………………………… 17
　　二、生态安全保护的立法现状 ……………………………… 18
　　三、生态安全保护的执法现状 ……………………………… 22
　　四、生态安全保护的司法现状 ……………………………… 24
　第三节　生态安全法治的路径分析 …………………………… 25
　　一、健全立法 ………………………………………………… 26
　　二、规范执法 ………………………………………………… 27
　　三、强化司法 ………………………………………………… 27
　　四、践行守法 ………………………………………………… 28
　第四节　生态安全法治的重点关注 …………………………… 29
　　一、生态安全行政执法 ……………………………………… 29
　　二、生态犯罪刑事规制 ……………………………………… 30

第二章 生态安全行政执法——以林业行政执法为视角 …… 33

第一节 林业综合行政执法回顾 …… 33
一、林业行政执法存在的问题 …… 33
二、林业综合行政执法的发展过程 …… 37

第二节 以森林公安为主的林业综合行政执法实践 …… 40
一、云南省的相对集中林业行政处罚权 …… 40
二、四川省的林业综合行政执法 …… 43

第三节 林业综合行政执法模式比较分析 …… 45
一、林业综合行政执法模式的类型 …… 45
二、林业综合行政执法模式的实际应用 …… 45
三、林业综合行政执法模式的比较分析 …… 47

第四节 林业综合行政执法相关问题探讨 …… 50
一、关于执法主体 …… 50
二、关于执法人员 …… 54
三、关于执法范围 …… 55
四、关于技术检验 …… 57
五、关于行政复议 …… 58

第五节 新森林法与林业行政执法 …… 59
一、关于法律授权 …… 60
二、关于行政强制措施 …… 62
三、关于执法身份 …… 63

第三章 深化生态安全综合行政执法改革 …… 66

第一节 综合行政执法的法理分析 …… 66
一、综合行政执法的概念 …… 66
二、综合行政执法的发展过程 …… 67

第二节 生态安全综合行政执法的基本问题 …… 72
一、生态安全行政执法模式 …… 72
二、生态安全综合行政执法内容 …… 75
三、生态安全综合行政执法的必要性 …… 77

第三节 生态安全综合行政执法改革的政策导向 …… 79

一、深化生态安全综合行政执法改革的意义 …………………… 79
　　二、关于深化生态环境保护综合行政执法改革的指导意见 …… 80
　第四节　生态安全综合行政执法改革的对策建议 …………………… 87
　　一、生态安全综合行政执法面临的挑战 ………………………… 87
　　二、生态安全综合行政执法的推进路径 ………………………… 89
　　三、提高生态安全综合行政执法成效的对策建议 ……………… 92

第四章　生态犯罪的刑事规制 …………………………………………… 97
　第一节　生态犯罪刑事规制的历程及现状 …………………………… 97
　　一、生态犯罪的概念与特征 ……………………………………… 97
　　二、生态犯罪的实务概况 ………………………………………… 101
　　三、生态犯罪刑事规制的进程 …………………………………… 102
　第二节　生态犯罪刑事规制的正当性 ………………………………… 105
　　一、刑事制裁是维护生态安全的最后手段 ……………………… 105
　　二、生态犯罪侵犯的法益是生态安全 …………………………… 107
　　三、刑事制裁是维护生态安全的必然选择 ……………………… 113
　第三节　生态犯罪刑事规制存在的问题 ……………………………… 114
　　一、生态刑事立法的不合理 ……………………………………… 114
　　二、生态刑事司法存在的不足 …………………………………… 116

第五章　生态犯罪刑事规制的立法完善 ………………………………… 119
　第一节　更新生态犯罪的基本理念 …………………………………… 119
　　一、生态犯罪与行政犯 …………………………………………… 119
　　二、生态犯罪的行政从属性 ……………………………………… 120
　　三、生态犯罪的行政从属性对刑事立法的影响 ………………… 121
　　四、生态犯罪具有行政犯和自然犯的双重属性 ………………… 122
　第二节　把握生态犯罪构成的认定路径 ……………………………… 123
　　一、我国犯罪构成理论的历史考察 ……………………………… 123
　　二、我国犯罪构成理论体系的研究现状 ………………………… 123
　　三、构建合理的生态犯罪构成体系 ……………………………… 125
　第三节　完善生态犯罪的刑事立法 …………………………………… 127
　　一、刑法上设立生态犯罪专章 …………………………………… 127

　　二、增设新的生态犯罪罪名 129
　　三、设立生态犯罪的危险犯 133
　　四、完善刑罚方式 139

第六章　生态犯罪刑事规制的司法完善 141
第一节　生态安全行政执法与刑事司法衔接程序的完善 141
　　一、我国生态安全行政执法与刑事司法衔接机制的制度规范 141
　　二、我国环境行政执法与刑事司法衔接机制运行中存在问题 143
　　三、完善我国环境行政执法与刑事司法衔接机制的对策建议 147
第二节　生态犯罪刑事规制的司法专门化 149
　　一、生态环境司法专门化的理论基础 150
　　二、生态环境司法专门化的具体实施办法 151
　　三、生态环境司法专门化与相关部门协同 152
　　四、完善我国生态环境损害司法鉴定制度 153
第三节　生态犯罪刑事追诉主体的专业化 156
　　一、专业公安承担生态犯罪刑事执法权的理论探讨 157
　　二、专业公安承担生态犯罪刑事执法权的可行性分析 157
　　三、专业公安承担生态犯罪刑事执法实践 159

参考文献 169

附录 172
　附录一　生态环境的具体罪名 173
　附录二　生态犯罪的犯罪构成 192
　附录三　生态犯罪刑事案件的证据指引整理 216

绪　论

2013年5月，习近平总书记在十八届中央政治局第六次集体学习时的讲话中就指出，生态文明是人类社会进步的重大成果。人类经历了原始文明、农业文明、工业文明，生态文明是工业文明发展到一定阶段的产物，是实现人与自然和谐发展的新要求。历史地看，生态兴则文明兴，生态衰则文明衰。古今中外，这方面的事例众多。生态文明建设就是实现人与自然协调发展、和谐共生，是人类对可持续发展问题认识深化的结果。

（一）生态环境治理的人类共识

生态危机的爆发与蔓延促使人类反思自己的行为，对生态环境的关注度逐渐提高。西方国家较早经历生态危机，也最早投入到生态治理的实践中，这些治理实践也取得了一些成效。西方国家在生态问题出现初期，采取过一些限制性措施，颁布了一些环境保护法规。如英国1863年颁布的《碱业法》、1876年颁布的《河流防污法》；日本大阪1877年颁布的《工厂管理条例》；美国、法国等国也陆续颁布了防治大气、水、放射性物质、食品、农药等污染的法规。但当时人们并没有搞清楚污染的成因和机理。到了20世纪50至70年代，生态问题凸显，西方国家相继成立环境保护专门机构，以图解决这一问题。其工作的重点主要是治理污染源、减少排放量等"尾部治理"的措施，从根本上说是被动的，收效不是很显著。1962年出版的《寂静的春天》一书将滥用滴滴涕等长效有机杀虫剂造成的生态问题揭示于美国公众面前，使公众从公害的痛苦中觉醒。

1968年，来自10个国家的30位专家在罗马成立了"罗马俱乐部"，研究人类的生态环境问题。1970年3月9日至12日，国际社会科学评议会在日本东京召开"公害问题国际座谈会"，发表《东京宣言》。在学者们和广大公众的强烈要求下，在各国舆论的压力下，1972年6月联合国在瑞典的斯德哥尔摩召开了"人类环境会议"，试图通过国际合作为从事保护和改善人类生态环境的政府和国际组织提供帮助。会议发布了《联合国人类环境会议宣言》,指出"保护和改善人类环境是关系到全世界各国人民的幸福和经济发展的重要问题,也是全世界各国人民的迫切希望和各国政府的责任。"20世纪70至80年代,西方国家在生态治理上不断增加投资,如美国、日本约占国民生产总值的1%至2%,他们十分重视环境规划与管理,制定严格的法律条例,大力开展环境科学研究,积极开发低污染和无污染的工艺技术。到了20世纪80年代,西方国家基本上控制了污染,普遍较好地解决了国内的生态环境问题。

1992年6月4日,联合国大会通过《联合国气候变化框架公约》(以下简称《公约》)。同年6月,《公约》在巴西里约热内卢召开的有世界各国政府首脑参加的联合国环境与发展会议期间开放签署。1994年3月21日,该公约生效。地球峰会上有150多个国家以及欧洲经济共同体共同签署。《公约》由序言及26条正文组成,具有法律约束力,终极目标是将大气温室气体浓度维持在一个稳定的水平,在该水平上人类活动对气候系统的危险干扰不会发生。根据"共同但有区别的责任"原则,《公约》对发达国家和发展中国家规定的义务以及履行义务的程序有所区别,要求发达国家作为温室气体的排放大户,采取具体措施限制温室气体的排放,并向发展中国家提供资金以支付他们履行公约义务所需的费用。而发展中国家只承担提供温室气体源与温室气体汇的国家清单的义务,制订并执行含有关于温室气体源与汇方面措施的方案,不承担有法律约束力的限控义务。该公约建立了一个向发展中国家提供资金和技术,使其能够履行公约义务的机制。截至2012年12月,加入该公约的缔约国共有196个。

1997年12月在日本京都由联合国气候变化框架公约参加国三次会议制定《联合国气候变化框架公约的京都议定书》(以下简称《京都议定书》),是《联合国气候变化框架公约》的补充条款。其目标是"将大气中的温室气体含量稳定在一个适当的水平,进而防止剧烈的气候改变对人类造成伤害。"2011年12月,加拿大宣布退出《京都议定书》,成为继美国之后第二个签署后又退出的国家。

2015年12月,在巴黎气候变化大会上通过《巴黎协定》。2016年4月,在纽约签署的气候变化协定,该协定为2020年后全球应对气候变化行动作出安排。《巴黎协定》主要目标是将本世纪全球平均气温上升幅度控制在2摄氏度以内,并将全球气温上升控制在前工业化时期水平之上1.5摄氏度以内。中国全国人大常务委员会于2016年9月3日批准中国加入《巴黎协定》,中国成为第23个完成批准协定的缔约方。2017年6月,美国现任总统特朗普宣布美国将退出《巴黎协定》,这一决定引发了社会各界的强烈反应。2017年10月,尼加拉瓜政府正式宣布签署《巴黎协定》。同年 11 月，德国波恩举行的新一轮联合国气候变化大会上，叙利亚代表宣布将尽快签署加入《巴黎协定》并履行承诺。2018 年 4 月，《联合国气候变化框架公约》框架下的新一轮气候谈判在德国波恩开幕，缔约方代表就进一步制定实施气候变化《巴黎协定》的相关准则展开谈判。

（二）生态环境法治的中国实践

习近平总书记在全国生态环境保护大会上的讲话中指出，我国环境容量有限，生态系统脆弱、污染重、损失大、风险高的生态环境状况还没有根本扭转，并且独特的地理环境加剧了地区间的不平衡。我国的环境污染和生态破坏依然严峻。在国土面积上，有 188 万 km^2 的土地遭受风力侵蚀，每年由于酸雨的破坏造成 50 亿美元的损失，每年有 32 亿 t 的二氧化碳排放量，土地沙漠化的面积正以每年 $2460km^2$ 的速度发展，全国矿山发展直接破坏森林面积大约 105 万 hm^2，破坏草地面积 26 万 hm^2，占用耕地面积 98 万 hm^2，而恢复治理率仅为 5%。中国是世界上拥有野生动植物种类最多的国家之一，但由于人们野生动物保护意识淡薄，加上近年来非法捕杀野生动物事件屡禁不止，造成中国野生动物数量急剧下降。近年来由于生态环境被破坏而造成的经济损失相当于当年国民生产总值的 14%，环境问题已成为影响人民生活和经济发展的社会问题，严重影响了我国的生态安全。

从我国生态环境法治的实践的情况看，1978 年《中华人民共和国宪法》（以下简称《宪法》）明确规定"国家保护环境和自然资源"。20 世纪 80 年代，我国出台实施环境保护"新五项制度"，确定"开发与节约并举，节约优先"的方针，建立健全循环经济法律法规，加快建立覆盖全社会的资源循环利用体系。

党的十八大以来，我国把生态文明建设作为统筹推进"五位一体"总体布局和协调推进"四个全面"战略布局的重要内容，推动生态环境保护发生历史性、转折性、全局性变化。通过深化改革，加快推进生态文明顶层设计和制度体系建设，相继出台《关于加快推进生态文明建设的意见》和《生态文明体制改革总体方案》，制定了 40 多项涉及生态文明建设的改革方案。习近平总书记传承中华民族传统文化，顺应时代潮流和人民意愿，站在坚持和发展中国特色社会主义、实现中华民族伟大复兴中国梦的战略高度，深刻回答了为什么建设生态文明、建设什么样的生态文明、怎样建设生态文明的重大理论和实践问题，系统形成了习近平生态文明思想，有力指导生态文明建设和生态环境保护取得历史性成就、发生历史性变革。

生态安全直接关系到一国的国家安全，是国家安全的重要内容之一。我国

《国家安全法》第三十条规定，国家完善生态环境保护制度体系，加大生态建设和环境保护力度，划定生态保护红线，强化生态风险的预警和防控，妥善处置突发环境事件，保障人民赖以生存发展的大气、水、土壤等自然环境和条件不受威胁和破坏，促进人与自然和谐发展。生态安全本来指人类在生产、生活和健康等方面不受生态破坏与环境污染等影响的保障程度，包括饮用水安全与食品安全，以及空气质量与绿色环境等基本要素对人类生存与发展的安全保障程度。对于一个国家来说，生态安全是指一个国家具有能持续满足经济社会发展需要和保障人民生态权益、经济社会发展不受或少受来自于资源和生态环境的制约与威胁的稳定健康的生态系统，具有应对和解决生态矛盾和生态危机的能力。把生态安全纳入国家安全体系，是将生态环境问题与国家安全以及人民生态权益紧密联系在一起，将生态问题与政治问题和民生问题紧密联系起来，体现出一种新的安全观、政治观和幸福观。

人类社会发展到今天，在生产能力和水平急剧提高、经济飞速发展的同时，生态破坏和环境污染问题日益突出和严重，造成了生态危机，并且严重影响到生态安全和制约了人类社会的可持续发展，成为了一个不得不认真面对和解决的社会问题。在日益严峻的生态危机面前，几乎可以肯定的是，人类是生态环境恶化的"罪魁祸首"，生态环境问题，归根结底，是人类的行为造成的。目前，各国政府已经意识到要实现经济和社会的可持续发展，必须解决生态破坏和环境污染问题。

（三）用最严密的法治保护生态环境

法乃治之端也。坚持用最严格的制度、最严密的法治保护生态环境，按照源头严防、过程严管、后果严惩的思路，搭建起生态文明制度体系，加强生态文明法治保障，强化督查执法，大幅度提高环境违法成本。加强生态环境执法队伍建设，整合组建生态环境保护综合执法队伍，统一实行生态环境保护执法。加强行政执法与刑事司法衔接，严惩重罚环境违法犯罪行为，为美丽中国建设提供体制机制保障。

解决生态破坏和环境污染问题的唯一出路在于人类自身行为的自我约束与控制，而法律是最为突出的手段，即通过法律的规范和指引作用，引导人类正确地认识和改造自然，实现环境法治，而法治是一个系统工程，规制人类破坏生态环境的不当行为，单单依靠行政执法是远远不够的。因此，各国不约而同地开始了生态环境刑法保护工作，以追究刑事责任的方式来严厉打击破坏环境的行为。生态环境作为一个整体性问题，要统筹兼顾、整体施策，必须全面运用行政和刑事手段，发挥刑法作为生态环境保护的重要作用，其对环境犯罪的规制理应契合整体保护的基本理念，才能彻底实现对生态环境保护的系统性与全面性。因此，从执法的角度来看，生态安全执法应当有一个综合性的规制手段即行政和刑事进行统筹和协调。

生态安全执法首先应强调行政手段的基本性。在生态违法犯罪控制领域，刑法的谦抑性一直予以强调。生态犯罪具有行政从属性，这一概念仍旧是有益的指导理念。一般来说，防止资源破坏和环境污染的最有效措施，在多数场合是行政应对，同样地，从执法的角度来看是行政执法。生态刑事手段不过是非难过去破坏环境资源的人，威慑与预防将来有进行同种环境资源破坏可能性的人，以防止生态环境和自然资源被破坏。在强调刑事手段报应和惩罚的同时，在有效地预防生态环境破坏与迅速恢复生态与生态修复方面，不能说与行政应对相比生态刑法机能更优。应该说，在生态环境保护领域，行政执法前置性及预防性、行政介入即有特殊知识与权限的专家、组织所采取的持续的预防措施以及对不当情况的及时排除措施，对防止生态环境资源破坏是相当有效的。因此，有必要强调生态安全行政执法的重要性并展开具体研究。森林生态安全是生态安全的重要内容，作为自然资源重要组成部分的森林资源，是构建良好生态环境的重要资源。我们选取森林生态安全保护为视角，以林业行政执法为切入点，具体分析我国林业行政执法的背景、现状、存在的问题，分析多头执法、乱执法、不执法等问题；以林业综合执法为基础，推行以林业综合行政执法模式，并按照"山水林田湖草"统一管护的思路，逐步完善生态领域的综合行政执法主体。进一步明确了生态安全综合行政执法的可行性及必要性，指出应当树立生态系统综合行政执法理念，加快生态安全领域综合行政执法的立法进程，整合生态安全综合行政执法力量，深化生态环境综合行政执法改革。

山水林田湖草是生命共同体，要统筹兼顾、整体施策、多措并举，全方位、全地域、全过程开展生态文明建设。

其次，应明确刑事手段的最后性。生态环境是我们生存和发展的必备条件，社会发展到如今，在生产能力急剧提升、经济水平快速发展的同时，生态环境却遭到日益严重的污染，将危及社会稳定和人类生存，急需刑法来予以规制。国际社会中，联合国通过了很多预防和惩治生态环境的国际性文件，强调刑事手段在生态环境保护中的重要作用，世界上很多国家也纷纷通过国内刑事立法、刑事司法来有效地保护生态环境，我国也不例外。改革开放以来，我国经济社会得到快速发展，但资源约束趋紧、环境污染严重、生态系统退化的形势日益严峻，生态安全问题已经成为关系人民福祉和民族未来的大事。可以说，中国经济和社会的快速发展，亦付出了沉痛的生态与环境的代价，因此，客观上有必要动用刑法这一"代价较大但却有效的措施"，以预防和控制资源破坏与环境污染日益严重、不断恶化的趋势。我们在论证生态环境保护刑事规制正当性的基础上，客观分析当前刑事规制的立法和司法上存在的问题，坚持问题导向，探讨生态环境犯罪刑事法制体系的构建与完善，提出符合实际、可操作的制度重构与完善路径。

习近平总书记强调指出："环境就是民生，青山就是美丽，蓝天也是幸福。要像保护眼睛一样保护生态环境，像对待生命一样对待生态环境。对破坏生态环境的行为，不能手软，不能下不为例。"深入学习贯彻习近平生态文明思想要充分认识生态环境保护是功在当代、利在千秋的事业，是一项长期任务，要久久为功。建设生态文明、维护生态安全，要实行最严格的制度、最严密的法治，通过完善生态安全法治，为生态文明建设提供可靠的保障。

第一章
生态安全法治概述

第一节 生态安全法治的内涵诠释

一、生态安全的含义

(一) 生态的概念

概念是研究问题的逻辑起点,生态安全首先解决生态的含义及其要素。生态是一个内涵丰富且涵盖面很广的概念。"生态"一词,现在通常是指生物的生活状态,指生物在一定的自然环境下生存和发展的状态,也指生物的生理特性和生活习性。生态(eco-)一词源于古希腊字,意思是指家(house)或者我们的环境。在古代汉语中,"生态"一词,在不同的语境之下具有不同的含义。常用的主要有下列含义:①显露美好的姿态。如南朝梁简文帝《筝赋》:"丹荑成叶,翠阴如黛。佳人采掇,动容生态。"②生动的意态。唐朝杜甫在《晓发公安》诗中云:"邻鸡野哭如昨日,物色生态能几时。"明朝刘基在《解语花·咏柳》词中云:"依依旎旎,袅袅娟娟,生态真无比。"在现代汉语中,"生态"一词,通常是指生物在一定的自然环境下生存和发展的状态,也指生物的生理特性和生活习性[1]。

地球生态系统的构成有多种划分方法。按照生态系统的生物成分,生态系统可分为植物生态系统、动物生态系统、微生物生态系统、人类生态系统;按照人类活动及其影响程度,生态系统可分为自然生态系统、半自然生态系统和人工生态系统。从宏观上,可把生态系统分为陆地生态系统和水域生态系统,其中的陆地生态系统,根据纬度地带和光照、水分、热量等环境因素,又可分成森林生态

---

[1] 中国社会科学院语言研究所词典编辑室. 现代汉语词典 [M]. 北京:商务印书馆,2002:576.

系统、草原生态系统、荒漠生态系统、冻原生态系统、农田生态系统、城市生态系统等。通常而言，森林、湿地与海洋因其对地球生态系统影响巨大而在国际上被并称为全球三大生态系统。

1. 森林生态系统

森林是陆地生态系统的主体，是生命支持系统的主要组成部分，是实现环境与发展相统一的关键和纽带。生态恶化是影响人类可持续发展的首要问题，解决生态恶化问题最重要的是要解决好森林问题。无论从所积存的生物量还是从面积、效益上比较，森林是自然界功能最完善的资源库、生物库、基因库、蓄水库、贮碳库、能源库。森林具有调节气候、涵养水源、保持水土、防风固沙、改良土壤、净化空气、美化环境等多种功能，对保护人类生存发展的基本环境起着决定性作用。在各种生态系统中，森林生态系统对人类的影响最直接、最深刻、最重大。森林被称为"地球之肺"，它首先是全球生态平衡的调节器，在生物世界和非生物世界之间的能量与物质交换中起着中枢和杠杆作用；其次森林能够有效地保护生物多样性；第三，森林能够有效地蓄水固土、防治水土流失、遏制土地荒漠化；第四，森林具有净化空气、治理污染、促进人类保健的作用。

2. 湿地生态系统

湿地是以水为基本要素的区域，指天然或人工的、永久性或暂生的沼泽地、泥炭地和水域（蓄有静止或流动、淡水或咸水水体），包括低潮时水深浅于6米的海水区。在湿地分类系统中，自然湿地包括沼泽湿地、河流湿地、湖泊湿地、滨海湿地；人工湿地包括水产池塘、水塘、灌溉地，以及农田洪泛湿地、蓄水区、运河、排水渠、地下输水系统等。可见湿地概念很宽泛，与人们的生产生活联系十分紧密。湿地被称为"地球之肾"，是极其重要而又特殊的生态系统，是水陆相互作用的自然过渡带，具有涵养水源、净化水质、调蓄洪水、控制土壤侵蚀、补充地下水、促淤造陆、美化环境、调节气候、维持碳循环和保护海岸等巨大的生态功能。湿地也是生物多样性的重要发源地之一，无数种类的植物和众多的鸟类、哺乳类、爬行类、两栖类以及无脊椎动植物在这里生存、繁衍。湿地特有的生态功能主要表现在以下几方面：一是保护生物和遗传多样性；二是减缓径流和蓄洪防旱；三是固定二氧化碳和调节区域气候；四是降解污染和净化水质；五是防浪固岸的作用。

据国际权威自然资源保护组织测算，全球生态系统的总价值为33万亿美元，仅占陆地面积6%的湿地，生态系统价值就高达5万亿美元。中国的生态系统总价值为7.8万亿人民币，占国土面积3.77%的湿地，生态系统价值达2.7万亿元人民币，单位面积生态系统价值非常高。此外，湿地还具有提供丰富的动植物食品、提供工业原料和能量来源以及为人类提供聚集、娱乐、科研和教育场所等经济和社会功能。

3. 海洋生态系统

人类生活的地球，71%被蓝色的海洋所覆盖。海洋生态系统是地球生物圈内最大、层次最多最丰富的生态系统。简而言之，海洋生态系统的作用有三：一是辽阔的海平面能够吸收大量的二氧化碳；二是海洋的热容量比大气大得多，能够吸收大量的热量；三是海洋是生命的摇篮。

（二）生态与环境的关系

简单地说，生态就是指一切生物的生存状态，以及它们之间和它们与环境之间环环相扣的关系。"环境"与"生态"是两个具有紧密联系但又有差别的概念。作为环境法学或者生态法学以及环境刑法学或者生态刑事法学的源概念之一，我们有必要对两者之间的相互关系进行分析。

1. "环境"与"生态"的关联性

从上文的论述可知："环境"概念的核心在于"人群外部的境况"，而"外部的境况"对"人群"而言具有客观性。

这里所指的"人群"是一个不确定的概念，既可以指代作为一种生物存在的人类，也可以指代为一部分人构成的群体，比如，一个国家，一个民族，一个族群，甚至一个社区。而这里的"人群的外部性"即"人群外部的客观性"，这种客观性在相当长的时期内指的是作为人群的外部的自然环境。人们对外部自然环境要素的认识也经历了一个从单一到全面的过程，从早期生活必需的空气、水、森林等扩展到海洋、各类生物、矿产资源等。尽管时至今日，研究者及立法者已经将这种外部的"客观性"扩张到了一个极大的范围，甚至包括了在一些学者看来根本就不属于传统的"环境"的内容，比如，自然保护区、风景名胜区、人文遗迹、自然遗迹、城市与乡村等，但我们必须承认，即便到了知识爆炸的今天，在非学术领域，当我们谈及"环境"这个词语的时候所指示的对象多数仍然没有脱离上述主要以自然环境为要素的范围。在公众的视野里，今日如火如荼的"环境保护"的内容也还主要是指大气保护、水保护、海洋保护、生物保护等。"生态"概念的内涵中也包含了上述"环境"概念之中的核心要素。若将各个"环境"要素做动态与关联性思考，基本上可以描绘出"生态"的图景。

2. "生态"与"环境"的差异性

在确定"环境"概念的时候，是以"人"或者"人群"为视角的外部观察，但凡是"人"或者"人群"外部的事物都可以视为环境，而确定"生态"概念时，是没有从"人"作为出发视角的，而是将地球作为分析客体的，这是一个巨大的方法论上的差异。"生态"作为一切生物的生存状态，以及它们之间和它们与环境之间环环相扣的关系，表明的是一种客观存在，以及对这种客观存在之间相互关系的科学分析。在这个描述与分析及抽象的过程中，人并不是主体，也没有受到特别关照，而只是生态系统中的一个物种，这是"环境"与"生态"概念差异性在认识论层面上的原因。对比"环境"和"生态"这两个概念，我们不难发现它们的差异性主要表现在如下几个方面。

（1）"环境"强调"客观性"，"生态"强调"关联性"。"环境"是从人的视野出发而观察外部的，是对外部的认识。在这种认识过程中，人作为认识主体，对外部的客体进行了功利的选择，将影响自己生存和发展的客观的外部性要素最先定义为环境，而人是生活在其间的利用环境的一种生物。由此，"环境"强调的是一种外部的客观性。"生态"作为生物生存的状态，关注的是系统中各个要素之间的相互关系，尤其是在能量交换与相互影响层面上的关联性。在这种意义上，可以说，环境是一种外部客观，而生态是物种生存状态的内在关联性，也可以说，环境是生态的外部表现之一。

（2）"环境"强调"人本位"，"生态"强调"系统本位"。确定"环境"概念时，是以"人"或者"人群"为视角进行外部观察的，这事实上导致了在关于人与环境之间关系的时候的一种"人本位"的思维。人类改造环境，是为了人的利益，人类利用自然，也是为了人的利益；人所生存的自然环境受到了污染，影响了人的生存和发展，所以人要保护环境。在这种思维之下，环境完全是人的客体，不具备任何主体价值，也不存在被人注入价值的理论基础。而"生态"从一开始就不是一个功利主义的概念，它更接近科学，它以中立的立场进行研究，人只是其研究对象的一种，在研究者的视野里，生态系统的整体性具有价值，系统中的各个要素是否具有独立价值取决于生态系统整体价值的存在，由此形成了"系统本位"的逻辑路径，这种逻辑方法有利于正确认识人与环境要素之间的真实而客观的关系，在生态遭到破坏时及时进行生态修复，从而保证整个生态系统的功能的发挥。

（3）"环境"具有"二维"性，"生态"具有"三维"性。在分析人与环境关系时，我们是在一个时间点上进行分析的，更多的是解决人与环境的现实冲突问题，在这种分析模式之下，人与环境具有二维性，即具有平面化的色彩。而"生态"所呈现出来的不仅是某个时间点上生态要素之间的关联性与客观性，而且具有时间的"第三轴"，即可以描述出每一个具体的生态要素的演进过程，能量按照"生产者—消费者—分解者"的顺序回归自然而完成一个循环。这种时间、空间、能量的三维思考，是认识论与哲学中时空观的生态学表现，比环境概念更深刻地表明了人与物质之间的时空关系。

（三）生态安全的含义

生态安全概念的提出经历了一个发展过程，人们首先注意到环境与安全的关系，提出了环境安全的概念。1977年，美国《建设一个持续发展的社会》一书中最早在理论上将环境引入安全概念，提出了国家安全的新内涵。1987年，世界环境与发展委员会发表的报告《我们共同的未来》正式使用了"环境安全"这一用词，阐明安全的定义除了对国家主权的政治和军事威胁外，环境问题已成为具有战略意义的问题之一。广义的生态安全概念以国际应用系统分析研究所（International Institute for Applied Systems Analysis，IIASA）于1989年提出的定义为代表：生态安全是指在人的生活、健康、安乐、基本权利、生活保障来源、必要资源、社会次序和人类适应环境变化的能力等方面不受威胁的状态，包括自然生态安全、经济生态安全和社会生态安全，组成一个复合人工生态安全系统。

一般来说，涉及的生态安全，是指自然和半自然生态系统的安全，即生态系统完整性和健康的整体水平反映。健康系统是稳定的和可持续的，在时间上能够维持它的组织结构和自治，以及保持对胁迫的恢复力。若将生态安全与保障程度相联系，生态安全可以理解为人类在生产、生活和健康等方面不受生态破坏与环境污染等影响的保障程度，包括饮用水与食物安全、空气质量与绿色环境等基本要素。

1. 国土资源安全问题

水土流失严重、土地荒漠化加剧、耕地资源减少、能源供给不足正威胁着中国国土资源安全。20世纪70年代以来，土地沙化面积每年以2460平方千米的速度扩展，水土流失面积约占国土面积的38.2%，每年流失沃土100多亿吨，在一些生态安全受到严重破坏的地区，群众生存条件不断恶化，土地荒漠化、水资源的极度缺乏，使一些乡村、城镇不得不多次搬迁，国家不断地拿出巨额资金来救济。

2. 水资源安全问题

洪涝灾害、水资源短缺、低效率使用正对水资源安全造成威胁。水资源不足已经成为中国北方地区社会经济发展的重要制约因素之一，全国缺水城市达300多个，日缺水量1000万吨以上，使工业生产和居民生活受到很大影响，仅20世纪以来，长江流域大小洪水数十起，所造成的直接经济损失之大触目惊心。同时，水污染问题也非常突出，全国七大水系近一半的监测河段污染严重，86%的城市河段水质超标，一半以上的河段完全丧失使用价值，沿岸不少工厂被迫停产，一些地区农作物绝收。

3. 大气污染问题

中国大气污染十分严重，全国城市大气总悬浮微粒浓度年日均值为320微克/平方米，污染严重的城市超过800微克/立方米，高出世界卫生组织标准近10倍，参加全球大气监测的北京、沈阳、西安、上海、广州五座城市，都排在全球监测的50多座城市里污染最严重的10名之中。

4. 生物物种减少

据估计，世界上有10%~15%的植物处于濒危状态，但在中国，濒危植物比例估计高达15%~20%，濒危物种达4000~5000种。此外，还有相当可观的植物已经灭绝，初步统计，列入濒危植物名录中的植物已有5%左右在近数十年内濒临灭绝。

5. 病毒传播

野生动物由于食物和生存环境的影响，基本上都携带大量病原体。而人类包括家禽家畜和它们是生活在完全不同的环境中，已经不再对这些病原体有抵抗力。纵观近代大规模的流行病，大部分都与野生动物相关。埃博拉、中东呼吸综合征、禽流感、艾滋病，还有2003年的SARS，以及2020年的新型冠状病毒感染的肺炎，其病原都可能来自野生动物。即使是现在人工饲养的野生动物，也因为这些野生动物远没有达到与人类和谐共生的程度，对病原体的适应和反应与人类完全不同，因此它们仍然很大程度上会给人类带来疫病。非法野生动物交易、滥食野生动物不仅危害野生动物种群安全和国家生态安全，而且对公共卫生安全和人民群众身体健康构成重大隐患。

6. 森林破坏

1992年第三次联合国环境与发展会议召开以来，全球森林资源破坏严重，100年来，全世界的原始森林有80%遭到毁坏，目前，每年还以2600万公顷的速度消失。如果这样继续下去，人类可能在50年内失去天然森林。一项历时40年的科学研究表明，地球上曾经发生过5次物种大灭绝。近年来，由于人类对自然资源的破坏，地球物种的消失速度在不断加快，几乎达到了与前5次地球物种大灭绝相当的程度。

中国资源匮乏，其中以森林资源最为紧缺，在20世纪50年代初期拥有112亿立方米，几十年来因为人口膨胀、毁林造田而砍伐了100亿立方米，剩余的

12亿仅够维持6年。我国人口13亿，约占世界总量的22%，而森林面积仅占世界的4.6%，并且由于乱砍滥伐，我国森林覆盖面积锐减。

生态安全，即生态系统是否处于不受或少受破坏和威胁的状态。一般包含两层含义：一是指作为生态系统的自身和整体是否安全，即其自身结构是否受到毁损，肌体功能是否健全；二是指生态系统对于人类生存、生活是否安全，即生态系统是否能够满足人类生存发展的需要。当然面临生态危机的严重威胁，必须认真应对生态危机，保障生态安全，努力实现和谐生态。生态危机的出现，一方面是自然生态系统本身的脆弱和演变导致的；另一方面是危害生态安全行为造成的，由于人类活动对生态系统施加影响、对科技的不当利用、对经济增长的过分追求、对自然资源的过度掠夺，造成严重的环境污染，威胁到生态系统的安全，影响到人的生存和发展。当前，危害生态安全行为主要是危害环境与资源的违法犯罪行为，具体表现为实施危害大气环境的违法犯罪行为、危害水环境的违法犯罪行为、危害土壤环境（森林环境）的违法犯罪行为、危害赖以生存的生物圈违法犯罪行为等。

二、生态安全法治的发展历程

法治是人类文明和进步的重要标志，是维护社会公平和正义的重要手段。法治作为一种治国方略或社会调控方式，是现代国家治国理政的基本方式。法治是一个多义的概念，法治也代表一种文明的法律精神，即体现为一整套关于法律、权利、权力等问题的原则、观念和价值体系，反映了人们的价值追求和需要，成为人们设计法律制度的价值标准和执行法律的指导思想。古希腊哲学家亚里士多德指出，"法治应当包含两重意义：已成立的法律获得普遍的服从，而大家所服从的法律又应该本身是制定得良好的法律"。可见，法治被简约为良法善治和普遍守法的结合。

习近平同志强调，依法治国是党领导人民治理国家的基本方式，全面依法治国是国家治理的一场深刻革命，是中国特色社会主义的本质要求和重要保障。依法治国是实现国家治理体系和治理能力现代化的必然要求，事关我们党执政兴国，事关人民幸福安康，事关党和国家长治久安。全面建成小康社会、实现中华民族伟大复兴的中国梦、全面深化改革、完善和发展中国特色社会主义制度，提高党的执政能力和执政水平，必须全面推进依法治国。

（一）我国法治建设的发展脉络

1997年9月，党的十五大报告提出："进一步扩大社会主义民主，健全社主义法制，依法治国，建设社会主义法治国家。"正式提出了"依法治国"的基本方略。2002 年，党的十六大将"依法治国基本方略得到全面落实"列入全面建设小康社会的重要目标。2004 年，国务院出台了《全面推进依法行政实施纲要》；2008 年 2 月，中国出台了第一部《中国的法治建设白皮书》；2010 年国务院出台了国务院《关于加强法治政府建设的意见》。2011 年 3 月 10 日，全国人大常务委员会委员长吴邦国向十一届全国人大四次会议作全国人大常委会工作报告时宣布，一个立足中国国情和实际、适应改革开放和社会主义现代化建设需要、集中体现党和人民意志的，以宪法为统帅，以宪法相关法、民法、商法等多个法律部门的法律为主干，由法律、行政法规、地方性法规等多个层次的法律规范构成的中国特色社会主义法律体系已经形成。2013 年 11 月，党的十八届三中全会提出全面深化改革，加强国家治理体系和国家治理能力的现代化，并提出了法治国家、法治政府、法治社会的建设目标。十八届四中全会的决定和公报予以了充分的解读，即用法治的理念、思维和方式来保障国家治理体系的建设和运转。2014 年 10 月 23 日，党的十八届四中全会闭幕，通过了十八届四中全会公报和中共中央《关于全面推进依法治国若干重大问题的决定》。

2017 年 10 月，党的十九大报告提出：全面依法治国是国家治理的一场深刻革命，必须坚持厉行法治，推进科学立法、严格执法、公正司法、全民守法。成立中央全面依法治国领导小组，加强对法治中国建设的统一领导。加强宪法实施和监督，推进合宪性审查工作，维护宪法权威。推进科学立法、民主立法、依法立法，以良法促进发展、保障善治。建设法治政府，推进依法行政，严格规范公正文明执法。深化司法体制综合配套改革，全面落实司法责任制，努力让人民群众在每一个司法案件中感受到公平正义。加大全民普法力度，建设社会主义法治文化，树立宪法法律至上、法律面前人人平等的法治理念。各级党组织和全体党员要带头尊法学法守法用法，任何组织和个人都不得有超越宪法法律的特权，绝不允许以言代法、以权压法、逐利违法、徇私枉法。

（二）生态环境的法治化

生态环境是人类生存发展的物质前提和基本保障，决定着人类存亡和文明兴衰。马克思曾言，"人本身是自然界的产物，是在自己所处的环境中并且和这个环境一起发展起来的。"生态环境保护这一命题是在人类行为已经或者将要造成人类生存发展所需要的生态环境的严重破坏的历史条件下产生的价值需求和必然选择。严重的生态危机催生了生态安全这一崭新词汇进入法律语境，可以说，人类今天面临的生态环境问题，是人类自身行为的结果。因此，环境保护得以实现的唯一出路就在于人类自身行为的自我约束与控制，而法治是最佳手段，即实现生态安全法治。

党的十八大以来，我国生态安全法治建设快速推进。绿色发展理念深入人心，生态文明制度体系加快形成，生态环境治理明显加强，生态文明建设成效显著，人民群众有了更多的获得感、幸福感、安全感。然而，环境污染、资源破坏与人类社会的生存与发展相伴而随，一些地区资源环境承载能力已达到或接近上限，人类无节制的开发与索取，生态环境逐渐恶化，生态保护与修复还有许多欠账，生态安全法治建设任重道远。

客观地说，当前我国生态环境保护中存在的一些问题，与体制不完善、机制不健全、法治不完备有一定的关系。解决这种生产关系的滞后，就要依靠根本性变革，也就是说，必须依靠体制改革、制度规范和法治保障。习近平总书记指出："只有实行最严格的制度、最严密的法治，才能为生态文明建设提供可靠保障。"法律作为一个国家最正式的制度规范，通过立法对生态文明体制改革的目标和措施加以引领和固化，保证能够给自然生态以必要的人文关怀和时间空间，使自然生产力逐步得以恢复；通过执法和司法将体制改革的措施加以落实和纠偏，统筹考虑生产、生活和资源环境需求，综合运用工程、技术、生态措施，促进生态系统步入良性循环的轨道；通过法律的遵守，强化国家意志和全民行动，深化生态文明体制改革，改革生态环境保护管理体制，逐步恢复青山绿水、碧海蓝天、江河安澜的自然风貌。

党的十八届三中全会后，生态文明建设的理论框架已经搭建，各项改革措施按照部署扎实推进，体制、制度和机制建设取得了实质性进展。生态文明在党的十八大期间写入了党章，在充分肯定生态文明建设成就的基础上，党的十九大报告对生态文明建设和生态环境保护，又提出了一系列新思想、新要求、新目标和新部署。生态文明建设是人类社会发展的必然选择，也是中国发展的靓丽底色。生态文明写入党章使中国特色社会主义事业总体布局更加完善，使生态文明建设的战略地位更加明确，有利于全面推进中国特色社会主义事业。

党的十九届二中全会审议通过的中国共产党中央委员会《关于修改宪法部分内容的建议》，建议将"推动物质文明、政治文明和精神文明协调发展，把我国建设成为富强、民主、文明的社会主义国家"修改为"推动物质文明、政治文明、精神文明、社会文明、生态文明协调发展，把我国建设成为富强民主文明和谐美丽的社会主义现代化强国，实现中华民族伟大复兴"。"生态文明"两次写入将要提请十三届全国人大一次会议审议的宪法修正案，这标志着我国的生态文明建设探索出了符合国情的中国特色发展道路、中国特色法治模式和中国特色环保策略，步入了新时代中国生态文明建设和发展的新阶段。

习近平总书记在 2018 年 5 月召开的全国生态环境保护大会上指出，新时代推进生态文明建设，必须坚持好以下原则。一是坚持人与自然和谐共生，坚持节约优先、保护优先、自然恢复为主的方针，像保护眼睛一样保护生态环境，像对待生命一样对待生态环境，让自然生态美景永驻人间，还自然以宁静、和谐、美丽。二是绿水青山就是金山银山，贯彻创新、协调、绿色、开放、共享的发展理念，加快形成节约资源和保护环境的空间格局、产业结构、生产方式、生活方式，给自然生态留下休养生息的时间和空间。三是良好生态环境是最普惠的民生福祉，坚持生态惠民、生态利民、生态为民，重点解决损害群众健康的突出环境问题，不断满足人民日益增长的优美生态环境需要。四是山水林田湖草是生命共同体，要统筹兼顾、整体施策、多措并举，全方位、全地域、全过程开展生态文明建设。五是用最严格制度最严密法治保护生态环境，加快制度创新，强化制度执行，让制度成为刚性的约束和不可触碰的高压线。六是共谋全球生态文明建设，深度参与全球环境治理，形成世界环境保护和可持续发展的解决方案，引导应对气候变化国际合作。

2020 年 2 月，习近平总书记在中央全面依法治国委员会第三次会议上强调，坚持全面依法治国，是中国特色社会主义国家制度和国家治理体系的显著优势。中国特色社会主义实践向前推进一步，法治建设就要跟进一步。我国社会主义法治凝聚着我们党治国理政的理论成果和实践经验，是制度之治最基本、最稳定、最可靠的保障。要推进全面依法治国，发挥法治在国家治理体系和治理能力现代化中的积极作用，提高党依法治国、依法执政能力，用法治保障人民当家做主，坚持和完善中国特色社会主义法治体系，更好发挥法治对改革发展稳定的引领、规范、保障作用，建设高素质法治工作队伍，逐步实现国家治理制度化、程序化、规范化、法治化。要坚持顶层设计和法治实践相结合，健全保证宪法全面实施的体制机制，加强对法律实施的监督，健全社会公平正义法治保障制度，提升法治促进治理体系和治理能力现代化的效能。各级领导干部要强化法治意识，带头遵法学法守法用法，做制度执行的表率。要加大全民普法工作力度，弘扬社会主义法治精神，增强全民法治观念，完善公共法律服务体系，夯实依法治国社会基础。要坚持依法治国和以德治国相结合，把社会主义核心价值观融入法治建设，努力形成良好的社会风尚和社会秩序。要加强国际法治领域合作，加快我国法域外适用的法律体系建设，加强国际法研究和运用，提高涉外工作法治化水平。

在疫情防范方面，习近平总书记指出，要在党中央集中统一领导下，始终把人民群众生命安全和身体健康放在第一位，从立法、执法、司法、守法各环节发力，全面提高依法防控、依法治理能力，为疫情防控工作提供有力法治保障。

生态环境保护是关乎生产、生活各个领域，涉及民族、国家、社会、家庭等众多主体的事业。让生态文明通过宪法上升为国家意志，是宪法不断适应新形势、吸纳新经验、确认新成果、作出新规范的具体表现，也是未来努力建设美丽中国、实现中华民族永续发展的大势所趋和客观需要，是践行习近平新时代中国特色社会主义思想的重要体现。生态文明已被写入党章，因此入宪是党内法规和国家立法全面衔接和协调的要求。生态文明入宪充分展现中国生态文明建设的道路自信、理论自信和制度自信。相信在中国共产党正确、强有力的领导下，生态文明建设的法治化道路将越走越稳、越走越宽。

第二节 生态安全法治的现状阐述

一、生态安全保护的理念

有学者指出，对于生态文明的理念，虽然表述各有不同，但最基本的理念应当是"尊重自然、顺应自然、保护自然"，在此基础上获得人类物质文明、精神文明、制度文明的进步。这一基本理念进一步表现为人与自然关系上的同构性、生态系统各个组成部分的整体性、世代间生态关系的可持续性以及法律制度的规律约束性等方面。但从当前我国相关法律的构建来看，尚存在未能从生态系统整体性的理念出发构建环境保护的基本法、未能根据生态系统物物相关律的要求构筑完整的生态文明保障法律体系、未能根据良性持续理念对环境立法基本原则进行适时调整、未能按照生态系统综合管理的方法构建起系统的法律制度之网等问题，而且，部分立法及法律条文主要基于各自视角和利益，带有部门或专门立法色彩，难以体现环境管理的整体性和生态服务功能保护的系统性[2]。从当前全球环境治理和保护的现状来看，虽然人类做出了巨大努力，投入了最新科学技术和十分巨大的经济力量，但是并没有扭转环境继续恶化的趋势，或者说是"环境局部有所改善，整体继续恶化。"究其原因主要在于现在仍然按照工业文明的思维，用现代工业生产方式来对待环境保护问题[3]。此外，在生态文明建设认识上，尚存在泛生态化和极端生态主义倾向。有的地方以生态建设之名，行开发破

---

[2] 王灿发. 论生态文明建设法律保障体系的构建 [J]. 中国法学, 2014, (3): 34-53.
[3] 余谋昌. 地球哲学: 地球人文社会科学研究 [M]. 北京: 社会科学文献出版社, 2013: 137-139.

坏之实；以保护为借口，掩饰经济发展不作为；以贯彻为借口，争局部利益；只要保护，不要建设[4]。由此导致"环保部门立法虽多，但管用的不多"和"年年立法，年年治污"，仍然走不出"环境污染和生态破坏继续恶化"和"治理速度远远赶不上污染速度"的怪圈[5]。而所有这些问题从思想根源而言，在于没有将山水林田湖草等生态系统中的各组成部分作为一个系统的整体进行统筹治理，仅仅将其看作一个个单独存在的个体进行分而治之，由此使得行政执法人员缺少相应的综合性、整体性执法理念引领和指导，致使相应的法律法规没有取得应有的成效。

二、生态安全保护的立法现状

2010年，我国宣布具有中国特色的社会主义法律体系已建成。到目前为止，我国制定、修订了《中华人民共和国环境保护法》（以下简称《环境保护法》）、《中华人民共和国大气污染防治法》（以下简称《大气污染防治法》）等20多部环境和资源法律；出台了与生态环境保护相关的行政法规50余件，军队环保法规和规章10余件，地方性法规、部门规章和政府规章近700项，国家标准800多项，司法解释10余件，环境经济政策文件200余部；缔结或者参加了《联合国气候变化框架条约》等30多项生态保护公约。这些国内立法和国际公约基本上覆盖了生态环境保护的主要领域，基本做到了生态环境保护有法可依、有章可循。但这些立法一方面主要基于各自视角和利益，带有部门或专门立法色彩，难以体现环境管理的整体性和生态服务功能保护的系统性；从目前立法的现状分析，除了自身所具有的相对独立性、专门性等特点外，部分法律条文之间亦存在内容冲突、重复、遗漏，以及在理解和应用上存在模糊性、歧义性、开放性和争议性等问题和矛盾[6]，不利于生态环境保护法制的统筹和整体推进，且呈现出立法上的"城乡二元结构"[7]。另一方面，部分法律，如《宪法》作为根本法，只是提纲挈领地提出了国家具有保护生态环境的责任和义务，而《环境保护法》作为一般性法律只是将生态环境保护中的主管机关、行政管理程序以及管理对象进行进一步的细化与解构，由此使得其对民族地区等特殊环境的适用性有所欠缺。同时，部分法律条文存在模糊性、歧义性和开放性，在理解和适用上争议较

---

[4] 唐芳林. 生态文明建设认识上的误区[N]. 光明日报，2015-7-31（11）.
[5] 蔡守秋. 论修改《环境保护法》的几个问题[J]. 政法论丛，2013，(4)：5-9.
[6] 陈海嵩. "部门宪法"范式之反思与发展[J]. 中南大学学报（社地科学版），2016，(6)：17.
[7] 吕忠梅. 美丽乡村建设视域下的环境法思考[J]. 华中农业大学学报（社会科学版），2014，(2)：1-9.

大；且呈现出立法上的"城乡二元结构"。其中一个重要原因是政府环境失灵和环境法律失灵。

具体到生态环境各要素来看，部门立法也存在一些问题。

（一）林业生态环境保护

我国林业生态环境保护法律制度建设方面，除了《中华人民共和国森林法》（以下简称《森林法》）及《中华人民共和国森林法实施条例》等林业法律法规外，包括宪法、刑法、民法通则、公路法、电力法、土地管理法、对外贸易法等国家法律法规中涉及林业的法律规范，都属于我国林业法的法律渊源和行为规范，都具有林业法治实践的依据。但从当前我国相关法律实践情况来看，尚存在林业生态资源产权不清晰，职责不明确；林业生态资源监管法律制度不完善；林业生态环境修复制度不健全；林业生态补偿制度不完善，且法制化程度较低；林业生态环境保护公众参与制度不完善等问题。比如《森林法》作为我国林业立法当中的根本大法，其某些规定已不适应林业市场经济发展的需求，《中华人民共和国物权法》《中华人民共和国担保法》《中华人民共和国农村土地承包法》《森林资源资产抵押登记办法》等相应法律法规关于抵押物范围等的规定亦需作出修正和完善。

（二）野生动物保护

我国先后颁布实施了《森林法》《中华人民共和国野生动物保护法》《中华人民共和国陆生野生动物保护实施条例》《中华人民共和国自然保护区条例》《森林和野生动物类型自然保护区管理办法》等一系列法律法规，地方人大、政府也制定了相应的配套法规和规章，初步形成了以《中华人民共和国野生动物保护法》为核心的、较为完整的法律法规体系。目前我国野生动物保护的法律、法规和规章主要包括两大方面：一是关于野生动物保护的规定；二是关于动物检疫的规定。但野生动物保护立法方面，现行的野生动物保护法律法规并不保护所有的野生动物。尤其是对于非国家重点保护的野生动物的交易方面，还存在很多不足。

一是非国家重点保护野生动物交易，《中华人民共和国野生动物保护法》（以下简称《野生动物保护法》）并无特别规定。该法仅对出售非国家重点保护野生动物的，应当提供狩猎、进出口等合法来源证明，依法附有检疫证明。而在出售非国家重点保护野生动物制品时，并未规定依法附有检疫证明。出售非国家重点保护野生动物制品，法律没有禁止性规定，也没有行政处罚。购买没有合法来源证明的非国家重点保护野生动物，法律没有禁止性规定，也没有行政处罚。另外，在查处出售无合法来源证明的非国家重点保护野生动物案件时，如果发现行为人未持有检疫证明的，应当将案件移交检疫部门，由其依照《中华人民共和国动物防疫法》的规定处罚。

二是根据《中华人民共和国陆生野生动物保护实施条例》（以下简称《陆生野生动物保护实施条例》）规定，经营利用非国家重点保护野生动物或者其产品的，应当向工商行政管理部门申请登记注册，即应当办理工商营业执照。持有狩猎证的单位和个人需要出售依法获得的非国家重点保护野生动物或者其产品的，应当按照狩猎证规定的种类、数量向经核准登记的单位出售，或者在当地人民政府有关部门指定的集贸市场出售。对于违反野生动物保护法规，出售、收购、运输、携带国家或者地方重点保护野生动物或者其产品的，由工商行政管理部门或者其授权的野生动物行政主管部门没收实物和违法所得，可以并处相当于实物价值10倍以下的罚款。从该行政法规来看，并未规定"三有"保护野生动物及制品的处罚内容。可见，在野生动物保护的法律、行政法规中，并未设定非国家重点保护野生动物及制品交易（出售、经营利用）方面的行政许可和与之相关的法律责任，只规定了工商登记和在指定的集贸市场出售以及检疫证明，如果违反此规定，按照法律法规规定和职责分工，应分别由市场监督管理部门、动物检疫部门依法依规处罚。

当2003年SARS的阴影渐渐从很多人的记忆中消退时，2020年的新型冠状病毒感染的肺炎疫情突然汹汹而来。2020年1月20日，国家卫生健康委员会高级别专家组组长钟南山院士在接受媒体采访时表示，根据流行病学分析，此次新型冠状病毒来源很大可能是野生动物，比如竹鼠、獾等。可见，野生动物贸易不仅仅是动物保护的问题，更是公共健康和社会稳定的问题。除了制定严格的相应法规和有效执法，还应加强对公众的教育，使其摒弃一些陋习，比如吃野味，比如对于野生来源制品的趋之若鹜。

当前，在疫情防控的关键时期，阻断野生动物可能的传染源，取缔和严厉打击非法野生动物市场和贸易是中央的重大决策部署，国务院及相关部门针对疫情传播依法相继作出了一系列防控措施和决定。野生动物的监督管理与执法也被提到前所未有的重视高度。为此，一些人大代表、专家学者呼吁：完善野生动物立法，禁止一切野生动物交易行为。人与野生动物都是地球家园的重要成员，理应结为和谐相处、休戚与共的生命共同体。在此，要完善野生动物保护立法，制止肆意猎杀、食用野生动物。

2020年2月，习近平总书记在中央全面依法治国委员会第三次会议上强调，要完善疫情防控相关立法，加强配套制度建设，完善处罚程序，强化公共安全保障，构建系统完备、科学规范、运行有效的疫情防控法律体系。要严格执行疫情防控和应急处置法律法规，加强风险评估，依法审慎决策，严格依法实施防控措施，坚决防止疫情蔓延。要加大对危害疫情防控行为执法司法力度，严格执行传染病防治法及其实施条例、野生动物保护法、动物防疫法、突发公共卫生事件应急条例等法律法规，依法实施疫情防控及应急处理措施。

为依法惩治妨害新型冠状病毒感染肺炎疫情防控违法犯罪行为，保障人民群众生命安全和身体健康，保障社会安定有序，保障疫情防控工作顺利开展，根据有关法律、司法解释的规定，最高人民法院、最高人民检察院、公安部、司法部制定了《关于依法惩治妨害新型冠状病毒感染肺炎疫情防控违法犯罪的意见》。为了全面禁止和惩治非法野生动物交易行为，革除滥食野生动物的陋习，维护生物安全和生态安全，有效防范重大公共卫生风险，切实保障人民群众生命健康安全，加强生态文明建设，促进人与自然和谐共生。2020年2月，第十三届全国人民代表大会常务委员会第十六次会议通过《关于全面禁止非法野生动物交易、革除滥食野生动物陋习、切实保障人民群众生命健康安全的决定》，规定了凡《野生动物保护法》和其他有关法律禁止猎捕、交易、运输、食用野生动物的，必须严格禁止；全面禁止食用国家保护的"有重要生态、科学、社会价值的陆生野生动物"以及其他陆生野生动物，包括人工繁育、人工饲养的陆生野生动物；全面禁止以食用为目的猎捕、交易、运输在野外环境自然生长繁殖的陆生野生动物。

（三）海洋生态环境保护

我国于2002年实施了《海域使用管理法》，建立了海洋功能区划、海域权属管理、海域有偿使用三项基本制度。同年，国务院批准实施《全国海洋功能区划》，逐步形成了国家、省、市、县海洋功能区划体系。2010年，中国颁布实施《海岛保护法》，稳步推进无居民海岛的确权工作，逐步建立海岛动态建设监测体系，积极开展海岛生态建设实验基地建设，进一步推进海岛整治修复和生态保护。党的十九届三中全会审议通过《深化党和国家机构改革方案》，明确将海洋环境保护职责整合到新组建的生态环境部，这是以习近平同志为核心的党中央立足新时代增强陆海污染防治协同性和生态环境保护整体性作出的重大决策部署。在海洋生态环境保护立法方面，中国加入了《联合国海洋法公约》及其1994年执行协议等近20个有关海洋污染防治和海洋生态保护方面的国际公约；相继制定了《海洋环境保护法》和《防止船舶污染海域管理条例》等专项法律、法规；并通过《海商法》《民法通则》《民事诉讼法》《海事诉讼特别程序法》等法律对造成海洋污染损害的民事责任及诉讼程序也作出了具体规定。海洋生态环境保护的立法方面，虽然数量繁多，但是在有些领域仍然不能满足需求，部分制度仍处在实验阶段，加之我国管辖海域广阔，海岸线漫长，海洋环境、资源分布及沿海社会状况都有着很大的差异，而且，管理部门职能交叉问题严重、区域合作体制不完善、海洋环境公益诉讼制度不完善、缺乏海岸线保护方面的规定、应急管理的规定不完善、缺乏核滨海设施管理的规定等，这些问题也是我国海洋生态建设立法方面的突出问题。

（四）湿地保护

湿地保护立法方面，我国的湿地保护工作起步较晚，而且初衷是源于加入湿地保护国际合作、承担国际义务的需要，而不是源于实践的需求。从当前我国湿地开发利用、保护和管理的法律、法规体系建设情况来看，尚不健全，在全国人民代表大会及其常务委员会颁布的法律中，尚未有对湿地的专门立法。虽有一些地方性法规和规范性文件，但这些法规和文件并未对湿地开发利用的权利义务及其产权等相关内容进行展开和规定。从我国湿地产权法律调整情况来看，其亦存在制度建构上的缺陷，主要表现为湿地产权制度法律构成要件有缺失和湿地产权制度土壤欠佳。此外，生态补偿不到位、湿地开发利用保障机制不健全等产权配套措施的缺失也影响到我国湿地产权法律制度的建立。汪劲通过对生态补偿概念的梳理和分析认为，《生态补偿条例》立法首当其冲地就是要界定好生态补偿的概念，只有从各领域生态补偿实践的共通性出发来确定生态补偿的定义，才能使《生态补偿条例》立法更具有各领域生态补偿的综合性、统领性和代表性，才能契合生态补偿制度构建的实际需要[8]。

三、生态安全保护的执法现状

执法实务中存在分级执法、权责脱节、基层薄弱；多头执法、界限不清、权责交叉；利益驱动、监督乏力、责任缺失；主体资格管理不严、执法人员能力不足；衔接不畅、以罚代刑、行刑失衡等问题和矛盾。具体来说，在环境行政执法体系方面，现行法律法规对环保部门的执法授权仍有不足，环保部门统一监管手段薄弱，一些地方重发展轻环保、干预环保执法，使环保责任难以落实。部分地方执法力量不足，环境执法手段落后、监管装备不足、监管信息化水平低、监管

---

[8] 汪劲. 论生态补偿的概念——以《生态补偿条例》草案的立法解释为背景[J]. 中国地质大学学报（社会科学版），2014，(1)：1-8.

人员素质偏低。因此，需要继续完善相关法律法规，依法赋予环境执法机构实施现场检查、行政处罚、行政强制的条件和手段，提升执法的权威性；将环境执法机构列入政府行政执法部门序列，配备相应的执法装备，统一环境执法人员着装，增强执法能力。从林业执法情况来看，林业行政违法行为亦没有得到严格依法追责，有的只是象征性的罚款了事，导致违法成本过低。因此，要坚决杜绝有法不依、执法不严、违法不究等问题。要进一步深入推进林业综合行政执法改革、加强林业行政执法规范化建设、落实行政执法责任制、加强执法人员培训、实行执法资格管理、依法妥善处理涉林纠纷，维护社会和谐和稳定。同时，将环境执法力量进行整合，明确环境执法地位，建立监督有力、独立高效的环境执法体制，改革完善"国家监察、地方监管、单位负责"的环境监管体制。

由于生态环境执法工作牵涉国家机关众多，职能相对分散，久而久之，出现"九龙治水"的执法局面，进而也导致我国生态环境出现了各种各样的问题：过度放牧、采伐和开采矿产资源，导致植被锐减、水土流失、河道淤塞、洪水泛滥；由于落后产能未能及时处理工业"三废"，造成大气污染（灰霾天气、酸雨），固体垃圾堆积如山，河流水体和基本农田污染等问题；排除人口增加的因素，大规模地破坏森林，大量的汽车尾气和工业热能排放，是导致全球气候变暖的重要原因，频繁扰袭的厄尔尼诺、拉尼娜现象凸显了气候失调；人类为追求高额利润，猎捕、残杀珍贵濒危野生动物，进行野生动物及其制品的国际贸易，导致大量野生动物濒临绝种，生态惨遭破坏。根据 TRAFFIC（国际野生物贸易研究组织）最新一期《国内外濒危物种执法动态》中显示，穿山甲、象牙、红珊瑚、砗磲、玳瑁等濒危野生动物及其制品被不法分子大量猎捕、杀害或者进入黑市买卖。严格执法，刻不容缓！但当前破坏生态环境的行为却是屡禁不绝，执法现状不尽如人意。问题主要原因在以下几方面。

第一，力量分散。生态安全行政执法主要集中在环境、林业、农业、国土、海洋、渔政、水利等部门，这些均有自己的行政执法力量，但绝大多数行政机关只有行政执法权，没有刑事执法权。只有林业部门中的森林公安机关可以依法行使刑事执法权，保护生态环境的刑事执法力量显然非常单薄。然而，在生态环境执法中，由于多个部门执法，各管一段，分散的行政执法力量也很薄弱。另外，由于破坏生态环境资源的违法行为利润高成本低，个别采矿企业为了追求利润，宁可被罚也要开工，有些经济欠发达地区为了发展经济，出现纵容破坏生态资源的违法行为，甚至政府机关通过行政干预，想方设法阻挠执法，部分农村地区的涉黑、涉恶势力长期控制、垄断着自然资源，拉帮结派对抗执法等，因此，单靠分散的各部门薄弱的行政执法，对破坏生态环境的违法行为根本无法起到应有的震慑作用。

第二，权力重叠。不同行政机关之间在工作职能上的重叠也会导致执法不到位。不同部门之间的管理职能重叠，容易造成执法上的推诿，比如，毁林采矿的行为，既涉及破坏林木和植被的行为，由林业部门管辖，又涉及开采矿产资源，由国土部门管辖，多头管理却又屡禁不止；又比如，海洋开发保护部门众多，环保、港务、海洋、渔业等机构不可谓不多，人员不可谓不庞大，但正是职责存在交叉模糊地带，使得政府在保护海洋生态方面力度不够、效率低下。

第三，执法真空。有关生态环境的执法依据庞杂、法律不完善，导致执法实务中存在空白地带。如前所述，我国关于生态环境方面的法律法规、政策规定、行业标准众多，体系庞大，但是在一些新领域比如国家地质公园、森林公园、重要湿地、空间规划、资源综合利用以及碳排放交易管理等，在跨区域、跨行业、跨部门、跨业务的交叉领域仍存在法律法规的空白地带，没有明确具体的规定，出现执法真空，不利于加强打击。

四、生态安全保护的司法现状

生态安全保护的司法现状来看，存在诸多问题。一方面传统的民事赔偿与行政处罚手段对于生态环境问题的解决日显无力。刑罚方法成为弥补民事与行政制裁不力的重要方法。从刑事法治的角度，构建生态环境犯罪控制体系势在必行。其具体包括从实体上论证生态环境犯罪控制的正当性、分析生态环境犯罪的成因，并结合具体的生态环境犯罪的犯罪构成，研究生态环境犯罪控制的路径和措施；程序上从刑事司法的立案、侦查、起诉、审判和执行等程序进行完善，探索生态环境刑事司法的专门化。

另一方面环境公益诉讼作为公益诉讼的重要组成部分，建立环境公益诉讼制度，可以更加有效地保障公众的环境权利，维护社会公共利益和国家利益。我们将在厘清生态环境公益诉讼制度、生态环境司法专门化与周边制度，如我国现行民事诉讼、行政诉讼以及刑事诉讼制度的关系，总结与借鉴国内实践和国外经验，在生态环境司法专门化各要素内涵基础上，进行我国生态环境司法专门化制度的路径设计，包括立法的基本理念、基本原则、主要规则、执行机制以及配套措施等。

环境公益诉讼作为新《环境保护法》最受瞩目的制度创新，在很多方面较以往有较大进步，但在案件受理、案件选择标准、原告资格认定、停止侵害、生态修复与环境赔偿、诉讼类型划分等方面尚存在问题，需要进一步修改与完善。近年来，虽然在环境公益诉讼等方面有所创新，但仍存在诸多需完善之处，有必要在生态环境保护公益诉讼立法的基础上明确指导思想与基本原则，规定当事人、诉讼请求、受案范围、管辖、证据、激励约束与保障，构建完整的生态环境保护公益诉讼制度。实务中，当遭受侵害的环境利益为环境公益，或者遭受侵害的环境利益高度分散，使所有受害者皆产生"搭便车"的心理时，普通环境诉讼由于原告缺位，导致环境正义难以经司法裁决得以实现。另一方面，由于立法对环境公益诉讼制度的模糊规定，使司法缺乏对民间环保组织的培育和整合，对公众参与的引导不够，对生态理念在全社会的普及造成影响。面对这些问题，需要进一步完善环境司法理念，健全环境公益诉讼相关制度，确保环境公益诉讼立法可操作性不断增强；健全环境行政监督管理、民事环境公益诉讼与行政环境公益诉讼并驾齐驱形成合力的良性互动机制；在诉讼领域，要从当前过于强调民事环境公益诉讼功效的舍本求末的做法转变到凸显行政环境公益诉讼与民事环境公益诉讼相结合的标本兼治的法治战略上来，以更好地保护环境公共利益。

回顾近年来生态环境保护司法的发展历程，可以发现我国生态环境保护司法内部体制在过去已形成"刑事为主、民事为辅、行政短腿"的基本格局，其改革的基本走向为生态环境保护司法专门化。基于地方改革成果判断，我国生态环境保护司法的内部体制将定格为"三审合一"模式。但总体来说我国环境司法专门化程度低，在案件受理、原告资格、结案率、结案方式等方面还存在诸多问题。另外，生态环境刑事司法领域同样问题较多，存在生态环境犯罪侦查主体分散，资源内耗；立案、管辖、起诉、审判等生态环境司法保护机制不健全；生态环境司法人才不足，生态环境司法专门化程度低；生态环境司法效果差，相关法律处刑轻，罪刑失衡等问题和不足。

可见，由于社会公众生态法治意识不强，生态保护知法、守法、用法的主观能动性未充分发挥，生态保护司法社会公众参与和监督氛围尚未形成。再加上由于前述我国环境法治缺乏科学、全面、系统、前瞻性的立法内容，导致符合生态文明的行为"无法可依"，违背生态规律的行为"无法可治"，执行层面"法立而不行"，司法层面"有法而无罚"。

第三节　生态安全法治的路径分析

生态环境保护应坚持法治路径，即应从立法、执法、司法、守法等环节深入思考，入手，健全生态环境保护立法、规范生态环境保护执法、强化生态环境保护司法及践行生态环境保护守法。

一、健全立法

生态环境保护立法是国家特定机关制定反映生态环境保护法律法规的活动。生态环境保护首先应做到"有法可依",环境法治的前提是环境保护立法完善,环境立法也是环境司法、执法以及守法功能实现的基础。生态环境保护立法与环境立法不得被利益集团所左右或者过于强调部门主导。从立法技术上而言,生态环境保护立法的可操作性应建立在违法行为的可罚性基础上。生态环境保护立法应着重规范政府环境权的运行。政府对生态环境的影响巨大,这是由公权力属性决定的。生态环境保护立法应侧重基本制度建构与完善,即环境保护公众参与制度、环境影响评价制度、生态补偿制度、排污权交易制度等。

完善环境保护公众参与制度。生态环境问题日趋严重,基本传统政府治理手段的不足,使人们自觉地投入环境保护活动中,逐步成为环境保护的推动力量。当前我国生态环境法治建设中的公众参与,无论在理论研究方面,还是在立法、执法等实践层面还存在不足。理论上,公民参与的理论依据、参与的主体范围、参与的路径、权利救济机制等方面的研究还需要进一步深化;实践上,公民参与生态环境保护意识欠缺,生态环境公民参与法律机制不健全,生态环境法律难以内化为公众参与保护的自觉意识与行动。构建我国生态环境保护公众参与制度,应当首先从宪法到生态环境法上明确公众参与生态环境保护的权利来源,具体制定公民参与生态环境保护的专门法规;其次,扩大公众生态环境信息知情权;第三,完善生态环境立法公众参与制度,明确公众参与方式、参与范围与参与程序;第四,健全生态环境行政决策和行政执法参与制度,加强公众参与生态环境执法的力度,赋予公众对于环境行政执法的监督权,明确公众监督执法行为的方式和途径。

完善环境影响评价制度。2002年我国首部从法律层面上规范生态环境影响评价制度的法律——《中华人民共和国环境影响评价法》正式颁布运行。该法细化了环境影响评价制度,提高实际操作性。但从实际运行效果来看,还存在环境影响评价对象范围过窄、相关监督机制缺失、执行力不够、实施效果不佳等问题。完善我国环境影响评价制度,加强决策的科学性与民主性,应当积极借鉴和吸收其他国家和地区环境影响评价立法经验,进一步扩大公众参与范围,探索引入第三方评价机制和替代方案,强化监督机制。

完善生态补偿制度。生态补偿法律制度的构建是一项复杂的系统工程,应在坚持可持续发展原则,受益者付费、保护者得偿,政府主导、市场推进、社会参与等原则基础上进一步完善生态补偿的管理体制和机制,构建科学的生态补偿的法律体系，整合现行生态环境法律中有关生态补偿的规定，制定专门的生态补偿法规。

完善排污权交易制度。作为一种典型的生态环境保护市场机制，排污权交易制度被广泛运用于世界各国的生态环境保护实践。我国应借鉴国际上排污权交易制度的成功经验，从立法上构建排污权交易制度，具体从污染物总量控制、行政许可、监控、排污权分配等方面进行细化规定，增强可操作性；转变政府职能，加强对排污权交易的服务和监管职能，逐步培育我国的排污交易市场。

二、规范执法

生态环境保护执法是相关机关以保护生态环境、建设生态文明为目标的执法活动。规范生态环境保护行政执法。规范生态环境保护行政执法应当有利于实现对行政执法权的监督与制约，减少以至抑制权力的恣意行使，使权力理性、规范运行。规范执法行为和权力运行的全过程，必须要完善程序制度，建立健全有效的保障、监督和责任追究制度。

完善现行生态环境保护执法体制。完善生态环境保护行政执法体制进行改革，除要正确认识、分析它所存在的问题和弊端外，还必须坚持和遵循法治的原则，才能做到方向明确、方案可行，达到预期的效果。因此，进行生态环境行政执法体制改革，必须符合依法治国和依法行政的总要求，并在此前提下遵循以下几项原则：合法原则、效率原则以及权责统一原则。

强化生态环境保护的执法监督。一是强化"权力—权力"的监督模式：环境执法监督指行政监督，即环境执法部门内部上下级之间或专门机关的监督；二是强化"权利—权力"的监督模式：环境执法监督还包括社会监督，常见形式有民众监督、媒体监督等。生态环境关涉社会公共利益，环境执法社会监督具有正当性，完善社会监督机制也是法治国家的重要表征。故此，行政监督主导模式应向多元化主体监督模式转变，即行政监督与社会监督相辅相成，社会监督作为行政监督的有益补充，而完善政府环境信息公开制度是社会监督的必然要求。

三、强化司法

完善环境公益诉讼制度。确定环境公益诉讼原告范围，确定环境公益诉讼被告范围，明确环境公益诉讼的请求事项，明确环境公益诉讼的举证责任。

加强环境司法专门化。最高人民法院把环境资源审判专门化作为一项重要目标，着力构建审判机构、审判机制、审判程序、审判理论以及审判团队"五位一体"专门化机制。需要进行审判体制改革，建立符合环境司法需求的"三审合一"体制，改变将环境诉讼人为地划分为行政诉讼、民事诉讼、刑事诉讼的现状。按照环境纠纷的特性，建立新的审判体制，既解决案件统一管辖问题，又满足环境案件审理的特别程序需求。建立专门化的诉讼机制，完善专门化的诉讼程序，同时明确环保法庭的功能与设立标准，探索设立专门法院，并按照统一的标准进行规范。

探索生态环境刑事犯罪侦查模式。推行专业公安机关统一行使生态环境犯罪刑事侦查权，实行生态环境犯罪案件相对集中立案管辖，提高打击生态环境犯罪的效率，具有理论和实践可行性。

发挥检察机关生态环境保护职能。检察机关应积极履行环境污染案件的立案及立案监督、侦查及侦查监督、控诉等检察职能，打击环境污染刑事犯罪。检察机关应与有关机关合作，建立行政执法与刑事司法的协调制度，完善环境污染犯罪案件的立案机制，同时，还要发挥监察机关对环境污染中职务犯罪的职能作用，依法追究环境监管失职等相关负责人的刑事责任。

完善生态环境保护行政执法与刑事司法的衔接机制。从行政执法与刑事司法两者的程序衔接机制上现存的主要问题出发，深入分析两者程序衔接机制问题的根本原因，提出从完善立法模式、确立检察院监督地位、规定具体的内部衔接部门、制定行政、司法机关对相关案件的职责和移送程序、完善相关的配套制度等方面来解决行政执法与刑事司法程序衔接机制上的问题，实现行政执法与刑事司法程序的有效衔接。

四、践行守法

生态环境保护守法是公民、社会组织、企业以及国家机关根据环境法律法规，依法行使环境保护权利（力）或者履行环境保护义务的活动。不同守法主体的守法要求是不一样的，公民和社会组织环境守法包括消极守法与积极守法，前者指遵守环境法律法规，后者指对环境污染事件进行举报、控告，甚至提起环境公益诉讼，这需要改变公民存在环境污染与己无关、环境保护是政府职责的思想误区。企业环境守法问题是重中之重，企业在经营过程中负有生态环境保护的社会责任。

为进一步强化生态环境法律法规宣传工作，提高广大人民群众的生态环境法制意识和生态环境保护能力，推动生态文明建设，我们应以《环境保护法》《森林法》《野生动物保护法》和《中华人民共和国刑法》（以下简称《刑法》），以及与生态环境保护密切相关的法律法规为宣传重点，围绕人民群众普遍关心、关注的生态环境热点问题开展法制宣传，通过法律咨询、展板、发放宣传资料等形式，展示破坏生态环境资源典型案例，广泛宣传环境保护法律知识，使群众及时了解国家对生态环境保护工作的决策部署，明确个人在环境保护中的权利和义务，提高人民群众爱护环境保护环境意识，鼓励群众积极提供案件线索，依法表达利益诉求，维护合法权益，监督身边的违法犯罪行为。

第四节　生态安全法治的重点关注

生态安全法治体系的基础是整体法律体系，重点是司法体系，关键是执法体系。"法律的生命不在于逻辑，而在于经验"，站在法治体系的角度和高度，不仅要讨论科学立法，也要讨论行政执法和刑事执法。生态安全法治不仅仅需要解决生态违法犯罪立法问题，更重要的是必须系统地解决问题，只有这样法律才能形成内部协调一致，妥善处理潜在矛盾，才能做到和谐自洽的法治。关于生态环境的立法方面，我国学者展开了大量的研究，而对于动态执法与司法，学界研究较少。因此，对于生态安全法治的研究，重点关注和研究内容聚焦在生态安全行政执法与生态犯罪刑事规制。

一、生态安全行政执法

（一）生态安全行政执法的概述

执法是法治的重要环节。一般来说，执法有广义与狭义之分。广义的执法指的是国家行政机关、司法机关及其公职人员依照法定程序实施法律的活动。狭义的执法是指法的执行，国家行政机关和法律授权、委托的组织及其公职人员，在行使行政管理权的过程中，依照法定的职权和程序，贯彻实施法律的活动。人们把行政机关称为执法机关，就是狭义上使用执法的。就生态安全执法而言，我们是从行政机关执法的角度展开研究的。

行政执法对我国法治建设进程、法治政府建设具有十分关键的影响。首先，我国大约80%的法律、90%的地方性法规和几乎所有的行政法规都是由行政机关执行的，可以说行政执法状况直接关系法律法规的正确有效实施。其次，行政执法是行政机关日常行政活动，是实施法律法规、依法管理经济社会事务的主要途径，关系着经济社会正常秩序维护和公共利益的保障。行政执法直接面对企业和公众，是否严格公正体现着各级政府依法行政的水平和能力，影响着全社会对我国法治建设的信任和信心。当前从总体上看，行政执法状况不理想，是法治政府建设中亟待着力解决的重大课题。

（二）生态安全行政执法体制

生态安全行政执法作为行政执法的一种，存在诸多亟待解决的问题。这些问题导致执法效率低，守法成本高，人们依法办事意愿降低，而执法部门疲于奔命，执法的社会效果却不理想。在这些问题背后，除了法律制度存在不科学和不合理之处、全社会守法意识亟待提高等因素外，行政执法的体制缺陷是造成上述问题的重要原因。

行政执法行为体现着体制的状态，解决行政执法中存在的问题重在改革行政执法体制。行政执法体制是法律实施体制的关键环节。深化行政执法体制改革能否取得成效，直接关系到法律法规能否全面正确实施，关系到人民群众合法权益能否得到切实保障，关系到经济社会秩序能否有效维护，关系到依法行政能否真正落到实处。就生态环境保护领域而言，深化生态安全执法体制改革势在必行。深化生态安全行政执法体制改革要有利于保障生态环境法律的实施、有利于促进生态安全行政体制改革的整体推进、有利于实现有效管理和服务、实现生态环境的有效治理。通过深化生态安全执法体制改革，建立起更加权威、更加高效、更加有力的行政执法体制，来坚决遏制和惩治各类生态环境违法犯罪行为，努力形成风清气正、规范有序的生态环境管理秩序，显著提高全社会对生态环境执法工作的认可度和满意度。

深化生态安全行政执法体制改革需要着力解决生态环境保护体制积弊，以此为突破口，化解推进生态环境保护的深层障碍，以体制的现代化带动行政能力、水平的提升。深化生态安全行政执法体制改革，涉及面广、工作量大、任务复杂艰巨，事关行政体制改革和法治政府建设的进程，然而内容庞杂、任务艰巨，推进改革一定要将顶层设计和实践探索相结合，稳妥进行。当前生态安全行政执法应就深化行政执法体制改革的重要性、原则，以及深化行政执法体制改革的具体任务等方面展开深入的研究。

二、生态犯罪刑事规制

（一）生态环境问题的刑法介入

生态环境问题已成为当今社会十分突出的问题，使用刑法手段保护环境已成必然。刑法大规模介入环境犯罪的控制始于20世纪70年代。鉴于我国生态环境和资源保护的迫切需要及国际社会刑事立法大的趋势，1997年刑法典在第六章妨害社会管理秩序罪以专节形式规定了破坏环境资源保护罪，进而形成相对独立的生态刑法。2001年刑法修正案以独立条款专门修改生态犯罪的形式，进一步加快完善我国生态刑事立法的步伐；2002年刑法修正案中增加了两个生态犯罪新罪刑条款，并对原有两个生态犯罪条款内容进行了罪刑修改，使我国生态刑法有了突破性的重大发展。但我国环境刑法仍存在立法上的生态犯罪种类偏少、刑法介入角度到位不够、刑事法网薄弱，生态刑事司法专门化欠缺，行政执法与刑事司法衔接不畅，以及司法实践中仍存在着刑法执行不力或执行困难等突出问题。从历史的脉络来看，近年来我国生态刑法不断完善，已是未来刑法发展的必然，一般的刑法理论研究应为我国生态刑法的再发展做出更大的贡献等。

刑法是其他法律的保障法，具有最大的强制力，在生态环境保护中发挥着不可替代的作用。然而，保护社会权利最得力的工具也常常是侵犯个人权利最厉害的手段，刑法犹如双刃剑，其也有明显的负面作用，如果适用不当，反而受其害。即刑法用之得当，个人社会两受其益；用之不当，个人社会两受其害。因此，生态环境刑事立法必须科学，必须加强相关基础理论研究。不过，当前学界和实务界对基础理论研究重视不够，就连生态犯罪法益这一生态刑法的基本理论问题，仍然没有形成统一的认识。从生态犯罪的立法宏观整体框架来看，对环境犯罪侵害的法益定位不准，从立法理念层面来看，没有体现环境刑法立法的价值理念；生态犯罪的罪名规定散乱，不成体系。另外，在关于生态刑法的伦理基础理论上出现了人类中心主义与生态中心主义之争，有些学者在这两种基本伦理观的基础上提出了一些衍生性的观点。我们在充分认识到人与自然和谐共存、人类利益与生态环境利益相互共存的基础上，以实现经济发展与生态环境保护协调发展为目的，倡导应当坚持生态学的人类中心的法益论。

生态环境问题的不断恶化，使得传统刑法理论难以适应当前的形势和新的要求，为了更好地保护生态环境，生态刑法需要引入犯罪前置化的治理理念，将部分潜在危害巨大的环境犯罪规定为危险犯或者行为犯，以实现对生态法益的提前保护。为了合理配置刑事资源、避免刑罚的滥用，应通过明确生态犯罪法益，限制过失危险犯和严格责任的立法，保障生态刑法的适度适用。生态犯罪的归责原则，尤其污染环境犯罪归责原则需要作出新的研究与阐述。污染环境犯罪的归责原则应以过错责任为主，以严格责任为辅。现代意义的严格责任并不等同于绝对责任，也并非无过错责任，而是推定过错责任。严格责任原则的确立对于预防和打击环境犯罪有着实质上的重大意义。同时，应当以生态犯罪法益扩展为出发点与落脚点，更新生态刑法理念，完善生态刑事立法，规范生态刑事司法。

（二）生态犯罪刑事规制的内容

由于环境犯罪侵犯法益的特殊性，决定其具有与传统刑法迥然相异的特质，其最突出的表现在于生态犯罪的行政从属性。生态犯罪的行政从属性是生态刑法理论研究中不可避免的一环，也是最薄弱的一环。在现行生态刑法中，生态犯罪具有行政从属性，需要以违反环境法规为前提条件，这使得破坏生态环境的行为是否构成犯罪，将很大程度上取决于该行为是否违反行政法的规定。由此在生态刑法与生态行政法之间形成了某种关联，而这种关联直接决定着对行为人破坏生态环境行为法律性质的界定。如何准确地界定这类犯罪，已成为理论研究和司法实践不可回避的问题。但随着人们对环境污染行为社会危害性的认识不断加深，应当弱化环境犯罪的行政从属性，改进刑法对生态环境的保护方式，有必要对现行生态刑法进行一次全面的检讨，对生态刑法的规制广度和深度进行适当的调整，加大对环境污染行为的惩处力度，健全和完善生态刑事犯罪规制体系，生态安全行政执法与刑事司法作为生态环境保护的两种重要手段，其协同运作是我国环境保护和生态文明建设的根本法治保障。我国法律、法规和国家相关文件就环境行政执法与刑事司法作了规定，并提出要求。但我国环境行政执法与刑事司法衔接机制的实践运行面临诸多困境，突出表现在：环境行政执法多头执法，涉罪案件被行政化处理成为常态，涉罪案件移送难以有序移送，环境"两法衔接"不畅等等。因此，有必要完善我国环境行政执法与刑事司法衔接机制，在上述生态安全领域推行综合执法的基础上，探索建立以专业公安机关为主体的生态环境专业刑事执法力量。

另外，除生态安全行政执法与刑事司法之外，还应完善生态环境公益诉讼制度，从而有效地保障公民的生态环境权益，维护社会公共利益和国家利益。完善生态环境公益诉讼制度，应当立足我国的国情，借鉴国外的成功经验，适当放宽生态环境公益诉讼的原告资格，合理分配举证责任，拓宽诉讼路径，扩大生态环境公益诉讼种类，公平分摊诉讼费用，形成以生态法益为中心的诉讼模式，并实现生态环境刑事诉讼、行政诉讼、民事诉讼与公益诉讼的有机结合。

第二章
生态安全行政执法——以林业行政执法为视角

行政执法的概念,存在广义、较广义、狭义、较狭义的不同认识和主张[9]。本书所称的行政执法,是狭义上的行政执法,既有别于立法、司法活动,又排除了行政性立法和行政许可、征收、给付、确认、裁决、奖励等具体行政行为,仅指行政机关及其他行政主体依照法定职权和法定程序,对违反行政管理法律法规规章的行政相对人实施行政处罚的行为以及与行政处罚有关的监督检查和行政强制。

林业行政执法是行政执法的类型之一,是实现依法治林,推进林业可持续发展的重要手段。结合目前林业主管部门的职能,林业行政执法的内容主要包括林地、林木、野生动植物、森林防火等方面行政执法。2018年3月,根据第十三届全国人民代表大会第一次会议批准的国务院机构改革方案,将中华人民共和国国家林业局的职责整合,组建国家林业和草原局,将草原、湿地等资源监督管理并入,林业行政执法将涵盖"山水林田湖草"系统的大部分的执法对象。

第一节 林业综合行政执法回顾

林业综合行政执法是综合行政执法在林业行业的反映。林业综合执法既有综合行政执法的共性也有其自身的个性特征,林业综合行政执法经历了漫长的不同模式的试点过程。

一、林业行政执法存在的问题

在国务院组织开展的相对集中行政处罚权推行过程当中,中央机构编制委员

---

[9] 姜明安. 论行政执法 [J]. 行政法学研究, 2003, (4): 17-19.

会办公室（简称"中央编办"）为了落实国务院的决定，进一步探索从体制上、源头上改革和创新行政执法体制，推动行政管理体制改革，主导了综合行政执法的开展。实施综合行政执法和相对集中行政处罚权一样，都是深化行政管理体制改革、推动行政执法体制创新的固有内容，直接目的在于解决多头执法、重复执法、执法扰民和执法队伍膨胀等问题。在林业行政执法领域，同样也面临执法机构多、职能交叉、执法力量分散、执法效率低下等问题，亟须进行整顿和改革。

（一）执法机构多，职能交叉

在林业主管部门内部，几乎每个内设机构都能找到与自己业务相关的行政处罚法律规范即执法依据，故林业主管部门普遍根据内设机构业务管理范围，习惯于将不同案件的查处职责交给不同的内设机构行使。比如，有的地方，林政资源管理、森林公安、林业站、木材检查站、野生动物管理、林木种苗管理、森林病虫害防治和植物检疫、营林管理、林业规费征收管理等9个机构都承担林业行政处罚职能。其中，林政资源管理机构对盗伐、滥伐林木，非法猎捕、杀害、出售、收购、经营、加工、运输野生动物及其制品，非法收购盗伐、滥伐的林木，违法运输木材，违法采集、出售、收购、运输野生植物及其制品，违法经营（加工）木材，违法征占用林地，违法毁林开垦，采石、采矿、采土、采种、采脂等破坏森林资源的行为予以行政处罚；森林公安机关对盗伐、滥伐林木，非法买卖林业证件，违法收购盗伐、滥伐的林木，违法毁林开垦，采石、采矿、采土、采种、采脂等破坏森林资源的行为予以行政处罚；林业站对辖区内盗伐、滥伐林木，非法猎捕、杀害、出售、收购、经营、加工、运输野生动物及其制品，非法收购盗、滥伐的林木，违法运输木材，违法采集、出售、收购、运输野生植物及其制品，违法经营（加工）木材，违法征占用林地、违法毁林开垦，采石、采矿、采土、采种、采脂等破坏森林资源的行为予以行政处罚；木材检查站对违法运输木材、野生动物及其制品的行为予以行政处罚；野生动物管理机构对非法猎捕、杀害、出售、收购、经营、加工、运输野生动物及其制品，非法采集、出售、收购、运输野生植物及其制品的行为予以行政处罚；林木种苗管理机构对非法生产、经营、采集种子和破坏种质资源的行为予以行政处罚；森林病虫害防治和植物检疫机构对违反森林病虫害防治和植物检疫的行为予以行政处罚；营林管理机构对未按时完成更新造林，造林面积未达到50%，成活率未达到50%的行为予以行政处罚；林业规费征管机构对偷漏林业规费的行为予以行政处罚[10]。除

---

[10] 池永东. 关于实行林业综合行政执法问题的探讨［C］. 2004年中国环境资源法学研讨会，2004：38.

此以外，有的地方设立的林业案件举报中心、林业行政稽查队、林业（森林）管理（经营）局、林场以及自然保护区保护管理机构等也都拥有一定的林业行政处罚权。总体说来，林业行政处罚，不仅机构林立，而且机构之间特别是林政资源管理、森林公安、林业站、木材检查站以及野生动物管理机构之间，执法职能严重交叉。这些机构之间又互不隶属，业务之间没有领导与被领导、指导与被指导的关系，在林业行政案件的管辖和处理上极易发生扯皮、争执和重复处罚，有利的都想插手，无利的互相推诿，执法扰民问题长期存在，严重损害了林业主管部门的执法形象。同时，由于执法机构分散、交叉和重叠、多头执法，消耗了林业系统的执法资源，林业行政执法难以形成整体优势，集中规范管理困难，队伍素质始终不能得到提高。

（二）执法机构类型多样，执法人员编制混乱

从行使林业行政处罚权的机构类别来看，有的是行政机构，有的是事业单位，还有的是企业；有的是法人，有的属于非法人组织。比如有的地方的林业（森林）管理（经营）局以及下属各个林场，原本属于企业化管理的事业单位，主要工作任务是林业生产经营，本不具备林业行政执法职能，可是林业主管部门通过文件授权，让其从事进行林业行政执法工作[11]。再如，一些重点国有林区的森工企业成立林政稽查总队和林业行政案件举报中心，在辖区范围内开展林政稽查，实施林业行政处罚[12]。由于这些林业生产经营单位政企、政事不分，既享有生产经营权，又拥有行政处罚权，"自己的刀削不了自己的把"，监督机制难以建立，对本系统、本单位的违法行为，往往掩盖包庇，甚至纵容林业系统内部人员监守自盗，以致引发严重破坏国家森林资源的恶性案件。有的地方将林业行政执法机构定位为行政事业单位，但执法人员中既有行政编制，也有事业编制。有的虽是事业单位，但人员编制少，其执法人员有的有编制，有的没有编制。还有一些林业行政执法机构属于企业性质，执法人员大多没有编制。编制不同，工资、待遇也不一样，影响队伍的团结和稳定，不利于林业行政执法工作的开展[13]。

---

[11] 这种情形在东北、内蒙古大兴安岭、山西省直林区等地广泛存在。

[12] 国家林业局林业工作站管理总站. 黑龙江省森林工业总局全面加强林业行政执法工作 [EB/OL]. 中国林业网，2014-06-10 [2018-02-21]. http://www.forestry.gov.cn/gzzz/918/content-687365.html.

[13] 王英娜. 我国林业综合行政执法研究 [D]. 哈尔滨：东北林业大学，2010.

(三) 执法力量薄弱

林业主管部门将林业行政执法职能按业务管理范围划分以后,各机构都配有林业行政执法人员,但是受人员编制限制,人数大多不能适应执法任务的需要。这些机构平时忙于管理业务,对违法行为的查处一时紧一时松,管一块漏一块,易给不法分子造成可乘之机,不利于维护正常的林业生产秩序。拿山西省来说,多年来只在忻州、吕梁、运城、大同、阳泉5个市成立了种苗机构,其他6个市和9个省直国有林管理局迟迟不能设立;野生动物管理机构,目前只有运城、忻州、大同、晋中四个市经编制部门批准成立;森林资源管理机构,在省林业厅仅有工作人员4人,省直9个林局、11个市林业局虽设有森林资源管理科,但每个科只有工作人员1~3人,全省才有35人;森林病虫害检疫机构多数与资源管理机构合署办公。由于机构不健全,日常管理业务繁重,工作人员又少,能做好日常管理事务已属不易,执法办案根本力不从心。

(四) 执法经费不足

我国林业行政执法机构有很多是事业单位,从经费保障来看,有些属于差额拨款的事业单位,有些属于自收自支的事业单位。在有些地方,即使是差额拨款的事业单位,财政也只负担人头经费,执法办案经费从未列入过财政预算,至于那些自收自支的事业单位,办案经费更是无从谈起。有的地方在罚没款上缴财政后,按收支两条线的规定,才拨付一些所谓的"办案经费",而这些拨款远不能满足日常的执法开支。没有执法经费,执法经费严重不足,必然影响执法效果,也极易导致以赔代罚、以罚代刑、执法不公、执法不严等违法违纪问题的发生。不少地方将罚没款的多少与林业行政执法人员的工资、福利挂钩,迫使林业行政执法机构违法收费、集资和摊派,林业行政执法成了为队伍的生存而执法,严重背离了行政执法的宗旨,同时也给国家造成了巨大的经济和声誉上的损失。

(五) 执法水平不高

由于历史和行业的原因,林业系统的人员受教育程度普遍偏低。在一些地方,领导对执法工作的认识存在误区,错把蛮横当作执法能力,把平时难以管理的人员安排在执法岗位,而这些人大多学历层次低,文化素质不高,难以培养和树立正确的执法理念。此外,林业行政执法人员构成复杂,除森林公安经常开展训练外,大部分人员接受统一、规范的执法业务知识培训、学习的机会有限,办理案件在调查取证、执法程序、法律适用、文书制作、卷宗归档等方面经常出现差错和疏漏,执法质量堪忧。

二、林业综合行政执法的发展过程

为了解决林业行政执法中存在的上述问题，使林业行政执法工作更加适应建设林业"六大工程"（天然林资源保护工程、三北和长江中下游地区等重点防护林体系建设工程、退耕还林还草工程、环北京地区防沙治沙工程、野生动植物保护及自然保护区建设工程、重点地区以速生丰产用材林为主的林业产业建设工程），推进林业"五大转变"（林业正在由以木材生产为主向以生态建设为主转变、林业正在由采伐天然林为主向采伐人工林为主转变、林业正在由毁林开荒向退耕还林转变、林业正在由无偿使用森林生态效益向有偿使用森林生态效益转变、林业正在由部门办林业向社会办林业转变），实现林业跨越式发展的需要，根据《中华人民共和国行政处罚法》（以下简称《行政处罚法》）和国务院《关于进一步推进相对集中行政处罚权工作的决定》（国发〔2002〕17号）、国务院办公厅转发中央编办《关于清理整顿行政执法队伍实行综合行政执法试点工作意见的通知》（国办发〔2002〕56号）等文件精神，国家林业局（现为国家林业和草原局，下同）于2003年10月14日发出《关于印发〈国家林业局关于实行林业综合行政执法的试点方案〉的通知》（林策发〔2003〕179号），决定以创新林业行政执法机制为出发点，进行相对集中行政处罚权改革，开展林业综合行政执法试点工作。这次试点选择河北、山西、辽宁、安徽、福建、湖北、湖南、广东、贵州、云南、重庆等11个省（直辖市）的21个县级林业行政主管部门，在林业行政主管部门内部按不同形式将不同机构查处林业行政处罚案件的具体职责相对集中，统一行使，探索和积累林业综合行政执法的经验，为推动林业行政执法体制改革奠定基础。试点方案要求：整合现有查处林业行政处罚案件的执法机构（单位），组建相对独立、集中统一的林业行政执法机构。整合后的林业综合行政执法机构，不再承担技术检验、检疫职能。

在各级党委、政府、林业主管部门的高度重视和共同努力下，林业综合行政执法试点工作初见成效。

一是整合执法机构，初步解决了"多头执法"问题。按照"一个政府部门下设的多个行政执法机构，原则上归并为一个"的要求，对原有查处林业行政案件的林业行政执法机构进行整合，理顺了执法职能，扭转了执法权相对分散、多家执法的局面，初步解决了"多头执法"问题。

二是优化执法队伍，提高了执法效率。据统计，2004年，21个试点单位共查处各类林业行政案件13750起，案件查处率达到99.5%，有效保护了森林和野生动植物资源。

三是完善了执法制度，规范了执法行为。据统计，21个试点单位完善和制定了各项制度336项，主要有林业行政执法人员持证上岗制度、林业行政处罚文书档案管理制度、罚款分离和收支两条线制度以及林业行政执法考核评议制度、林业行政执法过错责任追究制度、林业行政案件统计制度等。

四是探索执法新机制，初步建立了执法监督体系。各试点单位按照"两个相对分开"和"一个机构执法"的要求，初步建立健全了政策制定、行政处罚、执法监督三者之间相互制约、相互配合的新机制和规范有效的执法监督体系。

五是发挥示范作用，促进了各地林业综合行政执法试点的开展。国家林业局组织开展林业综合行政执法试点工作以来，引起有关省、市的高度重视，除认真实施国家林业局组织开展的试点外，还自行组织开展了试点[14]。

2005年7月，在开展第一批林业综合行政执法试点工作的基础上，国家林业局下发《关于继续开展第二批林业综合行政执法试点工作的通知》（林策发〔2005〕102号），决定开展第二批林业综合行政执法试点工作。提出开展第二批试点工作的目标是：通过试点，整合执法队伍，理顺执法体制，完善执法制度，规范执法行为，创新林业执法体制，不断提高林业行政执法的整体水平和执法质量，为推进"治理与破坏相持阶段"林业工作提供保障。

2010年左右，在林业系统初步建立责权明确、行为规范、监督有效、保障有力的林业行政执法体制。经与各省、自治区、直辖市林业行政主管部门协商，第二次试点在27个省、自治区、直辖市的142个县（市）林业主管部门进行。

2016年11月，为全面提升林业改革发展水平，创新林业体制机制，开创林业现代化建设新局面，根据中共中央《关于全面推进依法治国若干重大问题的决定》和中共中央国务院《关于印发〈法治政府建设实施纲要（2015—2020年）〉的通知》精神，结合林业实际，国家林业局提出《关于全面推进林业法治建设的实施意见》。其中，第五部分明确指出，深化林业行政执法体制改革，严格规范公正文明执法，推进林业综合行政执法。各级林业主管部门应当结合本地实际，推动林业综合执法机构以林业主管部门名义统一行使林业行政处罚权。鼓励实施以森林公安机关为主统一行使林业行政处罚权的林业综合行政执法模式。试点推行跨部门综合执法的地方，应当确保林业资源得到有效保护，违法行为得到有力打击。林业综合执法机构应当坚持权责一致，精简、统一、效能的原则，做到政策制定职能与处罚职能相对分开，技术检验职能与处罚职能相对分

---

[14] 云南省林业厅. 张建龙副局长指出我国林业综合行政执法试点工作取得初步成效[EB/OL]. 中国林业网，2005-07-05[2018-02-22]. http://www.forestry.gov.cn/portal/main/s/326/content-4989.html.

开。作出行政处罚前,林业主管部门法制工作机构应当对执法人员资格、法律适用、自由裁量权行使标准以及处罚程序等进行法制审核。结合行政体制改革,推进执法重心下移,强化县(市)一级林业综合执法力量的整合,改善基层执法设施和装备条件。加强对行政执法人员的岗位培训,加大法律专业人员和专业技术人员的配备比例,提高执法队伍的法律素质和专业水平,不断提高林业综合行政执法能力。

2017年,为进一步加强和改进森林公安工作及队伍建设,国家林业局联合公安部近期印发实施了《关于深化森林公安改革的指导意见》。该意见共分3个部分,提出了深化森林公安改革的指导思想和总体目标,确定了深化改革必须坚持的5条基本原则,谋划了深化森林公安改革的7个方面主要任务和40余条具体措施。该意见要求,要根据林业发展和公安工作基本规律,建立完善具有林业特色、切合森林公安实际的现代警务和执法权力运行机制、人民警察管理制度和综合保障体制。推动实现基础信息化、警务实战化、执法规范化、队伍正规化,打造政治过硬、业务过硬、责任过硬、纪律过硬、作风过硬的森林公安队伍,进一步提升林区群众安全感、满意度和森林公安机关执法公信力,为林业改革发展、林区和谐稳定和生态文明建设提供坚强有力的法治保障。

近年来,森林公安年均办理林业行政案件数量占到全国林业行政案件总量的绝大部分,全国90%以上的林业行政案件由森林公安机关组织办理。全国已有19个省(自治区、直辖市)明确由森林公安机关全面承担林业行政执法职能,森林公安成为保护生态文明建设成果的执法主力。河北、山西等8个省份推行以森林公安为主的林业综合行政执法模式,林业多头执法问题逐步解决。黑龙江、湖南等22个省份落实县级森林公安机关刑事、治安执法权限,江西省在个别市(县)试点由森林公安统一查处涉及资源环境方面的刑事案件,森林公安执法职能得到进一步强化。

2018年1月国家林业局启动"规范林业执法行为、提升林业执法能力"专项行动。林业法治建设是我国社会主义法治建设的重要组成部分,是林业治理体系和治理能力现代化的集中体现。加强林业法治建设,提升依法治林水平,关系国家生态安全和人民生态福祉。党的十八大以来,各级林业部门认真落实以习近平同志为核心的党中央的决策部署,深入开展林业立法、执法和普法工作,林业法治建设取得了明显成效,为林业改革发展营造了良好的法治环境。但是,从林业行政执法的实践看,仍然存在法治意识、法治思维不强,依法行政能力不足;执法不到位,不作为、乱作为现象时有发生;缺乏有效司法沟通协调机制,一些法律制度执行难等突出问题。

启动"规范林业执法行为、提升林业执法能力"专项行动,目的就是要按照"深入查找、标本兼治,积极应对、健全机制"的原则,对林业行政复议、行政诉讼案件,特别是涉林公益诉讼案件中反映出的问题进行一次全面彻底梳理,分析深层次原因,及时发现和解决林业行政管理和执法中存在的问题,最终推动林业立法、普法、守法全面均衡发展。要通过专项行动,进一步强化林业部门法治意识,解决各级林业部门在行政管理和执法中不作为、乱作为的问题,健全各级林业部门办理行政复议和行政诉讼案件应诉制度,建立和完善与司法机关之间有效的沟通协调机制,实现以执法促立法、全面提升林业法治水平的目标。各级林业部门要举全局之力,多措并举,以抓铁有痕、踏石留印的作风和干劲狠抓落实,确保专项行动顺利开展;要提高认识,加强领导,着力提升依法治林水平;要各司其职,齐抓共管,确保专项行动取得实效;要周密部署,分步实施,不断推动专项行动向纵深开展;要深入排查,认真整改,做到查找问题精准,整改措施有力;要完善机制,形成合力,综合运用行政、刑事、民事等手段,建立林业与司法机关的沟通协调机制;要加强宣传,营造氛围,共同推进林业执法水平再上新的台阶。

第二节 以森林公安为主的林业综合行政执法实践

在国家林业局推行的林业综合行政执法试点当中,将森林公安队伍明确为林业综合行政执法机构是其中的执法模式之一。从统计数字来看,在 2017 年 2 月全国森林公安深化改革工作会议召开之前,全国九成以上的林业行政案件由森林公安机关办理,已有 8 个省(自治区、直辖市)明确由森林公安机关全面承担林业行政执法职能,森林公安已经成为保护森林和野生动植物资源的主力军,以森林公安为主的林业综合行政执法的局面渐次形成。多年来,各地结合实际,发挥各自的积极性,积累了许多具有鲜明特色的有益的经验,在这当中,尤以云南省、四川省和江西省的探索最具代表性,下面分述之。

一、云南省的相对集中林业行政处罚权[15]

1. 改革历程

在云南林业改革特别是集体林权制度改革深入推进的进程中,云南省委、省

---

[15] 参见云南省人民政府《关于云南省林业部门相对集中林业行政处罚权工作方案的批复》(云政复〔2013〕69号)、《云南省林业部门相对集中林业行政处罚权工作方案》,云南省人民政府《关于增加云南省森林公安机关林业行政处罚权工作方案的批复》(云政复〔2015〕79号)和《关于增加云南省森林公安机关林业行政处罚权工作方案》。

政府多次明确提出要加强森林资源管理机构和队伍建设、整合林业行政执法力量、积极推进相对集中林业行政处罚权工作。从 2004 年到 2013 年，全省先后有 13 个州（市）的 29 个县开展了林业综合行政执法试点工作，积累了许多有益的经验。为了深化林业行政执法体制改革，创新执法管理模式，及时运用林业综合执法试点成果，省林业厅党组在反复研究后决定，以森林公安为主相对集中林业行政处罚权，并上报省政府。2013 年 9 月，云南省人民政府下发了《关于云南省林业部门相对集中林业行政处罚权工作方案的批复》，批准在全省范围内开展以森林公安为主相对集中林业行政处罚权改革。相对集中林业行政处罚权后，森林公安机关查处林业行政案件应持有国家林业局林业行政执法证或云南省行政执法证，统一使用国家林业局制发的林业行政处罚文书。

2. 改革动因

一是加强森林资源保护管理的客观需要。云南是森林资源大省，是全国生物多样性最丰富、最富集的地区之一，丰富的森林资源是建设"森林云南"和"美丽云南"的物质基础。只有保护好森林资源，林业才有发展基础和空间，才能在建设美丽中国中大有作为，为实现富民强滇"云南梦"作出应有的积极贡献。从严格保护与合理利用森林资源的形势来看，客观上要求一支强而有力的执法队伍才能胜任，森林公安无疑是不二的选择。

二是实施以森林公安为主开展相对集中林业行政处罚权改革，有利于充分发挥森林公安的作用，有利于强化行政执法效果，有利于加强森林资源行政管理。当时，全省森林公安机构有 146 个，实有警力近 4000 人，已全部落实政法专项编制，经费上已经实现与同级公安机关同等保障，在人力、物力上为森林公安机关集中执法奠定了基础。而且，森林公安是一支专业执法力量，有侦办刑事案件的历练，执法经验丰富，执法能力较强，在行政执法过程中，森林公安出面办理的行政执法案件，其威慑力、震慑力强，执法效果较好，执法质量较高。以森林公安为主在全省范围内开展相对集中林业行政处罚权工作后，除乡镇林业站、木材检查站（林政稽查队）、自然保护区管理机构、植物检疫机构外，原从事行政执法的造林绿化、资源林政、野生动植物保护、森林防火等部门不再担负行政执法工作，能够将时间和精力集中到对森林资源的管理和监督方面，可以强化管理和监督的职能，将对森林资源的保护起到重要作用。

3. 集中处罚权范围

集中行政处罚权分两步进行，第一步：自 2014 年 1 月 1 日起，全省各级森林公安机关依法行使省政府批准的 62 项林业行政处罚权和 11 项行政强制权（具体包括：①《森林法》及其配套的行政法规、地方性法规规定的有关林地保护方面的行政处罚权及相关的行政强制、监督检查权；②《野生动物保护法》及其配套的行政法规、地方性法规规定的由林业部门行使的行政处罚权及相关的行政强制、监督检查权；③《中华人民共和国野生植物保护条例》（以下简称《野生植物保护条例》）和《云南省珍贵树种保护条例》规定由林业部门行使的行政处罚权及相关的行政强制、监督检查权；④《森林防火条例》及其配套的地方性法规规定的行政处罚权及相关的行政强制、监督检查权）。第二步：2015年12月31日，针对自然保护区和湿地保护的严峻现实，省政府又授权全省森林公安机关相对集中行使自然保护区和湿地的17项林业行政处罚权和1项行政强制执行权（具体包括：①《中华人民共和国自然保护区条例》（以下简称《自然保护区条例》）和《云南省自然保护区管理条例》规定的，由林业部门或者由林业部门管理的自然保护区管理机构行使的行政处罚权及有关的行政强制、监督检查权；②《云南省湿地保护条例》规定的，由林业部门或者由林业部门管理的湿地保护机构行使的行政处罚权及有关的行政强制、监督检查权；③《中华人民共和国行政强制法》（以下简称《行政强制法》）第四十五条规定的执行罚行政强制执行权）。

4. 监督和救济

森林公安机关的林业行政执法活动同时接受同级人民政府法制部门、同级林业主管部门和上级森林公安机关的监督。林业部门要督促森林公安机关严格执行法律法规和各项林业政策，切实履行法定职责。要加强对森林公安林业行政执法活动的监督。公民、法人和其他组织对森林公安机关作出的具体行政行为不服的，可以依法提起行政诉讼，或者向同级人民政府、上一级森林公安机关申请行政复议。

5. 方法和经验

一是细化方案，稳妥推进。鉴于全省森林资源分布和管护任务的地区差异较大、林业行政管理和执法模式不完全相同、执法队伍发展不平衡，要求各地要结合实际，在进一步细化案件的受理与移交、案件管辖争议的解决等方面制定出符合本地实际的分工合理、职责明确、权责一致、执法顺畅工作方案，形成对林业行政案件进行处罚的有效机制，用制度对有关问题进行明确，固化职责分工，防止工作中出现推诿扯皮、有利益相互争、有困难相互推等情况，确保相对集中行政处罚权工作稳妥推进。

二是加强领导，多方协调。各州（市）、县（市、区）林业部门成立领导机构，由主要领导亲自负责，统筹协调推进本地相对集中林业行政处罚权工作。各级林业部门及时将省政府的批复精神向当地党委、政府汇报，将相对集中林业行政处罚权的重要意义和省厅的相关要求报告清楚，争取党委、政府对林业执法改革创新、林业工作的重视和支持。及时与政府法制机构等部门沟通协调，解决制定相对集中林业行政处罚权工作方案等相关问题。

二、四川省的林业综合行政执法[16]

1. 改革背景

一是政策驱动。早在2002年，中央编办、国务院办公厅即发文，要求各省开展综合行政执法试点，国家林业局和四川省林业厅先后在四川1市、3县、1区开展了以森林公安为主的林业综合执法改革试点。2013年以来，中央提出了新一轮综合执法改革要求。十八届三中、四中全会作出决定，要求整合执法主体，大幅减少执法队伍种类，相对集中执法权，在农林水利等领域内推行跨部门综合执法。2015年3月，中央编办下发意见，开展综合行政执法体制改革试点，明确指出承担行政管理职责的部门将来不能再行使执法权。2015年，四川省政府下发意见提出，一个部门原则上只保留一支执法队伍，在此基础上，试点跨部门综合执法。

二是现实要求。四川地处长江上游，长江经济带建设已上升为国家战略，要搞大保护、不搞大开发。四川省委十届八次全会就开展大规模绿化全川、筑牢长江上游生态屏障作出系统部署，明确要求2020年全省森林覆盖率达到40%，林业保护、建设任重道远。改革前，四川林业部门有资源林政、野保、种苗、森防、木材检查站、林业站、森林公安等7支执法队伍，有的还设立了林业行政执法队（稽查队、巡查队）。林业行政执法权力分散、多头执法情况突出，执法效率低下、执法效果不佳。

三是条件具备。此次改革从调研摸底到成稿送审、通过，历时近一年半。改革前，全省林业行政执法有多头执法、以森林公安为主执法和跨部门综合执法三种模式，但各有不足。最终，四川决定由省政府授权全省县级以上森林公安机关，以自己名义行使林业行政处罚权。此举权力来源合法，实现了权责统一，提高了执法效率，提升了执法公信力。改革前，四川县级以上森林公安已实现法人单位建设、执法权限落实、单独预算管理，并兼具刑事司法和治安行政执法职能，完全具备承担林业综合行政执法的组织机构基础。

2. 集中林业行政处罚权范围

改革分两步走，第一步将成熟的五类案件交由森林公安查处，2017年底前

---

[16] 张杨. 四川林业综合行政执法改革破题 [N]. 中国绿色时报，2017-03-03（1-2）：21-26.

完成改革。首批交由森林公安办理的有 5 类案件 74 项行政处罚权，包括森林资源类 17 项，野生动植物保护类 24 项，森林防火类 10 项，自然保护区、湿地及森林公园类 15 项，防沙治沙、血吸虫病防治及退耕还林类 8 项。授权集中行使的权力事项有调整的，须重新报请省政府批准。

第二步将暂不成熟的 3 类案件，待条件成熟后交由森林公安查处，时间节点是 2020 年前。三类暂未交由森林公安办理的案件为木材运输类、林木种苗类和森林检疫类。四川有木材检查站 230 个，机构性质多样、人员成分复杂，改革涉及机构保留、人员安置、社会稳定等问题，难度很大；木材检查站需要 24 小时值班，森林公安警力不足难以胜任，故本次改革未将其纳入改革范围。种苗、检疫类行政执法由于专业性强，且检疫还有行政法规明确授权的执法主体，也未纳入本次改革范围。

3. 监督和救济

开展林业综合行政执法后，森林公安机关的林业行政执法活动同时接受人民政府法制部门、林业主管部门和上级森林公安机关的监督。公民、法人和其他组织对森林公安机关以自己的名义作出的行政行为不服的，可以向其归属的林业主管部门或该部门的本级人民政府申请行政复议或者依法提起行政诉讼。

4. 方法和经验

一是卸除思想包袱。改革前，个别市、县已经成立林业综合行政执法机构，且明确了执法编制，配备了执法人员，落实了车辆、经费等保障。本轮改革明确"改革后原有的执法机构、人员在林业系统内部可作调整"，即机构可不撤、编制可不收，解除了地方的后顾之忧。

二是实行区别对待。在改革当中，成都、自贡、南充等市曾提出，未设置森林公安机关的县级行政区域如何改革？方案针对这一问题回应，"未设置森林公安机关的县级行政区域，由市级森林公安机关统一行使行政处罚权及有关行政强制措施"。

三是取得满意效果。在森林公安集中行使林业行政处罚权的第一年，全省查处林业行政案件同比上升 15%，行刑无缝衔接，办案效率提高，生态保护力度大大加强。此次改革，也顺应了中央和省委、省政府的改革部署，回应了干部、群众的改革呼声。改革既有兄弟省份经验的借鉴吸收，又有结合四川实际的创新创造。改革不新增机构编制、不涉及人员分流，财政承担的资金压力不大，改革代价小、成本低。改革采取先易后难、分步实施方式推进。改革依托森林公安这支专业执法队伍，强化了执法力量，能有效解决林业行政执法中多头执法、执法效率不高等问题，实现了改革让群众得利、让部门解困的目标。

第三节 林业综合行政执法模式比较分析

综合行政执法模式,是近年来政府法治和行政法学研究的一个热门领域。截至 2018 年 2 月 23 日,在中国知网以"综合执法模式"为主题进行检索,可以搜到 319 篇学术文章;以篇名含"综合执法模式"字样为条件进行检索,可以搜到 106 篇学术文章[17]。但在这些文章里,几乎没有对综合行政执法模式下一个准确的定义。本书认为,综合行政执法模式的要素,大体包括执法主体的归属、执法机构的设置、执法人员的构成以及执法权力的范围等几个方面,综合行政执法模式就是通过这些要素的组合所表现出来的执法方式。循此分析,林业综合行政执法模式,即是指林业行政执法主体、执法机构、执法人员、执法权力的设定、设置、配置和确定,以及在执法当中这些要素的结合所呈现出来的样态与运行方式。

一、林业综合行政执法模式的类型

为了积极推进以相对集中林业行政处罚权为主要内容的林业综合行政执法工作,创新林业行政执法机制,2003 年国家林业局开始在全国开展了林业综合行政执法试点工作。从国家林业局推行林业综合行政执法试点的要求来看,林业综合行政执法模式原则上限于 3 种:第一种是将现有的资源林政执法队伍明确为林业综合行政执法机构,其他机构(单位)不再承担查处林业行政案件职责;第二种是将现有的森林公安队伍明确为林业综合行政执法机构,其他机构(单位)不再承担查处林业行政案件职责;第三种是根据实际情况组建林业综合行政执法机构,其他机构(单位)不再承担查处林业行政案件职责。同时,国家林业局强调,无论采取哪种形式,都必须将查处林业行政案件的职责统一交给林业综合行政执法机构行使,但在依法做出林业行政处罚决定时,处罚主体必须符合有关法律、法规的规定。林业综合行政执法机构的人员,应当从符合条件的林业行政主管部门工作人员和现有执法人员中选用[18]。

二、林业综合行政执法模式的实际应用

在实践层面,试点单位都按照国家林业局的文件要求分别组建了不同的林业综合执法机构对林业综合行政执法模式进行了探索,而且普遍在遵循国家林业局

---

[17] 中国知网(http://kns.cnki.net/kns/brief/default_result.aspx)检索结果。
[18] 参见国家林业局《关于实行林业综合行政执法的试点方案》

文件基本精神的前提下,又有了一些创新。比如,江西省赣州市经编委批准在原市木材检查站的基础上组建林政管理稽查支队,支队定编20人,为副县级全额拨款事业单位,内设秘书科、稽查科、业务科3个副科级机构,具体负责全市乱砍滥伐、木材运输、木材经营加工、林地、野生动植物、植物检疫、林木种苗等林业行政违法案件的查处工作,相对集中行使林业行政执法权[19];河南省济源市整合木材检查站、济源市林木种子站执法队伍,组建了济源市林业综合执法支队[20];山东省胶南市将森林公安和林场派出所在编人员进行整合,组建了胶南市林业综合执法大队[21];四川省宣汉县林业局整合资源林政股、行政审批股、森防站、森林公安、木竹检查站、林业站等执法力量,组建林业行政执法大队,下设3个林业行政执法中队[22];河北省沧州市各县(市、区)林业行政综合执法队,由县(市、区)林业(农林)局管理,为参照公务员管理的股级规格事业单位,财政性资金保证基本经费,各县(市、区)根据林业资源状况、执法任务大小核定编制人数,所需编制从本局所属同类事业单位内部调剂,并相应核减其编制,所需人员从本局机关和现有执法队伍具有公务员身份的人员中选调[23];湖北省京山县林业综合执法大队由以前的林政稽查支队、检查站等林业行政执法单位整合而成[24];湖南省桂阳县将林政、野生动植物保护、林木种苗、木材管理、木材检查站、林业工作站等机构的行政执法职能进行集中整合,组建综合执法大队,统一开展林业行政执法工作[25]。

经过多年不同模式的试点,林业综合行政执法积累了丰厚的经验,在总结试点经验的基础上,2016年11月,国家林业局根据党的十八大以来中央对综合执法提出的新的要求,对深化林业行政执法体制改革,推进林业综合行政执法再次作出部署,要求各级林业主管部门结合本地实际,推动林业综合执法机构以林业

---

[19] 赣南林业. 赣州市林业行政综合执法工作简介 [EB/OL]. 赣南林业网,2016-08-15 [2018-02-23]. http://www.gnly.gov.cn/n1251/n1279/c106272/content.html.

[20] 河南省政府法制办. 济源市统筹推进综合行政执法体制改革 [EB/OL]. 河南省人民政府门户网站,2016-07-26 [2018-02-23]. http://www.henan.gov.cn/jrhn/system/2016/07/26/010659546.shtml.

[21] 青岛市林业局. 青岛胶南市林业综合行政执法工作结硕果 [EB/OL]. 中国林业网,2007-08-24 [2018-02-23]. http://www.forestry.gov.cn/main/72/content-350174.html.

[22] 宣汉县林业局. 宣汉县组建林业综合行政执法队伍 [EB/OL]. 宣汉县人民政府门户网站,2013-08-06 [2018-02-23]. http://www.xuanhan.gov.cn/show/2013/08/06/8319.html.

[23] 沧州市林业局,编办,政府法制办,人事局,财政局. 关于我市实行林业行政综合执法有关问题的通知 [EB/OL]. 沧州市政府信息公开专栏,2006-09-30 [2018-02-23]. http://zwgk.cangzhou.gov.cn/article5.jsp?infoId=158363.

[24] 湖北省林业局. 湖北京山县成立林业综合行政执法大队 [EB/OL]. 中国林业网,2006-08-17 [2018-02-23]. http://www.forestry.gov.cn/portal/main/s/72/content-368652.html.

[25] 桂阳县林业局. 创新工作机制,规范林业工作行为 [EB/OL]. 桂阳县人民政府门户网站,2016-08-3 [2018-02-23]. http://www.hngy.gov.cn/web/guiyang/zwgk/zwdt/zwdtt/bmdt/content_133059.html.

主管部门名义统一行使林业行政处罚权。鼓励实施以森林公安机关为主统一行使林业行政处罚权的林业综合行政执法模式。试点推行跨部门综合执法的地方，应当确保林业资源得到有效保护，违法行为得到有力打击。林业综合执法机构应当坚持权责一致，精简、统一、效能的原则，做到政策制定职能与处罚职能相对分开，技术检验职能与处罚职能相对分开。作出行政处罚前，林业主管部门法制工作机构应当对执法人员资格、法律适用、自由裁量权行使标准以及处罚程序等进行法制审核。结合行政体制改革，推进执法重心下移，强化县（市）一级林业综合执法力量的整合，改善基层执法设施和装备条件。加强对行政执法人员的岗位培训，加大法律专业人员和专业技术人员的配备比例，提高执法队伍的法律素质和专业水平，不断提高林业综合行政执法能力[26]。

2017年，为深入贯彻落实党的十八大和十八届三中、四中、五中全会精神，按照中央推进生态文明体制、林业和公安改革的有关决策部署，进一步加强和改进森林公安工作及队伍建设，经征得中央组织部、中央编办、最高人民法院、最高人民检察院、国家发展和改革委员会、财政部、国家公务员局同意，国家林业局联合公安部近期印发实施了《关于深化森林公安改革的指导意见》。国家林业局结合公安改革大势会同公安部联合印发了《关于深化森林公安改革的指导意见》，明确提出要"积极推行由森林公安机关依照森林法规定并在国务院林业主管部门授权的范围内代行林业行政处罚职能的林业综合行政执法模式。"

三、林业综合行政执法模式的比较分析

作为历史上曾经长期存在过的试点模式，我们将其进行学理上的分析和论证，为今后进一步完善林业行政执法体制乃至整个林业行政管理体制提供镜鉴，仍然具有积极的意义。

（一）以资源林政执法队伍为主的林业综合行政执法模式

以资源林政执法队伍为主的林业综合行政执法模式，是将林业主管部门原来的资源林政股（科、处）确定为林业综合行政执法机构，性质仍为林业主管部门的内设机构，将原先分散在林业主管部门内部各业务机构和下属有关事业单位的林业行政处罚权集中行使。人员也以原资源林政执法队伍为主；人员不足的，从林业主管部门各机构现有执法人员和符合条件的其他工作人员中选用。这种模式的优点：

一是管理方便，不涉及体制转换，改革的阵痛小。改革后，资源林政管理机

---

[26] 参见国家林业局《关于全面推进林业法治建设的实施意见》（林策发〔2016〕155号）。

构并不撤销，只是明确资源林政管理机构才是林业主管部门内部唯一能够行使林业行政执法权的机构，隶属关系明确，林业行政执法始于资源林政部门，工作也易于开展。

二是改革成本小，改革进程快。资源林政在林业主管部门内部属于人员较多的机构，在好多地方，木材检查站也由资源林政部门进行业务管理和指导，基本上属林政资源管理范畴，实行林业综合行政执法改革，其机构、人员、业务调整更为顺畅。

三是信息沟通便捷。森林法规定了森林采伐管理、木材流通管理、木材经营加工管理、林地林权管理等一系列管理制度。根据目前林业主管部门内设机构的分工，这一系列森林资源管理工作大多由资源林政机构具体负责。林业综合行政执法以资源林政机构为主构建，便于信息沟通，对各种违法行为做到早发现、早处理和早防范。

四是资源林政执法机构承担了大部分多发、常发的林业行政案件的查处职责，相比林业主管部门其他业务机构也具有更多的实务经验，能够尽快熟悉业务投入工作。

但是，这种模式也存在缺点，主要表现在林业行政管理职能与监督处罚职能仍然没有分开，资源林政机构目前承担林业行政许可和审批职能，如果同时承担林业行政处罚职能，与国务院和国家林业局要求的综合行政执法试点工作应遵循"两个相对分开"的原则相悖。此外，还有一个如何处理和森林公安机关的关系问题。森林公安是否还承担林业行政处罚职责？如果把森林公安机关也纳入资源林政机构为主的林业综合行政执法机构体系，则实际上由资源林政机构来指挥森林公安机关，这毫无疑问面临很多困难，在实践中也不可行[27]。

（二）以森林公安为主的林业综合行政执法模式

以森林公安为主的林业综合行政执法模式，是将森林公安机关明确为林业综合执法机构，统一集中行使林业行政处罚权。这种模式最明显的优点体现在3个方面。

一是执法威信高。森林公安是具有武装性质的执法力量，具有强大的"警察权"机构完备的执法队伍和优质的执法装备资源，威慑力较强；森林公安执法相对规范，公众认可度高，由森林公安来集中行使林业行政处罚权，更有利于保护森林和野生动植物资源。

二是符合"两个相对分开"等原则要求。这种模式有利于解决林业行政管

---

[27] 龙耀. 林业综合行政执法的模式选择及森林公安定位研究 [J]. 森林公安，2012，(3)：32-35.

理、执法与执法监督三者之间的合理分工问题。以森林公安为主进行综合执法，许可权和查处权分离，相互之间形成有效制约和监督，有利于公正执法和在一定程度上预防腐败[28]。

三是有利于行刑衔接。由于林业行政案件和森林刑事案件好多只存在违法性质相同而程度不同的区分，由森林公安集中行使林业行政处罚权，可以省却行政执法机关移送涉嫌犯罪案件的繁琐程序，对涉林违法犯罪活动予以高效的打击。

当然，这种模式也有不足，主要表现在：

一是森林公安机关本身属于公安机关的组成部分，其使命、管理体制都有其特殊性。国家给公安机关配置更为先进的执法资源，赋予特殊的权力，实行特殊的管理体制，主要是为了让公安机关完成那些办案难度较高的特殊案件的查处任务，并不是为了让其来承担一些普通的行政案件的查处职责。否则，既浪费国家优质的执法资源，也容易让人诟病，在实践中造成与行政相对人的情绪对立。

二是森林公安承担着涉林刑事案件侦查、林区治安案件查处和部分林业行政处罚案件查处等工作，如果把所有的林业行政处罚案件都交由森林公安机关来查处，势必增大森林公安机关的工作量，也相应地需要增加警力，由于公安机关实行政法专项编制，其调整比一般的行政编制更为复杂和困难。

（三）组建新的林业综合行政执法模式

组建新的林业综合行政执法模式，通常是重新成立林业综合行政执法机构，并作为林业主管部门内设机构，专司林业行政处罚。这种模式的主要优点集中在几个方面。

一是管理体制明确顺畅。新成立的机构属于林业主管部门的内设机构，又是专门的综合执法机构，隶属关系清楚，工作职责明确，与其他内侍机构之间关系容易协调，便于行使执法权。

二是可以实现人员素质高起点。新组建的林业综合执法机构可以根据工作需要，既可以在林业主管部门内各机构现有的执法人员中择优选拔；各地也有从社会上招聘学历较高的人才的实践，从而实现组建一支高素质的行政执法队伍的目标。

三是符合国务院"两个相对分开"的要求，符合行政执法改革的趋势。新组建的林业综合行政执法机构专门从事行政处罚工作，不参与行政管理，实现了行政审批职能和行政执法职能分离，可从制度上最大程度保证行政执法的公正。

但该模式也有其难点，最大的难点是争取新机构和编制比较困难。另一个难点就是不好处理和森林公安机关的关系，二者同时履行林业行政案件查处职责，

---

[28] 杜德鱼. 林业综合行政执法改革模式比较研究 [J]. 民办教育研究, 2009, (4): 25-30.

则仍然属于多头执法,也有违国家林业局对试点形式的要求,如果把森林公安机关交由新设立的林业综合行政执法机构来管理和指挥,也会面临诸多问题。

第四节 林业综合行政执法相关问题探讨

理论是实践的先导,在国家林业局推行以森林公安为主的林业综合行政执法模式之前,各地已对森林公安林业行政执法进行了多年的探索和实践。对这些探索和实践进行理论上的检视,绝不只是对各地实践经验进行简单的概括和总结,更重要的是对实践活动予以合理化反思、规范性矫正和理想化引导。森林公安为主的林业综合行政执法,我们探讨的问题主要集中在执法主体、执法人员、执法范围、技术鉴定和行政复议等几个方面。

一、关于执法主体

执法主体,即行政处罚主体,为行政主体之一种,也可以说是行政处罚领域的行政主体。我国行政法理论界普遍认为,行政主体是指享有国家行政权力,能以自己的名义实施行政活动,并能独立承担由此产生的法律效果的组织[29]。可见,执法主体是指能否以自己的名义作出处罚决定并承担法律责任的资格。综合执法在本质上来说是单一执法主体的独立的执法[30]。就森林公安为主的林业综合行政执法的执法主体问题,本书研究的范围是,森林公安机关办理2009年《森林法》第三十九条、第四十二条、第四十三条、第四十四条规定以外林业行政案件能否以自己的名义作出处罚决定。

(一)对森林公安机关以自己的名义作出林业行政处罚决定的规范分析

1. 对现行法律和政策的梳理

在现行法律框架内,明确涉及森林公安机关办理林业行政案件的执法主体的,主要有如下规定。

一是2009年《森林法》第二十条,该条规定"依照国家有关规定在林区设立的森林公安机关,负责维护辖区社会治安秩序,保护辖区内的森林资源,并可以依照本法规定,在国务院林业主管部门授权的范围内,代行本法第三十九条、第四十二条、第四十三条、第四十四条条规定的行政处罚权"。

二是国家林业局《关于授权森林公安机关代行行政处罚权的决定》(1998年

---

[29] 马怀德. 行政法与行政诉讼法 [M]. 北京:中国法制出版社, 2007.
[30] 张利兆. 综合行政执法论纲 [J]. 法治研究, 2016, (1): 26-27.

6月26日国家林业局令第1号)[31]，该决定规定森林公安局、森林公安分局、森林公安警察大队，查处2009年《森林法》第三十九条、第四十二条、第四十三条、第四十四条规定的案件，以自己的名义作出行政处罚决定；其他森林公安机构，查处本决定第一项规定的案件，以其归属的林业主管部门名义作出行政处罚决定。

三是国家林业局《关于森林公安机关办理林业行政案件有关问题的通知》(林安发〔2013〕206号)，规定森林公安机关查处2009年《森林法》第三十九条、第四十二条、第四十三条、第四十四条规定以外的林业政案件案件，以归属的林业主管部门的名义作出行政处罚决定[32]。

我国的森林公安机构虽已组建多年，但由于历史的原因，有的属于林业部门的下属单位，名称为森林公安局、分局；有的属于林业部门的内设机构，名称为森林公安处、科、股等，在国家林业局《关于授权森林公安机关代行行政处罚权的决定》下发之后，各地为执行该决定普遍按此文件规定对森林公安机关名称予以了统一和规范[33]。根据上述3个方面的规定，森林公安机关只有才查处2009年《森林法》第三十九条、第四十二条、第四十三条、第四十四条规定林业行政案件，才能并且应当以自己的名义作出处罚决定；查处上述规定以外的林业行政案件应当以归属的林业主管部门的名义作出行政处罚决定。

在政策层面，直接涉及森林公安机关办理林业行政案件的执法主体的依据主要有：

一是国家林业局《关于全面推进林业法治建设的实施意见》，该意见规定"鼓励实施以森林公安机关为主统一行使林业行政处罚权的林业综合行政执法模式"，但应"以林业主管部门名义统一行使林业行政处罚权"。

二是国家林业局、公安部2016年10月联合出台的《关于深化森林公安改革的指导意见》，该意见提出要"积极推行由森林公安机关依照森林法规定并在国务院林业主管部门授权的范围内代行林业行政处罚职能的林业综合行政执法模式"。

综合上述两个意见的规定可以看出，国家林业局在推行以森林公安为主的林

---

[31] 国家林业局《关于授权森林公安机关代行行政处罚权的决定》(1998年6月26日国家林业局令第1号)是对《森林法》第二十条规定的执行，大体可以归类在法律层面。

[32] 国家林业局《关于森林公安机关办理林业行政案件有关问题的通知》(林安发〔2013〕206号)第一条规定，"森林公安机关可以依法以其归属的林业主管部门的名义受理、查处林业行政案件，在对外法律文书上加盖林业主管部门的印章。森林公安局（分局）、森林警察（公安）大队办理《森林法》第三十九条、第四十二条、第四十三条、第四十四条规定的林业行政案件，应以自己的名义受理、立案、调查、作出处罚决定。森林公安派出所应当以其归属的森林公安局（分局）、森林警察（公安）大队的名义办理林业行政案件。"该文件可以视为对《森林法》的解释，可以归类在法律层面的规定。

[33] 因此，本节所称的森林公安机关，仅指森林公安局、森林公安分局、森林公安警察大队。

业综合行政执法对执法主体的政策规定并未突破《森林法》及其行政解释的范型。

2. 对《行政处罚法》第十六条规定的再解释

虽然从现行法律和政策层面找不到森林公安机关对办理2009年《森林法》第三十九条、第四十二条、第四十三条、第四十四条规定以外的林业行政案件以自己的名义作出处罚决定的依据，但是云南、四川两省的改革方案均提到森林公安以自己的名义办理这些林业行政案件，依据是《行政处罚法》第十六条[34]和《行政强制法》第十七条第二款[35]的规定。那么，这些规定中的"行政机关"是否包含森林公安机关呢？

首先，结合《行政处罚法》第十五条规定的"行政处罚由具有行政处罚权的行政机关在法定职权范围内实施"和我国特别行政法按行业主管部门及其主管事项配置行政处罚权的立法现状来看，此处的"行政机关"似乎应指县级以上各级人民政府所属的各个行业的主管部门。但是，国务院《关于进一步推进相对集中行政处罚权工作的决定》（国发〔2002〕17号）[36]并未限定集中行使行政处罚权的行政机关为政府主管部门，只是规定"集中行使行政处罚权的行政机关应作为本级政府直接领导的一个独立的行政执法部门"[37]。

其次，根据中央关于综合行政执法体制改革始终坚持的管理权与处罚权分开的原则，集中行使行政处罚权的行政机关，不再可能是行业主管部门。因此，《行政处罚法》的第十六条规定的可以集中行使行政处罚权的行政机关的含义，在制定之初或许应该理解为行业主管部门，但随着时移世易，必须根据法的客观目的进行扩大解释。

---

[34]《行政处罚法》第十六条的规范内容：国务院或者经国务院授权的省、自治区、直辖市人民政府可以决定一个行政机关行使有关行政机关的行政处罚权，但限制人身自由的行政处罚权只能由公安机关行使。

[35]《行政强制法》第十七条第二款的规范内容：依据《中华人民共和国行政处罚法》的规定行使相对集中行政处罚权的行政机关，可以实施法律、法规规定的与行政处罚权有关的行政强制措施。

[36] 国务院《关于进一步推进相对集中行政处罚权工作的决定》（国发〔2002〕17号）规定，"规范集中行使行政处罚权的行政机关的设置，不得将集中行使行政处罚权的行政机关作为政府一个部门的内设机构或者下设机构，也不得将某个部门的上级业务主管部门确定为集中行使行政处罚权的行政机关的上级主管部门。集中行使行政处罚权的行政机关应作为本级政府直接领导的一个独立的行政执法部门，依法独立履行规定的职权，并承担相应的法律责任。行政处罚权相对集中后，有关部门如果仍然行使已被调整出的行政处罚权，所作出的行政处罚决定一律无效，还要依法追究该部门直接负责的主管人员和其他直接责任人员的法律责任。"

[37] 我国的行政复议基本实行"上级复议"原则。以此看来，云南省的森林公安机关作出的林业行政处罚，行政复议机关不包括林业主管部门，体现了这一要求，而四川省的森林公安机关作出的林业行政处罚，行政复议机关包括林业主管部门，与这一要求背离。

3. 《地方各级人民政府机构设置和编制管理条例》的指引

《地方各级人民政府机构设置和编制管理条例》第八条第二款规定，"地方各级人民政府行政机构应当根据履行职责的需要，适时调整。"近年来，随着行政管理体制改革的进程加快，云南、湖南、江西等地有不少森林公安机关列入了政府直属机构序列，也为森林公安取得林业行政执法主体资格提供了新的机遇，《共青城市森林公安局主要职责内设机构和人员编制规定》将执行林业、农业、水利、渔业等生态管理保护法律、法规，行使林业、农业、水利、渔业行政案件处罚等职责调整到共青城市森林公安局履行，当属将上述规定运用于实践的一次大胆的尝试[38]。

（二）森林公安机关以自己的名义作出林业行政处罚决定的合理性历史考察

十八大以后，党中央对推进综合执法的队伍建设方面提出了"权责统一"的要求，国家林业局也要求"林业综合执法机构应当坚持权责一致"。在森林公安尚处于林业部门内设机构的时代，森林公安办理的林业行政案件以归属的林业主管部门名义作出处罚决定固然是理所应当。在森林公安机关规范化建设后，其内设法制、治安、刑侦、森保等机构都已健全，且很多森林公安机关和林业主管部门办公不在同一地点，在有些地方[39]甚至不在同一市、县行政区域内，森林公安内设办案机构办理林业行政案件，在处罚决定做出前，到林业主管部门法制机构进行法制审核极不方便；更有甚者，在全国还有很多地方，县一级林业主管部门未设有法制机构，也没有配备专门从事法制工作的人员，林业主管部门法制机构对森林公安办理的林业行政案件进行法制审核几乎无可能。在这种情况下，森林公安办理以林业主管部门名义作出行政处罚的林业行政案件，往往都由自己内设的法制机构或专职法制员进行审核[40]。在行政负责人审批环节，也存在同

---

[38] 需要引起注意的是，调整政府机构职责应严格按照《地方各级人民政府机构设置和编制管理条例》第九条，"地方各级人民政府行政机构的设立、撤销、合并或者变更规格、名称，由本级人民政府提出方案，经上一级人民政府机构编制管理机关审核后，报上一级人民政府批准；其中，县级以上地方各级人民政府行政机构的设立、撤销或者合并，还应当依法报本级人民代表大会常务委员会备案"规定的权限和程序进行，共青城市的做法显然不符合该规定。

[39] 如东北、内蒙古大面积国有林区和山西、河北等地省直林区。

[40] 山西省林业厅《关于森林公安机关以省林业厅名义办理林业行政处罚案件有关事项的通知》（晋林法发〔2011〕6号）规定，"省森林公安局以省林业厅名义办理的林业行政处罚案件，由省森林公安局法制工作机构进行法制审核；省森林公安局所属的九个省直分局以省林业厅名义办理的林业行政处罚案件，由该分局法制工作机构进行法制审核。"

样的问题。因此，多地预先在《林业行政处罚决定书》等文书上加盖林业行政主管部门负责人的签名章或者根据不同的处罚种类、幅度分别由森林公安机关负责人和林业主管部门负责人审批[41]予以应对。

这些做法也存在问题：森林公安以林业主管部门的名义作出处罚决定，该处罚不是林业主管部门的法制工作机构审核，却由林业主管部门承担法律责任，于理不通，即使由林业主管部门负责人亲力亲为每案必批，也有违权责统一、权责一致原则，因为法制审核是实质审查，行政负责人审批只是形式审查，这也正是《行政处罚法》规定从事行政处罚决定审核（不包括审批）的人员应具有法律职业资格的原因[42]。

二、关于执法人员

实行以森林公安为主的林业综合行政执法，其人员并不适宜"从符合条件的林业行政主管部门工作人员和现有执法人员中选用"。将森林公安作为林业综合行政执法机构，如从林业主管部门现有人员中选拔执法人员，只能在森林公安机关加挂林业综合行政执法机构的牌子，将警察和选拔的其他人员融合进林业综合行政执法机构，由森林公安局管理，但也会产生一些其他问题。

一是"警民"混搭，导致队伍管理不顺的问题。林业综合行政执法机构人员身份不同，保障标准也不统一，森林公安民警是专项政法编制，财政部门按照行政机关预算标准进行保障，而其他林政执法人员是行政或事业编制性质，待遇与警察有差异，会带来管理上的诸多不便。

二是"警民"混搭，导致执法活动失范的问题。公安民警在执法活动中，在警务执法装备和设施使用上必须遵守一系列规定，与林政执法人员办理林业行政案件是有区别的。例如，非警务人员不得使用公安询问室、乘坐警车等。

三是"警民"混搭，导致执法形象不佳的问题。公安机关执法办公场所，

---

[41] 山西省林业厅《关于省直森林公安机关集中行使行政处罚权有关问题的通知》（晋林法发〔2015〕114号）规定，"对依法应当给予暂扣或者吊销许可证、执照的林业行政案件；立为刑事案件后，公安机关撤销案件、人民检察院不予起诉或者人民法院决定不予追究刑事责任，依法应当给予林业行政处罚的案件以及情节复杂、影响较大的林业行政处罚案件，由省森林公安局提交厅长办公会或厅务会议讨论决定。对依法应当给予停产停业、或者对个人处以5000元以上、单位30000元以上较大数额罚款以及没收违法所得、非法财物价值30000元以上的林业行政处罚案件，由省森林公安局报分管厅领导或厅长审查决定。其他林业行政处罚案件，由责任查办案件的森林公安机关主要负责人审查决定。"

[42] 2017年9月1日第十二届全国人民代表大会常务委员会第二十九次会议决定对《行政处罚法》等八部法律作出修改，在《行政处罚法》第三十八条中增加一款，作为第三款，"在行政机关负责人作出决定之前，应当由从事行政处罚决定审核的人员进行审核。行政机关中初次从事行政处罚决定审核的人员，应当通过国家统一法律职业资格考试取得法律职业资格。"

同时悬挂有非警务单位的牌子，也有非警务人员在此执法办公。这不仅与公安部相关要求不符，也会引起群众对公安机关是在从事非警务活动的误会，影响公安机关的整体形象[43]。

从当时的情况来看，森林公安实施林业综合行政执法所需的执法人员，必须站森林公安改革的高度，从公安机关编制管理和警务辅助人员管理入手，统筹谋划，一并解决。根据2017年全国森林公安深化改革工作会议精神，森林公安政法编制总量不足与分配不均、使用不力的问题并存。《关于深化森林公安改革的指导意见》提出，森林公安调整编制事项纳入地方公安系统统筹考虑。2015年中央编办综合司《关于十二届全国人大三次会议第5941号建议协办意见的函》明确指出，"2008年以来，中央分三批为地方公安系统下达了大量的政法专项编制，在拟定分配方案时已经考虑了森林公安机关的实际需要，并明确今后森林公安机关警力配置在省（自治区、直辖市）公安系统专项编制总量内统筹解决"。

因此，各级森林公安机关应积极主动向当地党委、政府汇报，反映森林公安承担任务繁重、警力不足等问题，争取支持；同时，要进一步创新警务运行机制，积极探索建立警力随着警情走的编制动态调整机制，通过精简机关、调整机构、下沉警力，着力缓解一线警力不足等结构性矛盾，提升现有警力资源使用效益。与此同时，要协调将森林公安用人需求纳入当地公安机关警务辅助人员用人额度范围，配备适量的警务辅助人员以缓解执法人员不足的局面。

三、关于执法范围

（一）集中的执法事项应具有关联性

从《行政处罚法》第十六条规定的"一个行政机关可以行使有关行政机关的行政处罚权"来看，可以作为集中执法事项标准的唯有"有关"二字。此外，现行的法律制度体系中并没有提供更加明确的依据。以此拓展，可进一步理解为发生领域、侵害对象、侵害客体的相关或相近。只有将那些具有"相关性"或"相近性"的执法项目集中在一起，才符合综合执法对提高行政执法效率的要求[44]。

林业行政违法行为，实际上指的是林业主管部门管理领域发生的有关违法行为，这些违法行为大多发生在野外，侵害的对象多为森林或其他野生动植物资

---

[43] 周立平，黄昌黎. 浅析林业综合行政执法的改革方案［EB/OL］. 湖北省林业厅门户网站，2017-03-20［2018-02-27］. http://www.hbly.gov.cn/wzlm/xwzx/stwh/86049.htm.

[44] 王敬波. 相对集中行政处罚权改革研究［J］. 中国法学，2015，(4)：143-162.

源，或者侵害的客体均为森林或其他野生动植物资源管理制度。而森林和野生动植物资源管理以及森林防火、森林病虫害和植物检疫、林木种苗、湿地、退耕还林、防沙治沙和自然保护区管理等工作之所以在立法上由林业主管部门统辖，也正是考虑了其业务上具有关联性。因此，由森林公安集中行使全部的林业行政处罚并不存在理论上的障碍。

当然，"相关性"或"相近性"也有一个基于何种角度理解的问题，如果从"大生态""山水林田湖草"生命共同体的角度看，农、林、牧、渔、环境、资源、水利方面的行政违法行为也都有一定的相关性或者相近性，也都可以将其执法事项集中，即可以由森林公安为主实行跨部门的综合行政执法[45]。另外，本书认为"林木种苗、森林植物检疫等领域的执法专业性强，不适宜集中"的观点并不成立，因为行政执法主要是对法律规定的正确理解和适用，专业问题自可通过鉴定途径予以解决，不能成为不适宜集中的理由。

（二）法律法规授权的组织的执法事项也可集中行使

法律法规授权的组织的执法事项，并非行业主管部门不能染指。从我国现行的特别行政法立法现状来看，每一领域的行政管理均有特定的行业主管部门负责。而行政管理又包括规划、计划、许可、审批、检查、处罚、强制、奖励、指导、调解、订立行政合同等众多职能。从这个意义上说，法律法规授权的组织的执法权，是从行业主管部门那里"分得的一杯羹"，而且，这杯羹不仅法律法规授权的组织能"吃"，行业主管部门也能"吃"。特别行政法在"罚则"部分只规定特定组织行使行政处罚权，并不能据此否认行业主管部门对该事项具有行政处罚权，那种认为"法律法规授权的组织的行政处罚权，即使其行业主管部门都不能行使"的说法，本书并不能接受。

除森林公安机关外，林业部门内设的森林植物检疫机构和管理的自然保护区管理机构，是目前学界认可的属于林业行政处罚范畴的法律法规授权的组织[46]。《植物检疫条例》规定农业主管部门、林业主管部门主管植物检疫工作，《植物检疫条例实施细则（林业部分）》又规定林业主管部门主管森林植物检疫（简称"森检"）工作，所以林业主管部门当然有对违反森林植物检疫规定的行为

---

[45] 江西安远、会昌、宜黄和大余四县生态综合执法机构（与森林公安局一套人马、两块牌子），以委托它的多个部门的名义行使多个领域的行政处罚权，应归类为委托执法，森林公安机关并没有成为执法主体，严格来说，不是真正意义上的综合行政执法。

[46] 汶哲.《关于森林公安机关办理林业行政案件有关问题的通知》的理解与执行 [J]. 森林公安，2014，（1）：30-32.

实施行政处罚的权力。根据《自然保护区条例》规定的"国务院环境保护行政主管部门负责全国自然保护区的综合管理。国务院林业、农业、地质矿产、水利、海洋等有关行政主管部门在各自的职责范围内,主管有关的自然保护区。县级以上地方人民政府负责自然保护区管理的部门的设置和职责,由省、自治区、直辖市人民政府根据当地具体情况确定",如果省、自治区、直辖市人民政府确定本行政区域的各级林业主管部门为负责自然保护区管理的部门或者为管理部门之一,那么,林业主管部门也有对自己主管范围内的违反自然保护区管理规定的有关违法行为实施行政处罚的权力。森林公安集中行使违反森林植物检疫规定的行为实施行政处罚的权力和违反自然保护区管理规定的有关违法行为实施行政处罚的权力,并不是对森林植物检疫机构和自然保护区管理机构职权的侵夺,而是一体化行使林业行政处罚权的必然结果。

此外,由于我国自然保护区目前实行的是环保部门综合管理,林业、农业、地质矿产、水利、海洋等部门依职责分部门管理的管理体制,实际上是按照生态的要素来设立的部门职能,部门割裂现象非常严重。目前,各种园区以及自然保护区交叉重叠设立的现象带来了很多问题。由于各种园区和自然保护区各自的技术规范和管理要求各不相同,也对保护区的建设和管理造成了很大的冲击。

十八大以后,国家加快推进国家公园体制建设,也迫切需要打破自然保护区内发生的有关违法行为在行政处罚上存在的部门分割。在管理权与处罚权分离的行政管理体制改革的大背景下,由森林公安这一强力机构集中行使珍稀濒危野生动植物物种的天然集中分布区域和具有特殊保护价值的湿地、内陆水域、森林、草原和荒漠类型的自然保护区范围内的有关行政处罚权也是一个优先选项。

四、关于技术检验

实施综合行政执法,中央编办要求"监督处罚职能与技术检验职能相对分开"的原则[47],国家林业局也要求林业综合行政执法要"技术检验职能与处罚职能相对分开"。为贯彻上述改革精神,《四川省林业综合行政执法改革方案》中要求"各级林业主管部门负责组织协调涉林技术鉴定工作,各级林业科学研究院(所)、调查(规划)设计院(队)以及林业工程技术人员对林业主管部门和森林公安机关执法中相关专业技术问题提供技术鉴定是其重要工作职责,对此类案件的鉴定不得推诿扯皮,不得按照市场定价收取鉴定费用。"问题是,此举与作为同时承担刑事执法职责的森林公安机关目前已经建有或正在筹建涉林案件司

---

[47] 参见中央编办《关于清理整顿行政执法队伍实行综合行政执法试点工作的意见》。

法鉴定机构的做法是否相悖，二者如何协调？

《关于深化森林公安改革的指导意见》（以下简称《指导意见》）明确提出，建立有关单位、部门对涉林刑事案件的证据支持制度，及时为森林公安提供办案所需的证据材料和相应的技术保障。有条件的地方建立涉林司法鉴定机构，及时为办案部门出具符合法定要求的鉴定意见。在具体操作当中，要参照地方公安机关的做法，建立森林公安自己内部的鉴定机构，至少保证省一级森林公安机关成立一家被公安部登记认可的鉴定机构，确保执法单位鉴定需求得到及时有效的满足。《指导意见》针对目前涉及森林和野生动植物案件的取证标准和规范缺乏明确和具体的规定，基层检察院起诉和法院审理案件依赖司法鉴定较大，全国涉林鉴定机构少、鉴定周期长、鉴定费用高等问题严重影响了办案效率，制约了森林公安职能作用的发挥，决定组建森林公安自己的涉林案件司法鉴定机构。而林业行政案件与森林刑事案件好多只是违法的量的差异并无质的不同，鉴定事项趋同，森林公安机关内部的涉林案件司法鉴定机构对森林公安机关办理的林业行政案件出具鉴定意见，应无能力不足不能胜任之虞，而且促进了"物尽其用"，可谓一举多得，同时，也不违反"技术检验职能与处罚职能相对分开"的林业综合行政执法改革的原则。这是因为：

首先，森林公安兼具公安、林业行政执法和森林刑事执法职能，在执法资源的配置上，必须统筹兼顾，不能偏执一端，如此方能做到执法资源利用的最大化。

其次，在森林公安机关内部，执法机构与技术检验、鉴定机构分设，在某种程度上也做到了"相对分开"。如果当事人对检验、鉴定意见存有疑问，自有申请重新鉴定、对处罚决定申请行政复议或提起行政诉讼等途径予以救济。而在森林公安机关内部的鉴定机构业务范围之外的监督事项，当然可以委托林业部门的科研院所甚至社会鉴定机构鉴定。

五、关于行政复议

云南省、四川省由省政府决定的以森林公安为主的林业综合行政执法与国家林业局推行的以森林公安为主的林业综合行政执法在性质上并不相同。云南省、四川省由省政府决定的以森林公安为主的林业综合行政执法，森林公安机关属于《行政处罚法》第十六条规定的行使相对集中行政处罚权的独立的执法主体，接替了同级林业主管部门的行政处罚职能，根据国务院的规定，直接隶属于各级地方人民政府领导，不服森林公安机关作出的林业行政处罚决定的，只能向上级森林公安机关或同级人民政府申请行政复议，不能向同级林业主管部门提出行政复议申请，但不服省森林公安局作出的林业行政处罚决定的，可以向国务院林业主管部门提出行政复议申请。国家林业局推行的以森林公安为主的林业综合行政执法，仍在现有法律框架内运行，执法主体地位不变[48]，只是将多头执法变为"一支队伍执法"，其复议渠道根据机构设置情况仍按国家林业局《关于森林公安机关办理林业行政案件有关问题的通知》（林安发〔2013〕206号）或者各省（自治区、直辖市）政府林业、公安部门与检法机关联合发出的有关森林公安执法问题的规范性文件执行[49]。至于江西省多地实行的生态领域综合执法，生态综合执法机构虽与森林公安"一套人马"，但因不具有执法主体地位，属于各行业主管部门委托的组织一类，不服其作出的行政处罚决定，如何申请行政复议，《中华人民共和国行政复议法》早就作出了明确的规定。

第五节　新森林法与林业行政执法

2019年12月28日，第十三届全国人民代表大会常务委员会第十五次会议修订了《中华人民共和国森林法》（以下简称"新《森林法》"）。新《森林法》的出台，对于深入贯彻落实党中央决策部署，推进生态文明建设，践行绿水青山就是金山银山理念，构建林业治理体系和治理能力现代化具有重要意义。本次《森林法》修订以坚持和完善生态文明制度体系，促进人与自然和谐共生为出发点，以问题为导向，主要秉持四项原则：一是生态优先、保护优先，协同推进生态保护与经济发展，促进可持续发展；二是尊重自然、顺应自然，遵循森林保护培育利用规律，统筹森林生态系统保护修复；三是科学经营、分类管理，突出主导功能，发挥多种功能，实现森林资源永续利用；四是原则性与灵活性相结合，立足国情，严明基本管护经营制度的同时，为制定具体措施和下一步改革留出空间。

新《森林法》共9章84条，主要在加强森林权属保护、实施森林分类经营、强调规划统领、加强森林资源保护、改革林木采伐管理制度、强化目标责任和监督检查等6个方面对原有条文做了较大修改，其对林业行政执法产生较大的影响。

---

[48] 即查处2009年《森林法》第三十九条、第四十二条、第四十三条、第四十四条规定的林业行政案件，森林公安机关为法律法规授权的组织；查处上述规定以外的林业行政案件，森林公安机关拟制为林业主管部门的内设机构。

[49] 汶哲.《关于森林公安机关办理林业行政案件有关问题的通知》的理解与执行[J]. 森林公安，2014，(1)：30-32.

一、关于法律授权

新《森林法》第八十二条第一款规定，公安机关按照国家有关规定，可以依法行使本法第七十四条第一款、第七十六条、第七十七条、第七十八条规定的行政处罚权。该条规定与2009年《森林法》（以下简称"原《森林法》"）第二十条第一款规定，两者存在明显的区别。

（一）明确法律授权对象，不再存有争议

从历史角度考察，森林公安机关执行林业行政处罚权的相关条款并没有出现在1984年的《森林法》。当时由于国家整体法制进程还处于初级阶段，对于行政处罚的设定、行政处罚权的"授权"与"委托"实施行政处罚的权限、方式、被"授权"与"委托"实施行政处罚机构的条件等，都没有予以明确。

鉴此，为了规范行政处罚的设定和实施，1996年国家制定了《行政处罚法》。对行政处罚权的"授权"与"委托"做出了明确规定。《行政处罚法》第十七条规定，法律、法规授权的具有管理公共事务职能的组织可以在法定授权范围内实施行政处罚。第十八条规定，行政机关依照法律、法规或者规章的规定，可以在其法定权限内委托符合本法第十九条规定条件的组织实施行政处罚。行政机关不得委托其他组织或者个人实施行政处罚。委托行政机关对受委托的组织实施行政处罚的行为应当负责监督，并对该行为的后果承担法律责任。受委托组织在委托范围内，以委托行政机关名义实施行政处罚；不得再委托其他任何组织或者个人实施行政处罚。第十九条规定，受委托组织必须符合以下条件：①依法成立的管理公共事务的事业组织；②具有熟悉有关法律、法规、规章和业务的工作人员；③对违法行为需要进行技术检查或者技术鉴定的，应当有条件组织进行相应的技术检查或者技术鉴定。

针对相关法律概念理解存在的问题，1998年4月29日通过的《全国人民代表大会常务委员会关于修改〈中华人民共和国森林法〉的决定》增加第二十条时的条文表述为："依照国家有关规定在林区设立的森林公安机关，负责维护辖区社会治安秩序，保护辖区内的森林资源，并可以依照本法规定，在国务院林业主管部门授权的范围内，代行本法第三十九条、第四十二条、第四十三条、第四十四条规定的行政处罚权。"但是，这样的表述，对于到底是"授权"还是"委托"存在争议。

1. 森林公安机关被"授权"的主体条件存在疑问

（1）行政处罚法规定的被"授权"主体必须是"有管理公共事务职能的组

织"，从立法目的来看，这种组织是否排除行政机关及其派出机构，大家认识不一，森林公安机关是国家公安机关派驻林区的治安、刑事执法机构，是公安机关的有机组成部分，授权是否合理。另外，"有管理公共事务职能的组织"如果包括行政机关及其派出机构的话，《行政处罚法》第十六条的"综合行政执法"条款规定，是否存在重复问题。

（2）"授权"必须是法律、法规的直接授权。"依照本法规定，在国务院林业主管部门授权的范围内……"的表述，寓意着本法认可国务院林业主管部门的授权森林公安机关部分行政处罚权的特别规定，而并不是"法律"的直接授权，其实考虑到森林公安机关当时作为林业主管部门组成部分，这种"法律"的授权形式更像是林业主管部门内部的权力分工。

2. 森林公安机关受"委托"的主体条件存在疑问

森林公安机关不属于"有管理公共事务职能的组织"。行政处罚法规定的受"委托"的主体，必须是"管理公共事务的事业组织"，森林公安机关是事业组织，否则根本不可能实施"限制人身自由"的行政处罚，也不能有刑事执法权。因此原《森林法》第二十条第一款规定的森林公安机关行使林业行政处罚权，是在林业主管部门行政处罚权的整体架构下予以权力配置。亦即森林公安机关行使林业行政处罚权源于林业行政主管部门，实际上是在林业主管部门授权下代行有关行政处罚权而已。

可见，新《森林法》第八十二条第一款规定的法律授权是清晰的，明确将林业行政处罚权在公安机关和林业主管部门之间予以明确配置。长期以来，森林公安受林业部门和公安部门的双重领导，兼具刑事执法和行政执法职能，是保护森林及野生动植物资源、保护生态安全、维护林区社会治安的重要保证力量。2018年12月，中共中央办公厅（简称"中办"），国务院办公厅（简称"国办"）印发的《行业公安机关管理体制调整工作方案》，按照"警是警、政是政、企是企"的要求，将森林公安由双重领导调整为公安部领导。2019年2月27日，中办、国办印发《公安部职能配置、内设机构和人员编制规定》，决定撤销国家林业和草原局森林公安局，组建公安部食品药品犯罪侦查局，承担食品药品、知识产权、生态环境、森林草原、生物安全案件侦查职能，森林公安队伍成建制划转省级公安厅（局）。由此可见，新森林法授权公安机关行使新《森林法》第八十二条第一款规定的部分林业行政处罚权，是与当前行政管理体制改革相适应的，也兼顾了当前林业行政执法的实际。

(二) 明确授权内容，厘清处罚种类

原《森林法》授权的第三十九条、第四十二条、第四十三条、第四十四条规定的行政处罚权具体包括：盗伐林木、滥伐林木、买卖林木采伐许可证、木材运输证件、批准出口文件、允许进出口证明书，在林区非法收购明知是盗伐、滥伐的林木，非法开垦、采石、采砂、采土、采种、采脂等毁坏林木，在幼林地和特种用途林内砍柴、放牧致使林木受到毁坏。新《森林法》第八十二条第一款规定的行政处罚权，则具体包括：非法开垦、采石、采砂、采土等毁坏林木，非法开垦、采石、采砂、采土等毁坏林地，盗伐林木、滥伐林木，伪造、变造、买卖、租借采伐许可证，收购、加工、运输明知是盗伐、滥伐等非法来源的林木。

通过比较分析，新《森林法》与原《森林法》共同的有：一是盗伐林木，二是滥伐林木，三是故意毁坏林木，四是买卖林木采伐许可证，五是收购明知是盗伐、滥伐的林木。新《森林法》与原《森林法》不同的有：一是新《森林法》增加了非法开垦、采石、采砂、采土等毁坏林地，该类行为是对《中华人民共和国森林法实施条例》第四十一条第二款规定的擅自开垦林地尚未毁林情形的吸纳和借鉴，原《森林法》并未对此作出规定，这就拓展了故意毁坏林地的适用情形。二是规定了对收购、加工、运输非法来源的林木行为的处罚，除增加加工、运输等行为方式外，扩大了处罚的范围，从而不仅限于盗伐、滥伐的林木。三是在幼林地和特种用途林内砍柴、放牧致使林木受到毁坏的行为，未列入授权范围。

二、关于行政强制措施

为了保障林业行政执法的顺利进行，规范执法程序，新《森林法》对行政强制措施作出了规定，相比较于原《森林法》，是个创新。新《森林法》第六十七条第一款规定，县级以上人民政府林业主管部门履行森林资源保护监督检查职责，有权采取下列措施：（一）进入生产经营场所进行现场检查；（二）查阅、复制有关文件、资料，对可能被转移、销毁、隐匿或者篡改的文件、资料予以封存；（三）查封、扣押有证据证明来源非法的林木以及从事破坏森林资源活动的工具、设备或者财物；（四）查封与破坏森林资源活动有关的场所。可以看出，新《森林法》规定的行政强制措施适用主体是县级以上人民政府林业主管部门，因此，县级以上人民政府林业主管部门有权采取上述措施，但问题是公安机关在行使林业行政处罚时，是否可以适用？

对该问题存在不同看法，有论者认为新《森林法》第六十七条第一款明确规定，只有"县级以上人民政府林业主管部门"有权采取有关行政强制措施，

并未规定公安机关有权采取该行政强制措施。《行政强制法》第十七条第一款规定，"行政强制措施由法律、法规规定的行政机关在法定职权范围内实施。行政强制措施权不得委托。"而根据行政执法合法性原则，公安机关在新《森林法》第八十二条第一款规定的部分林业行政处罚权时，不能采取新《森林法》第六十七条第一款规定的措施。

我们认为，根据法律解释原理，结合《行政处罚法》第十六条规定，"国务院或者经国务院授权的省、自治区、直辖市人民政府可以决定一个行政机关行使有关行政机关的行政处罚权，但限制人身自由的行政处罚权只能由公安机关行使。"《行政强制法》第十七条第二款规定，"依据《行政处罚法》的规定行使相对集中行政处罚权的行政机关，可以实施法律、法规规定的与行政处罚权有关的行政强制措施。"显然法律授权比上述两条授权层次更高，既然新《森林法》已经明确授权公安机关可以行使本法所规定的部分林业行政处罚权，因此，公安机关在行使林业行政处罚时，当然可以适用上述行政强制措施。

另外，如果公安机关在行使林业行政处罚权时，不能适用上述行政强制措施，执法实务中则会造成同一个案件，县级以上人民政府林业主管部门有权采取新《森林法》第六十七条第一款规定的措施，而公安机关却不能使用的尴尬情形。并且对于行政处罚相对人来说，也会存在执法不公的问题，进而可能造成选择性执法的境地。

三、关于执法身份

随着新《森林法》的颁布实施，公安机关执法身份也发生了变化。

（一）由"森林公安机关"变为"公安机关"

根据《国家林业局关于森林公安机关办理林业行政案件有关问题的通知》（林安发〔2013〕206号）规定，森林公安机关可以行使法定的林业行政处罚权。森林公安局（分局）、森林警察（公安）大队办理《森林法》第三十九条、第四十二条、第四十三条、第四十四条规定的林业行政案件，应以自己的名义受理、立案、调查、作出处罚决定。森林公安派出所应当以其归属的森林公安局（分局）、森林警察（公安）大队的名义办理林业行政案件。森林公安局（分局）、森林警察（公安）大队以自己名义实施林业行政处罚的，复议机关是其归属的林业主管部门。省（自治区、直辖市）森林公安局、市（地、州、盟）森林公安局直属的森林公安局（分局）以自己名义实施林业行政处罚的，复议机关是设立该直属森林公安局（分局）的省（自治区、直辖市）森林公安局、市（地、州、盟）森林公安局"。

而根据新《森林法》规定，明确授权公安机关行使第八十二条第一款规定的部分林业行政处罚权，因此，公安机关作为林业行政执法主体，应以公安机关名义执行。

2020年2月，国家林业和草原局颁发了《关于贯彻实施新修订森林法的通知》（林办发〔2020〕19号）。该通知强调加强执法力量建设，严厉打击破坏森林资源的违法犯罪行为。新《森林法》第六十六条、第六十七条规定林业和草原主管部门对森林资源的保护、修复、利用、更新等进行监督检查，依法查处破坏森林资源等违法行为，并有权采取包括查封、扣押在内的措施。林业和草原主管部门应当按照"一个部门设有多支执法队伍的，原则上整合为一支队伍"的要求，积极推动木材检查、森林植物检疫、林木种苗等执法队伍进行全面整合，依法行使行政执法职责。同时，森林公安长期以来在林业行政执法中发挥了不可替代的作用，森林法的修订兼顾林业行政执法的历史沿革和队伍现实基础，根据党中央有关森林公安管理体制调整后职能保持不变，业务上接受林业和草原主管部门指导，基层森林公安队伍框架和力量布局保持基本稳定的要求，明确公安机关按照国家有关规定，可以行使毁坏林木、林地，盗伐、滥伐林木，伪造、变造、买卖、租借采伐许可证，收购、加工、运输非法来源木材案件的行政处罚权。地方林业和草原主管部门应当结合本地实际，统筹谋划，自身执法力量能够承担起行政执法任务的，也可以不由公安机关行使相关行政处罚权。

（二）由"林业行政执法人员"变为"人民警察"

森林公安在办理原《森林法》第二十条授权案件时，虽然"以自己的名义"办理，但其本质仍是林业行政执法部门和林业行政执法人员，所持有的证件应该是统一的林业行政执法证。而根据新《森林法》规定，明确授权公安机关行使第八十二条第一款规定的部分林业行政处罚权，公安机关作为林业行政执法主体，其身份是公安机关和人民警察，人民警察所持的执法证件理所当然是人民警察证。

但必须指出的是，公安机关在行使新《森林法》第八十二条第一款规定的林业行政处罚权时，虽然是以公安机关和人民警察的名义进行，但适用的法律依然是《森林法》等相关林业法律法规，而不是《中华人民共和国人民警察法》。因此，公安机关在行使该行政处罚权时，应当与县级以上人民政府林业主管部门一样，适用林业行政处罚有关规定，包括执法程序，目前也应当适用《森林法》《森林法实施条例》以及国务院林业主管部门制定的《林业行政处罚程序规定》等法律法规规章。

新《森林法》的修改总体思路清晰，围绕国有林和集体林、公益林和商品林两条主线，建立和完善了森林资源保护管理制度，具体包括森林权属制度、分类经营管理制度、森林资源保护制度、造林绿化制度、林木采伐制度、监督保障制度，这都为林业行政执法提供了明确的法律依据。另外，新《森林法》根据林业行政执法、复议和诉讼案件中出现的常见问题，对法律责任规定的违法行为种类、处罚幅度、代为履行等做了修改完善。明确执法裁量标准，增加省级以上林业主管部门制定恢复植被和林业生产条件、树木补种标准的规定，加强执法的可操作性，提高法律威慑力。

第三章

深化生态安全综合行政执法改革

第一节 综合行政执法的法理分析

一、综合行政执法的概念

综合行政执法是行政执法体制改革的产物。行政执法体制,简言之就是决定行政执法的体系和制度,其中体系包括主体体系(机构设置、领导隶属关系、组织形态等主体结构)和权力体系(权力配置、义务设定、执法程序和运行机制、监督机制等),制度主要指规定主体和权力及其相互关系的法律规范以及作为执法依据的法律规范。执法主体、执法权力、制度构成行政执法体制的三个基本要素,欠缺其中任何一个要素,不能称之为完整的行政执法体制[50]。综合行政执法主要是针对执法主体体系和权力体系而言的,综合行政执法体制改革是行政执法体制改革的重要内容。

近年来,"综合执法"一词被广泛使用在各种有关行政执法的法律法规、规章及其他规范性文件中。但是,关于综合执法的定义,理论界和实务界并未达成共识。理论上,比较具有代表性的观点主要有以下几种。

一是综合执法是指多主体的联合执法或共同执法。综合执法机构是由相关的职能部门派出一定人员组成的,它综合行使几个相关部门的各项或一定的行政处罚权,作出处罚决定是以共同机关的名义来进行的[51]。

二是综合执法是多行政主体单一行政机关的执法。行政综合执法是指在行政执法过程中,当行政事态所归属的行政主体不明或需要调整的管理关系具有职能交叉的状况时,由相关机关转让一定职权,并形成一个新的有机的执法主体,对

---

[50] 青锋. 行政执法体制改革的图景与理论分析 [J]. 法治论丛, 2007, (1): 80-92.
[51] 杨解君. 关于行政处罚主体条件的探讨 [J]. 河北法学, 1996, (1): 16-19.

事态进行处理或对社会关系进行调整的执法活动。行政综合执法在执法过程中尽管是以一个单一的行政机关出现的,但不能因此就错误地认为行政综合执法是单一行政主体的执法[52]。

三是综合执法是单一行政主体的执法。行政综合执法是指由依法成立或依法授权的一个行政机关综合使用两个或两个以上相关的行政机关所具有的行政职权,并能以一个整体执法主体的名义承担法律责任的一种行政执法制度[53]。

借鉴上述专家学者对综合执法概念的界定,结合综合行政执法的实务,我们认为,综合执法是指为了解决行政部门职能交叉或职能分散,避免执法资源内耗,对职能相近、执法内容相近、执法方式相同的部门进行机构和职能整合,通过重新调整行政权配置与运行,由依法成立或法律授权的一个独立的行政机关依据法定的程序行使多个行政机关的行政职权的一种行政执法制度。

二、综合行政执法的发展过程

作为行政管理体制改革的一部分,综合行政执法肇始于城市管理领域。从相对集中行政处罚权到综合行政执法,再到党的十八大以来中央对综合行政执法提出的新要求,综合行政执法的内涵在不断丰富。

(一)相对集中行政处罚权

早在《行政处罚法》规定集中行政处罚权之前,城市管理领域就开始了集中行政处罚权的探索。1981年,福建省福州市和厦门市率先组建了城建管理监察队伍,标志着我国城管的诞生。此后,各级地方政府相继成立了城建管理监察大队,专门从事城市管理方面的行政处罚工作。经国务院同意,1989年由建设部统一管理全国城管监察队伍,城建监察队伍的执法范围与各地政府对城市建设、规划、市政、园林、市容环卫等专业行政主管部门的职责范围基本一致。1992年,国家建设部颁布了《城建监察规定》,实现了全国城建监察队伍的"六统一",即统一名称、统一归口管理、统一建制、统一着装、统一领证和统一佩戴标志,城建监察队伍执行城市规划、城市市政工程设施、城市公用事业、城市市容环境卫生、城市园林绿化五项行政处罚权,这便是城市管理领域实施集中行政处罚权的雏形。[54]

---

[52] 关保英. 执法与处罚的行政权重构[M]. 北京:法律出版社,2004.

[53] 王春业. 对"行政综合执法"概念的再辨析[J]. 盐城师范学院学报(人文社会科学版),2007,(3):33-36.

[54] 王敬波. 相对集中行政处罚权改革研究[J]. 中国法学,2015,(4):143-162.

1996年,《行政处罚法》颁布,该法第十六条规定的"国务院或者经国务院授权的省、自治区、直辖市人民政府可以决定一个行政机关行使有关行政机关的行政处罚权,但限制人身自由的行政处罚权只能由公安机关行使。"学界认为实质是在法律上确立了"相对集中行政处罚权"制度,为此后的综合行政执法的提出奠定了基础,也被视作对前期城管领域执法体制改革事实的追认[55]。

随着经济的发展和城市化进程的加快,我国许多城市的市容环境、城市秩序管理问题日渐突出。为此,国务院启动了针对城市管理领域的行政执法权试点改革。1996年11月,国务院批准北京市宣武区成为全国第一个城市管理领域相对集中行政处罚权的试点地区。从1996年至2002年,全国共有北京、天津、重庆3个直辖市和23个省、自治区的79个市进行了相对集中行政处罚权的试点。2000年9月8日,国务院办公厅下发《关于继续做好相对集中行政处罚试点工作的通知》(国办发〔2000〕63号),对加强试点工作与行政管理体制改革相结合等问题作了具体规定,进一步明确了试点工作的方向。2002年8月22日国务院颁布了《关于进一步推进相对集中行政处罚权工作的决定》(国发〔2002〕17号),明确"国务院授权省、自治区、直辖市人民政府可以决定在本行政区域内有计划、有步骤地开展相对集中行政处罚权工作。"国发〔2002〕17号文件的下发,标志着试点工作的结束,各地进入全面推进阶段。从2002年之后,省、自治区、直辖市人民政府可以决定在本行政区域内开展相对集中行政处罚权工作,不再使用试点字样;以前国务院批准试点的地方,将相对集中行政处罚权正式作为地方政府依法开展的一项常规工作[56]。

(二)综合行政执法

在国务院组织开展的相对集中行政处罚权推行过程当中,中央编办为了落实国务院的决定,进一步探索从体制上、源头上改革和创新行政执法体制,推动行政管理体制改革,又主导了综合行政执法的开展。2002年10月11日,国务院办公厅转发了中央编办《关于清理整顿行政执法队伍实行综合行政执法试点工作意见》[57](国办发〔2002〕56号),明确要求按照国务院《关于进一步推进相对集中行政处罚权工作的决定》(国发〔2002〕17号)的有关规定,做好综合行政

---

[55] 杨解君,张黎.法治视野下的城管综合执法体制研究[J],南京工业大学学报(社会科学版),2009,(4):25-26.

[56] 王敬波.相对集中行政处罚权改革研究[J].中国法学,2015,(4):144.

[57] 该《意见》对清理整顿行政执法队伍,加强机构编制管理,明确有关权责关系,健全监督制约机制等工作提出了具体意见。

执法试点与相对集中行政处罚权有关工作的相互衔接，确保各项行政执法工作的正常开展。2003年2月21日，中央编办和国务院法制办联合下发《关于推进相对集中行政处罚权和综合行政执法试点工作有关问题的通知》（中央编办发〔2003〕4号），就推进相对集中行政处罚权和综合行政执法试点这两项工作进行区分，就二者之间的衔接协调和贯彻落实进行部署[58]，虽然"已经确定实行综合行政执法试点的地方，不再单独进行相对集中行政处罚权工作"，但已经在政策上表明行政执法体制改革进入了相对集中行政处罚权和综合行政执法并存或融合的新的阶段。

在实践中，综合行政执法是对相对集中行政处罚权的进一步深化，一是相对集中行政处罚权和综合行政执法的目标取向是一致的，都是解决多头执法、重复执法、执法扰民和执法队伍膨胀等问题的重要举措，也都是深化行政管理体制改革、推动行政执法体制创新的重要内容；二是相对集中行政处罚权是根据行政处罚法对部门行政处罚权的相对集中，而综合行政执法则是在相对集中行政处罚权基础上对执法工作的改革。综合行政执法改革不仅将日常管理、监督检查和实施处罚等职能进一步综合起来，而且据此对政府有关部门的职责权限、机构设置、人员编制进行相应调整，从体制上、源头上改革和创新行政执法体制，解决执法工作中存在的弊端。

有鉴于此，自党的十八大以来的一系列国家和党的文件中更多地出现的是综合行政执法而非相对集中行政处罚权的概念。

---

[58] 中央编办发〔2003〕4号文件的主要内容：一、相对集中行政处罚权和清理整顿行政执法队伍、实行综合行政执法，都是解决多头执法、重复执法、执法扰民和执法队伍膨胀等问题的重要举措，也都是深化行政管理体制改革、推动行政执法体制创新的重要内容。搞好相对集中行政处罚权和综合执法试点工作，对于提高行政执法效能，维护社会经济秩序，保障和促进社会生产力的发展都有重要的意义。各级机构编制部门和法制工作机构一定要齐心协力抓好这项工作。二、相对集中行政处罚权，是根据《行政处罚法》对部分行政处罚权的相对集中；而综合行政执法则是在相对集中行政处罚权基础上对执法工作的改革。综合行政执法不仅将日常管理、监督检查和实施处罚等职能进一步综合起来，而且据此对政府有关部门的职责权限、机构设置、人员编制进行相应调整，从体制上、源头上改革和创新行政执法体系，解决执法工作中存在的许多弊病，进一步深化行政管理体制改革。相对集中行政处罚权工作与综合行政执法四点工作要统一起来，做到统一规划、统一部署、统一组织、统一抓落实。三、已经进行了相对集中行政处罚权试点的地方，要注意总结经验，条件成熟时，要按照清理整顿行政执法队伍、实行综合行政执法的原则和要求，进一步完善和规范。准备开展相对集中行政处罚权工作的地方，要把相对集中处罚权工作同综合行政执法试点工作一并考虑，并按照清理整顿行政执法队伍、实行综合行政执法的原则和要求进行安排和部署。已经确定实行综合行政执法试点的地方，不再单独进行相对集中行政处罚权工作。四、地方各级机构编制部门和法制工作机构要加强协调、充分沟通、紧密配合，共同抓好综合行政执法试点工作，统一协调有关机构设置、职能调整、人员编制和法律法规事宜，保证综合行政执法试点工作的顺利进行。

(三) 十八大以来中央对综合行政执法提出的新要求

党的十八大提出了全面建成小康社会和全面深化改革开放的总目标，强调必须以更大的政治勇气和智慧，不失时机深化重要领域改革，坚决破除一切妨碍科学发展的思想观念和体制机制弊端，构建系统完备、科学规范、运行有效的制度体系，使各方面制度更加成熟、更加定型。要完成党的十八大提出的各项战略目标和工作部署，必须抓紧推进全面改革。有鉴于此，自党的十八大以来的一系列国家和党的文件中更多地出现的是综合行政执法的概念而非相对集中行政处罚权的概念。

2013年11月12日，党的十八届三中全会通过中共中央《关于全面深化改革若干重大问题的决定》，从经济、政治、文化、社会、生态文明、国防和军队6个方面，具体部署全面深化改革的主要任务和重大举措，其中，在第九部分"推进法治中国建设"第三十一条对综合行政执法作出了规定，即深化行政执法体制改革。整合执法主体，相对集中执法权，推进综合执法，着力解决权责交叉、多头执法问题，建立权责统一、权威高效的行政执法体制。减少行政执法层级，加强食品药品、安全生产、环境保护、劳动保障、海域海岛等重点领域基层执法力量。理顺城管执法体制，提高执法和服务水平。完善行政执法程序，规范执法自由裁量权，加强对行政执法的监督，全面落实行政执法责任制和执法经费由财政保障制度，做到严格规范公正文明执法。完善行政执法与刑事司法衔接机制。实现党的十八大提出的奋斗目标和党的十八届三中全会作出的顶层设计，需要从法治上提供可靠保障。

2014年10月23日，党的十八届四中全会通过中共中央《关于全面推进依法治国若干重大问题的决定》，按照法治工作基本格局，从立法、执法、司法、守法4个方面作出工作部署，其中，在第三部分"深入推进依法行政，加快建设法治政府"第三条对综合行政执法提出了更详尽的要求，即深化行政执法体制改革。根据不同层级政府的事权和职能，按照减少层次、整合队伍、提高效率的原则，合理配置执法力量。推进综合执法，大幅减少市、县两级政府执法队伍种类，重点在食品药品安全、工商质检、公共卫生、安全生产、文化旅游、资源环境、农林水利、交通运输、城乡建设、海洋渔业等领域内推行综合执法，有条件的领域可以推行跨部门综合执法。完善市、县两级政府行政执法管理，加强统一领导和协调。理顺行政强制执行体制。理顺城管执法体制，加强城市管理综合执法机构建设，提高执法和服务水平。严格实行行政执法人员持证上岗和资格管理制度，未经执法资格考试合格，不得授予执法资格，不得从事执法活动。严格执行罚缴分离和收支两条线管理制度，严禁收费罚没收入同部门利益直接或者变相挂钩。健全行政执法和刑事司法衔接机制，完善案件移送标准和程序，建立行政执法机关、公安机关、检察机关、审判机关信息共享、案情通报、案件移送制度，坚决克服有案不移、有案难移、以罚代刑现象，实现行政处罚和刑事处罚无缝对接。

为了落实十八届三中、四中全会关于推进综合执法、建立权责统一权威高效的行政执法体制的要求，探索整合政府部门间相同相近的执法职能，归并执法机构，统一执法力量，减少执法部门，探索建立适应我国国情和经济社会发展要求的行政执法体制，经国务院领导和中央编委领导同意，2015年4月上旬，中央编办印发中央编办《关于开展综合行政执法体制改革试点工作的意见》（中央编办发〔2015〕15号），确定在全国22个省（自治区、直辖市）的138个试点城市开展综合行政执法体制改革试点，要求试点地区在继续推进减少执法层级、明确各级政府执法职责的同时，重点从探索行政执法职能和机构整合的有效方式、探索理顺综合执法机构与政府职能部门职责关系、创新执法方式和管理机制、加强执法队伍建设四个方面推进试点。

梳理行政执法体制改革的历史脉络，我们发现综合行政执法和相对集中行政处罚权在内涵与范围上，存在很大程度的重合与交叉，无论是实践中还是在理论研究上二者经常混合使用[59]。发端于城市管理领域的相对集中行政处罚权，严格以《行政处罚法》第十六条为遵循，"集中行使行政处罚权的行政机关应当作为本级政府的一个行政机关，不得作为政府一个部门内设机构或者下设机构"[60]，集中行政处罚权的范围主要是城市管理领域，其他领域实践中展开的较少。集中行政处罚权的制度价值在于减少了行政处罚主体，但对部门职能调整、机构改革、队伍建设等体制机制性问题触及较少。

2002年以后，综合行政执法逐渐取代相对集中行政处罚权的提法，与相对集中行政处罚权相区别的是：综合行政执法与实施行政处罚紧密相关的日常管理、监督检查和行政处罚结合起来，而且据此对政府有关部门的职责权限、机构设置、人员编制进行相应调整，重点是改变政府部门既管审批又管监督的体制，将制定政策、审查审批等职能与监督检查、实施处罚等职能相对分开，改变行政执法机构既管查处又管检验的体制，将监督处罚职能与技术检验职能相对分开；改变多头执法的状况，组建相对独立、集中统一的行政执法机构，改变多层执法

---

[59] 叶新火. 综合行政执法体制改革有关问题研究［EB/OL］. 浙江省人民政府法制办公室，2016-04-19［2018-02-22］. http://zjfzb.gov.cn/n134/n143/c126820/content.html.

[60] 参见国务院办公厅《关于继续做好相对集中行政处罚试点工作的通知》（国办发〔2000〕63号）。

的状况，按区域设置执法机构并实行属地管理，行政执法机构主要在城市和区、县设置；严格控制行政执法机构规模，大胆探索其设置形式，行政执法机构的编制纳入全国编制统计范围，重新核定。综合行政执法的制度价值，意在从体制上、源头上改革和创新行政执法体系，解决执法工作中存在的诸多弊病，进一步深化行政管理体制改革，更加注重改革的全局性、整体性和系统性。

十八大以来党中央对综合行政执法的新要求和中编办对综合执法体制改革的再次试点，主要强化在横向上减少执法队伍种类，纵向上减少执法层次；明确综合行政执法的两种主要类型，即在食品药品安全、工商质检、公共卫生、安全生产、文化旅游、资源环境、农林水利、交通运输、城乡建设、海洋渔业等领域内推行部门内综合执法，在具备条件的其他领域可以推行跨部门综合执法；健全执法制度，完善执法程序，严格规范公正文明执法；重申"试点工作涉及相对集中处罚权、强制权等的，按照行政处罚法、行政强制法等，以及国务院有关文件的规定履行报批手续"[61]，坚持"重大改革要于法有据"的思想。总之，历经多年的探索，综合行政执法凝聚了改革共识，内涵在不断丰富，范围在继续拓宽，类型在逐渐规范。

第二节　生态安全综合行政执法的基本问题

生态安全综合行政执法，是综合行政执法在生态环境领域的开展和表现。

一、生态安全行政执法模式

模式分析是一种认识方法，一种通过模式或者模型进行思维的方法，它是人类思维的一个典型特征。反言之，模式关注或者尽可能关注它所描述或者阐述的原型（特定事物或者现象）的本质特征，而相对忽略它的次要特征，以使人们能够把握错综复杂、变化多端的特定实务或者现象。而生态安全执法模式理论就是运行模式分析方法对生态安全执法进行归纳、概括所形成的研究方法。生态安全执法模式指的是在生态安全保护与管理过程中，生态安全管理执法部门按照法律法规的规定，在各自管理职能范围内，对行政相对人权利的行使和义务的履行进行监督的标准、方式、方法，从而维护生态安全。从系统论的角度出发，我们可以将整个生态安全管理执法模式看成一个系统。它是由一套完整的内部相互影

---

[61] 参见中央编办《关于开展综合行政执法体制改革试点工作的意见》（中央编办发〔2015〕15号）。

响并与周围环境相互影响的因素构成的有机统一体,包括执法主体、执法相对人、执法环境等方面。而我们的研究侧重于执法主体的角度来分析生态安全执法模式。

(一) 生态安全行政执法分立型模式

我国采取按生态和资源要素分工的部门管理模式,生态安全管理职能分散在各个部门,如环境、农业、林业、渔业、建设等,形成分立型执法模式。

海洋环境污染防治中《中华人民共和国海洋环境保护法》(以下简称《海洋环境保护法》)就规定了统一主管和分工负责相结合的监督管理体制,具体是由国务院环境保护部门主管。国家海洋行政主管部门、国家海事行政主管部门、国家渔业行政主管部门和军队环境保护部门共同分工负责的管理体制。自然资源保护领域环境监管主体就更为复杂,按照环境要素的不同,环境资源保护监管的主体也有所不同。土地资源保护领域其监管主体是国家土地行政主管部门;水资源保护是以国家水行政主管部门为主,国务院各有关部门按照职责分工,负责水资源开发、利用、节约和保护的有关工作的管理体制;森林资源由国家林业行政主管部门为监管主体;草原资源由国家草原行政主管部门为监管主体;渔业资源管理中《中华人民共和国渔业法》(以下简称《渔业法》)第六条规定,国务院渔业行政主管部门主管全国渔业工作;矿产资源保护实行主管与协管相结合的监督管理体制,即国家地质矿产部门主管,有关其他部门协助进行矿产资源勘查、开采的监督管理工作;野生动植物资源实行分部门和分级监督管理的体制,主要由国家林业、渔业、农业、建设、环境保护等行政部门分别主管。

(二) 生态安全执法综合型模式

从理论层面来看,明确综合行政执法的概念有助于串联其行政法学领域的基本命题与核心命题,深化该学科的学术研究领域;就实践层面而言,综合行政执法的概念有助于破解当下行政权运行中存在的难题,有助于提升政府的行政效能,有助于从执法的层面推进和丰富法治中国的建设。

综合行政执法的概念是指在行政执法过程中,当相关行政事项所归属的行政主体不明或需要调整的管理关系具有职能交叉等情形时,由相关机关通过转让职权或合并职能的形式,形成一个新的具有独立法律地位的执法主体,对该事项进行处理的执法活动。换言之,综合行政执法的概念是建立在对已有执法权存在的短板或不足的基础之上,重新组合权力之间的关系和要素,形成权力的理性互动,进而促进权力效能的最优化。也正是在此意义上,综合行政执法的概念兼具理论的魅力与实践的效能。

综合行政执法的出现有其必然性和必要性：首先，综合行政执法有助于在兼顾公平的基础之上着力推进行政机关的效率和效能。通过将分散在不同部门的相同或近似的职权集中在一起，有助于降低部门之间的内耗和行政执法成本，提升执法效率。与此同时，将相似的事项交由一个部门集中行使，有利于执法标准和裁量尺度的统一，提升行政执法的公正性。其次，综合行政执法有利于落实统一、精简、效能的要求。通过综合行政执法体制改革，有助于科学调配部门职能，合理设置行政机构，优化公职人员配置，进而形成"权责一致、分工合理、决策科学、执行顺畅、监督有力"的行政执法体制，推动精简、统一和效能原则的贯彻和落实。再次，综合行政执法的概念符合政府改革的总体发展趋势。近年来，"新公共管理理论"伴随着西方国家政府改革运动的兴起应运而生，通过综合行政执法的推进，能够规避部门行政、精简政府机构，而这恰恰是对"新公共管理理论"的实践制度回应。

2013年，党的十八届三中全会作出的中共中央《关于全面深化改革若干重大问题的决定》中提出，要深化行政执法体制改革，整合执法主体，相对集中执法权，推进综合执法，着力解决权责交叉、多头执法问题，建立权责统一、权威高效的行政执法体制；减少行政执法层级，加强食品药品、安全生产、环境保护、劳动保障等重点领域基层执法力量；理顺城管执法体制，提高执法和服务水平。2014年，党的十八届四中全会中共中央《关于全面推进依法治国若干重大问题的决定》（以下简称《决定》）提出：深化行政执法体制改革。根据不同层级政府的事权和职能，按照减少层次、整合队伍、提高效率的原则，合理配置执法力量。推进综合执法，大幅减少市、县两级政府执法队伍种类，重点在食品药品安全、工商质检、公共卫生、安全生产、文化旅游、资源环境、农林水利、交通运输、城乡建设、海洋渔业等领域内推行综合执法，有条件的领域可以推行跨部门综合执法。

从三中全会和四中全会的《决定》可以看出，深化行政执法体制改革作为我国行政体制改革的发展方向已经确立下来。推进综合执法和跨部门执法，整合队伍，减少执法队伍种类势在必行。推进综合执法，重点在食品药品安全、工商质检、公共卫生、安全生产、文化旅游、资源环境、农林水利、交通运输、城乡建设、海洋渔业等领域内推行综合执法，有条件的领域可以推行跨部门综合执法；推进综合执法需要根据相近职能适当集中、不同职能适当分离的原则进行总体设计。随着执法职能调整，合并职能相同相近的机构，继续在更多的领域和范围内推进相对集中行政处罚权制度。

同时，推进综合执法，设立新的综合执法机构，必须解决好三个问题：一是真正移转职能，凡移转的职能，原机构不再行使；二是建立与上下游行政管理与执法有效衔接机制，避免执法脱节；三是合理确定集中职能范围，明确执法职责和权限边界。

党的十八届三中全会《决定》强调"要着力解决权责交叉、多头执法问题，建立权责统一、权威高效的行政执法体制。"这就指明了生态安全行政执法体制改革既要坚持问题导向，致力于解决现实问题，也要有坚定明确的方向、目标。如江西省赣州市生态安全综合执法实践就是党的十八届三中、四中全会《决定》等一系列文件精神的贯彻实施和重要探索。

就生态安全保护领域，传统的生态行政职能划分已适应不了生态安全保护的发展要求。由于行政执法体制不顺、部门利益化等原因，导致了在生态安全行政执法领域存在着多支行政执法队伍，这些行政执法队伍职能交叉、多头执法、重复处罚、执法效能低下，这些都不利于生态安全的保护。为解决这些问题，有必要在生态安全领域推行跨部门综合执法，即由专门的生态安全执法队伍统一行使生态行政执法领域行政执法权。

二、生态安全综合行政执法内容

生态安全综合行政执法具体到生态环境领域，海洋、土地、矿藏、森林、草原、湿地、自然保护地等既是具有经济价值的资源，也是具有生态价值的生态环境要素。据此，我们可将上述生态环境要素理解为生态安全执法对象。

（一）生态安全综合行政执法的法律依据

从国家层面来看，我国生态安全执法依据主要包括法律、法规、规章。现阶段我国生态安全行政执法与行政管理大致按照环境污染防治和自然资源保护两大领域进行法律规制。

环境污染防治方面，如《中华人民共和国环境保护法》《中华人民共和国大气污染防治法》《中华人民共和国海洋环境保护法》《中华人民共和国水污染防治法》《中华人民共和国固体废物污染环境防治法》《中华人民共和国环境影响评价法》《中华人民共和国水污染防治法实施细则》《中华人民共和国放射性污染防治法》《建设项目环境保护管理条例》《排污费征收使用管理条例》《畜禽养殖污染防治管理办法》《排放污染物申报登记管理规定》《电磁辐射环境保护管理办法》《危险废物转移联单管理办法》《建设项目竣工环境保护验收管理办法》《水污染物排放许可证管理暂行办法》《环境保护行政处罚办法》《防治尾矿污染环境管理规定》《污水处理设施环境保护监督管理办法》等。

自然资源保护方面，如《中华人民共和国森林法》《中华人民共和国草原法》《中华人民共和国野生动物保护法》《中华人民共和国矿产资源法》《中华人民共和国土地管理法》《中华人民共和国电力法》《中华人民共和国煤炭法》《中华人民共和国节约能源法》《中华人民共和国野生动物保护法》《中华人民共和国渔业法》《中华人民共和国陆生野生动物保护实施条例》《中华人民共和国森林法实施条例》《中华人民共和国自然保护区条例》《中华人民共和国退耕还林条例》《中华人民共和国陆生野生动物保护实施条例》《中华人民共和国野生植物保护条例》《中华人民共和国濒危野生动植物进出口管理条例》等。

可见，一个庞大的生态行政执法法律体系，出发点主要是为了维护稳定的生态环境管理，我国生态安全保护主要以行政执法手段处理。

（二）生态安全综合行政执法的具体内容

生态安全保护执法主要包括自然资源与其他生态环境要素方面的执法，具体包括环保部门的污染防治、生态保护、核与辐射安全等方面的执法权，林业草原部门的对草原、森林、野生动物、自然保护地内非法开矿、修路、修坝、建设造成生态破坏的执法权，海洋部门的海洋、海岛污染防治和生态保护等方面的执法权，国土部门的地下水污染防治、对因开发土地、矿藏等生态破坏的执法权，农业部门的农业面源污染防治执法权，水利部门的流域水生态环境保护执法权等。

具体而言，就生态安全综合行政执法内涵来看，生态安全综合行政执法不仅是对生态环境领域行政处罚权予以相对集中，而且整合与优化是将相应的行政检查权、强制权等职责；就生态安全综合行政执法外延来看，生态安全综合行政执法不仅是对行政处罚权、检查权、强制权等职责的综合与集中，而且还包括对有关生态安全执法职责的系统梳理、执法主体的管理以及执法行为的规范等内容。可以说，生态安全综合行政执法改革既关涉政府部门职责体系的重构，亦涉及政府部门组织体系的优化，是推进政府生态环境治理能力现代化之必然要求。

就生态安全综合行政执法内容来看，生态安全综合行政执法主要是整合生态环境、自然资源和规划等部门相关污染防治和生态保护执法职责，具体整合范围包括生态环境部门承担的污染防治、生态保护、核与辐射安全等方面的执法权，地下水污染防治执法权，流域水生态环境保护执法权以及自然资源和规划部门承担的因开发土地、矿藏等造成生态破坏的执法权，对自然保护地内进行非法开矿、修路、筑坝、建设造成生态破坏的执法权。另外，组建生态环境保护综合执法队伍，有序整合生态环境、自然资源、规划，以及林业草原等部门相关污染防治和生态保护执法队伍。整合后，生态环境保护综合执法队伍以本级生态环境部门的名义，依法统一行使污染防治、生态保护、核与辐射安全的行政处罚权，以及与行政处罚相关的行政检查、行政强制权等执法职能。

也就是说，当前的生态环境保护综合行政执法就是整合原属生态环境、自然资源和规划、农业农村、水利等部门相关污染防治执法和生态保护执法职责，由生态环境保护综合执法队伍统一行使生态环境保护执法职能，进一步理顺执法体制，创新执法机制，实现优化资源配置，强化执法监管。

三、生态安全综合行政执法的必要性

随着我国经济社会的不断发展和人民生活水平的不断提升，生态文明建设的作用和地位日益凸显。中国共产党历来高度重视生态文明建设，以毛泽东、邓小平、江泽民、胡锦涛、习近平为核心的几代中央领导集体分别根据当时经济社会发展实际，确定了相应的环保方针、政策和具体举措，取得了一定成效。党的十八大以来，党和政府进一步加大了环境保护的力度和强度，2018年3月11日，十三届全国人民代表大会第一次会议通过《中华人民共和国宪法修正案》，正式将生态文明写入国家根本法，实现了党的主张、国家意志、人民意愿的高度统一。2018年5月，习近平总书记在全国生态环境保护大会的讲话中指出，山水林田湖草是生命共同体，要统筹兼顾、整体施策、多措并举，全方位、全地域、全过程开展生态文明建设。在具体实施过程中，要用最严格制度最严密法治保护生态环境，加快制度创新，强化制度执行，让制度成为刚性的约束和不可触碰的高压线。生态系统保护综合行政执法是遵从其自然系统性和加强生态文明建设、深化行政执法体系改革的必然选择。

（一）生态安全综合行政执法是其山水林田湖草生命共同体内在自然系统性的必然要求

山水林田湖草作为自然生态系统的重要组成部分，其本身是个系统体系，习近平总书记曾经指出，"大自然是一个相互依存、相互影响的系统。"山水林田湖草是一个相互依存、联系紧密的自然系统，共同构成了人类生存发展的物质基础。其中，"人的命脉在田，田的命脉在水，水的命脉在山，山的命脉在土，土的命脉在林和草"。因此，要按照生态系统的整体性、系统性及其内在规律，统筹考虑各生态要素以及山上山下、地上地下、流域上下游，通过系统保护、综合治理，增强生态系统循环能力。山水林田湖草生命共同体从本质上深刻地揭示了人与自然生命过程之根本，是不同自然生态系统间能量流动、物质循环和信息传

递的有机整体，是人类紧紧依存、生物多样性丰富、区域尺度更大的生命有机体。山水林田湖草生命共同体的核心要义是树立自然价值理念，确保生态系统健康和可持续发展，这就要求我们在生态文明建设过程中要从过去的单一要素保护修复转变为以多要素构成的生态系统服务功能提升为导向的保护修复。正是有鉴于此，习近平总书记指出：由一个部门负责领土范围内所有国土空间用途管制职责，对山水林田湖进行统一保护、统一修复是十分必要的。这就要求我们在执法过程中按照系统论、整体论、综合论的理念对山水林田湖草生命共同体进行综合执法和综合治理。

（二）生态安全综合行政执法是深化改革，提高执法成效的必然要求

统筹山水林田湖草系统治理这一命题是在人类行为已经或者将要造成生态环境严重破坏的历史条件下的价值需求和必然选择。山水林田湖草等自然资源保护得以实现的唯一出路在于人类自身行为的自我约束与控制，而法者仍治之端，法律是有效的手段，即实现环境法治，行政执法又是其中重要的环节。目前我国山水林田湖草的管理与执法分散在矿产、林业、农业、水利等管理部门，执法效益相对较低。习近平总书记指出，现行以地方为主的环境管理体制存在四个突出问题：一是难以落实对地方政府及其相关部门的监督责任；二是难以解决地方保护主义对环境监测监察执法的干预；三是难以适应统筹解决跨区域、跨流域环境问题的新要求；四是难以规范和加强地方环保机构队伍建设。从2002年开始，农业、林业、交通、文化、市场监管等领域先后开展了综合行政执法体制改革。2015年4月，按照中央编办《关于开展综合行政执法体制改革试点工作的意见》，全国22个省（自治区、直辖市）的138个县（市）开展了试点，但尚未在山水林田湖草系统进行整体推进。因此，推进山水林田湖草系统保护综合行政执法是建立权责统一、权威高效的行政执法体制的必然要求，也是提升山水林田湖草系统综合治理成效的重要保证。

（三）生态安全综合行政执法是深化行政执法体制改革、完善法制建设的必然要求

党的十八届三中全会作出了中共中央《关于全面深化改革若干重大问题的决定》，提出要深化行政执法体制改革，整合执法主体，相对集中执法权，推进综合执法，着力解决权责交叉、多头执法问题，建立权责统一、权威高效的行政执法体制；减少行政执法层级，加强食品药品、安全生产、环境保护等重点领域基层执法力量。党的十八届四中全会通过的中共中央《关于全面推进依法治国若干

重大问题的决定》提出了深化行政执法体制改革的要求。要求根据不同层级政府的事权和职能，按照减少层次、整合队伍、提高效率的原则，合理配置执法力量，推进综合执法体制改革，大幅减少市、县两级政府执法队伍种类，重点在食品药品安全、资源环境、农林水利等领域内推行综合执法，有条件的领域可以推行跨部门综合执法。2018 年 3 月 21 日中共中央印发的《深化党和国家机构改革方案》要求进一步"深化行政执法体制改革，统筹配置行政处罚职能和执法资源，相对集中行政处罚权。"而《行政处罚法》、国务院《关于全面推进依法行政的决定》、国务院办公厅《关于继续做好相对集中行政处罚权试点工作的通知》、国务院《关于进一步推进相对集中行政处罚权工作的决定》和《行政强制法》等相关法律虽然在不同程度上逐步确立和强化了综合行政执法的合法性，但至今尚未有综合行政执法方面的专门法律。因此，山水林田湖草综合行政执法既是深化行政执法体制改革的内在要求，也是完善法制体系建设的必然要求。

第三节 生态安全综合行政执法改革的政策导向

一、深化生态安全综合行政执法改革的意义

大力提倡和全面推进生态综合行政执法，深化生态安全综合行政执法改革，统一主体承担生态安全执法有着积极的理论意义和丰富的实践价值。

一是通过生态综合行政执法的推进，有助于更好地整合执法力量，消减现有生态安全执法中存在的多头执法、重复执法、执法推诿、执法不力、执法力量分散等负面现象所带来的弊端，进一步提升执法效能，促进治理能力和治理体系的现代化转型，最终推动法治政府的实现。换言之，生态综合行政执法是在对传统执法模式的弊端予以回应的基础之上所建构起来的一种新型执法模式，以综合取代以往执法模式的离散和各自为战，最终整合形成综合执法的威力，全面提升综合执法的效能。

二是通过生态综合行政执法的推进，有助于对生态行政职能进行优化配置，实现行政效能的最大化。生态综合执法的概念及其实践，起源于对现行执法中存在的负面清单的回应。通过对权能和职能的综合和重新配置，最终实现执法职能的优化和执法效能的提升，并以此推动正在如火如荼进行的政府行政体制改革稳步前行。

三是通过生态综合行政执法的推进，有助于加强生态管理部门之间的横向联系，同时也能加强部门间的监督和制约。正如学者所说，"实行综合执法改革的

部门，在制定政策职能与监督处罚职能相对分离方面进行了探索，在一定范围内实现了管理权、审批权与监督权、处罚权的适当分离，强化了不同权力之间的相互监督和制约，改变了一些政府部门既管审批又管监督的体制机制，为深化行政管理体制改革积累了经验。"

四是通过生态综合行政执法的推进，有助于加强对执法机关及其权力运行的规范化管理，切实提升执法的文明化和规范化程度。通过生态综合执法的探索和改革，着力改变以往分散执法、突击整治的执法方式，大力推行规范化管理，强化执法人员培训和制度建设，提高执法人员的素质，使执法行为更加公平、公正。

五是通过生态综合行政执法的推进，有助于在政府和相对人、权力和权利之间形成一个良性互动的桥梁。生态综合执法的本质在于通过回应公民的关切，积极重塑各项行政权能之理性关系，以此切实担负起行政的吁求，保障公民的权利需求，实现权力的应然价值。

二、关于深化生态环境保护综合行政执法改革的指导意见

生态安全综合行政执法改革是在总结综合行政执法改革经验的基础上，由中央主导在生态环境保护领域推行的典型改革探索。党中央逐步推进生态环境保护综合行政执法改革，并且保持了政策的连贯性和深入性。2015年9月印发的《生态文明体制改革总体方案》提出，在部分地区开展环境保护管理体制创新试点，统一规划、统一标准、统一环评、统一执法；2018年3月通过的《深化党和国家机构改革方案》要求，整合环境保护和国土、农业、水利、海洋等部门相关污染防治和生态保护执法职责、队伍，统一试行生态环境保护执法。2018年12月，为贯彻落实中共中央《关于深化党和国家机构改革的决定》和《深化党和国家机构改革方案》部署要求，深化生态环境保护综合行政执法改革，整合组建生态环境保护综合执法队伍，生态环境部颁发了《关于深化生态环境保护综合行政执法改革的指导意见》（以下简称《指导意见》）。

《指导意见》是深化生态安全综合行政执法改革的具体遵循，改革能否到位主要看《指导意见》的贯彻落实情况。整合职权职责，建立以行政处罚权为核心的执法权。《指导意见》规定，整合环境保护和国土、农业、水利、海洋等部门相关污染防治和生态保护执法职责。这些职权统一整合到生态环境保护部门，由其依法统一行使污染防治、生态保护、核与辐射安全的行政处罚权以及与行政处罚相关的行政检查、行政强制等执法职能。除法律法规另有规定外，相关部门不再行使上述行政处罚权和行政强制权。这些改革内容与《行政处罚法》第十

六条集中行使行政处罚权和《行政强制法》第十七条第二款集中行使与行政处罚权有关的行政强制措的规定相一致。

《指导意见》以习近平新时代中国特色社会主义思想为指导，全面贯彻党的十九大和十九届二中、三中全会精神，认真落实党中央、国务院决策部署，坚持新发展理念，统筹推进"五位一体"总体布局和协调推进"四个全面"战略布局，以建立权责统一、权威高效的依法行政体制为目标，以增强执法的统一性、权威性和有效性为重点，整合相关部门生态环境保护执法职能，统筹执法资源和执法力量，推动建立生态环境保护综合执法队伍，坚决制止和惩处破坏生态环境行为，为打好污染防治攻坚战、建设美丽中国提供坚实保障。其目标是为了有效整合生态环境保护领域执法职责和队伍，科学合规设置执法机构，强化生态环境保护综合执法体系和能力建设，以及建立职责明确、边界清晰、行为规范、保障有力、运转高效、充满活力的生态环境保护综合行政执法体制，基本形成与生态环境保护事业相适应的行政执法职能体系。

（一）基本原则

坚持党的全面领导。坚决维护习近平总书记的核心地位，坚决维护党中央权威和集中统一领导，自觉在思想上政治上行动上同党中央保持高度一致，把加强党对一切工作的领导贯穿生态环境保护综合行政执法改革各方面和全过程。

坚持优化协同高效。整合相关部门污染防治和生态保护执法职责、队伍，相对集中行政执法权。全面梳理、规范和精简执法事项，推动行政执法队伍综合设置，大幅减少执法队伍种类，着力解决多头多层重复执法问题，统筹配置行政处罚职能和执法资源。减少执法层级，推动执法力量下沉，提高监管执法效能。

坚持全面依法行政。完善权责清单制度，明确综合执法机构职能，厘清职责边界，实现权责统一。着力解决执法不严格、不规范、不透明、不文明和不作为、乱作为等问题，建立健全执行、监督、协作机制。加快推进机构、职能、权限、程序、责任法定化，强化对行政权力的制约和监督，做到依法设定权力、规范权力、制约权力、监督权力。

坚持统筹协调推进。与相关领域机构改革同步实施，与"放管服"改革、省以下生态环境机构监测监察执法垂直管理制度改革等有机衔接，落实生态环境保护"一岗双责"，统筹安排，协调推进，提升改革整体效能。

（二）主要任务

1. 整合执法职责

根据中央改革精神和现行法律法规，整合环境保护和国土、农业、水利、海洋等部门相关污染防治和生态保护执法职责。生态环境保护执法包括污染防治执法和生态保护执法，其中，生态保护执法是指生态环境保护综合执法队伍依法查处破坏自然生态系统水源涵养、防风固沙和生物栖息等服务功能和损害生物多样性的行政行为。

根据原相关部门工作职责，具体整合范围包括环境保护部门污染防治、生态保护、核与辐射安全等方面的执法权；海洋部门海洋、海岛污染防治和生态保护等方面的执法权；国土部门地下水污染防治执法权，对因开发土地、矿藏等造成生态破坏的执法权；农业部门农业面源污染防治执法权；水利部门流域水生态环境保护执法权；林业部门对自然保护地内进行非法开矿、修路、筑坝、建设造成生态破坏的执法权。整合后，生态环境保护综合执法队伍以本级生态环境部门的名义，依法统一行使污染防治、生态保护、核与辐射安全的行政处罚权以及与行政处罚相关的行政检查、行政强制权等执法职能。除法律法规另有规定外，相关部门不再行使上述行政处罚权和行政强制权。

在此基础上，各地可以根据地方性法规规章和工作需要，进一步整合地方有关部门污染防治和生态保护执法职责，由生态环境保护综合执法队伍统一行使。已经实行更大范围跨领域跨部门综合行政执法的，可以继续探索。具备条件的地区可结合实际进行更大范围的综合行政执法。

2. 组建执法队伍

在明确执法机构和人员划转认定标准和程序基础上，按照编随事走、人随编走的原则，有序整合环境保护和国土、农业、水利、海洋、林业等部门相关污染防治和生态保护执法队伍，组建生态环境保护综合执法队伍。改革中应当做到职责整合与编制划转同步实施，队伍组建与人员划转同步操作，充实加强生态环境保护综合执法力量。改革后，其他部门不再保留生态环境保护执法队伍。整合范围具体包括：环境保护部门承担生态环境保护执法职责的人员，海洋部门及其海监执法机构承担海洋和海岛生态环境保护执法职责的人员，国土部门承担地下水污染防治执法和对因开发土地、矿藏等造成生态破坏执法职责的人员，农业部门承担农业面源污染防治执法职责的人员，水利部门流域管理机构承担水生态环境保护执法职责的人员，林业部门承担自然保护地生态环境保护执法职责的人员，以及其他承担污染防治执法和生态保护执法职责的人员。

3. 规范机构设置

依法合规设置执法机构，除直辖市外，县（市、区、旗）执法队伍在整合相关部门人员后，随同级生态环境部门一并上收到设区的市，由设区的市生态环境局统一管理、统一指挥。县级生态环境分局一般实行"局队合一"体制，地方可根据实际情况探索具体落实形式，压实县级生态环境分局履行行政执法职责和加强执法队伍建设的责任，改变重审批轻监管的行政管理方式，把更多行政资源从事前审批转到加强事中事后监管上来。实行"局队合一"后，县级生态环境部门要强化行政执法职能，将人员编制向执法岗位倾斜，同时通过完善内部执法流程，解决一线执法效率问题。

推进人、财、物等资源向基层下沉，增强市县级执法力量，配齐配强执法队伍，强化属地执法。乡镇（街道）要落实生态环境保护职责，明确承担生态环境保护责任的机构和人员，确保责有人负、事有人干。开发区的生态环境保护综合行政执法体制由各省、自治区、直辖市确定。

根据污染防治和生态保护需要，建立健全区域协作机制，推行跨区域跨流域环境污染联防联控，加强联合监测、联合执法、交叉执法。鼓励市级党委和政府在全市域范围内按照生态环境系统完整性实验统筹管理，统一规划、统一标准、统一环评、统一监测、统一执法，整合设置跨市辖区的生态环境保护执法和生态环境监测机构。

4. 优化职能配置

生态环境保护综合执法队伍主要职能是依法查处生态环境违法行为，依法开展污染防治、生态保护、核与辐射安全等方面的日常监督检查。

生态环境部门负责监督管理污染防治、生态保护、核与辐射安全，统一负责生态环境保护执法工作，支持生态环境保护综合执法队伍实施行政执法。自然资源、林业草原、水利等行业管理部门负责资源开发利用的监督管理、生态保护和修复，应当依法履行生态环境保护"一岗双责"，积极支持生态环境保护综合执法队伍依法履行执法职责。在日常监督管理中，行业管理部门发现环境污染和生态破坏行为的，应当及时将案件线索移交生态环境保护综合执法队伍，由其依法立案查处。

5. 明确执法层级

按照属地管理、重心下移的原则，减少执法层级，合理划分各级生态环境保护综合执法队伍的执法职责。省、自治区生态环境部门应强化统筹协调和监督指导职责，主要负责监督指导、重大案件查处和跨区域执法的组织协调工作，原则上不设执法队伍，已设立的执法队伍要进行有效整合、统筹安排，现有事业性质执法队伍逐步清理消化。法律法规明确要求由省级承担的执法职责，可结合部门"三定"规定明确由省级生态环境部门内设机构承担。个别业务管理有特殊性的领域，如确有必要，由省、自治区按程序另行报批。省级生态环境部门可按程序调用市县生态环境保护综合执法队伍人员力量。

省级生态环境部门负责省级执法事项和重大违法案件调查处理，加强对市县生态环境保护综合执法队伍的业务指导、组织协调和稽查考核。监督指导市县生态环境保护综合执法队伍建设，制定执法标准规范，开展执法稽查和培训。组织开展交叉执法、异地执法，协调处理重大生态环境问题和跨行政区生态环境问题。直辖市的行政执法层级配置，由直辖市党委按照减少多层多头重复执法改革要求，结合实际研究确定。

执法事项主要由市、县两级生态环境保护综合执法队伍承担，设区的市生态环境保护综合执法队伍还应承担所辖区域内执法业务指导、组织协调和考核评价等职能。按照设区的市与市辖区原则上只设一个执法层级的要求，副省级城市、省辖市整市区两级生态环境保护综合执法队伍，原则上组建市级生态环境保护综合执法队伍。对于有特殊执法需要的区或偏远的区，可设置派出机构。

6. 加强队伍建设

严把人员进口关，严禁将不符合行政执法类公务员管理规范要求的人员划入生态环境保护综合执法队伍，严禁挤占、挪用本应用于公益服务的事业编制。全面清理规范临时人员和编外聘用人员，严禁使用辅助人员执法。按照老人老办法、新人新办法的原则，对干部职工工作和福利待遇作出妥善安排，不搞断崖式的精简分流人员。现有公益类事业编制，由同级机构编制委员会统筹用于解决生态环境保护相关领域用编需求。完善基层执法人员工资政策，推进执法人员依法参加工伤保险，鼓励探索通过购买人身意外伤害保险提高职业伤害保障水平。整合组建生态环境保护综合执法队伍涉及的不同性质编制使用置换等问题，目前保持现状，待中央统一明确政策意见后逐步加以规范。

建立健全执法队伍管理制度，严格实行执法人员持证上岗和资格管理制度。建立考核奖惩制度，实行立功表彰奖励机制。加强党对生态环境保护综合执法工作的领导，加强队伍思想政治建设；加强生态环境保护综合执法队伍基层党组织建设和党员队伍建设，充分发挥基层党组织战斗堡垒作用和党员先锋模范作用；加强业务能力建设，健全教育培训机制，提高执法人员业务能力和综合素质。

按照机构规范化、装备现代化、队伍专业化、管理制度化的要求，全面推进执法标准化建设，有关统一执法制式服装和标志，以及执法执勤用车（船艇）

配备，按中央统一规定执行。努力打造政治强、本领高、作风硬、敢担当，特别能吃苦、特别能战斗、特别能奉献的生态环境保护执法铁军。

（三）规范管理

1. 清理执法事项

全面梳理、规范和精简执法事项，加强对行政处罚、行政强制事项的源头治理，实行执法事项清单管理制度，并依法及时动态调整。凡没有法律法规规章依据的执法事项一律取消，对长期未发生且无实施必要的、交叉重复的执法事项大力清理，最大限度减少不必要的执法事项，切实防止执法扰民。对涉及的相关法律法规规章及时进行清理修订。

建立生态环境保护综合执法队伍的权力和责任清单，向社会公开职能职责、执法依据、执法标准、运行流程、监督途径和问责机制，尽职照单免责、失职照单问责。建立完善权力和责任清单的动态调整和长效管理机制，根据法律法规立改废释和机构职能变化情况及时进行调整公布。

2. 规范执法程序

各级生态环境保护综合执法队伍应当切实履行职责，规范办案流程，依法惩处各类生态环境违法行为。全面推行执法全过程记录制度、重大执法决定法制审核制度，积极落实执法案卷评查和评议考核制度。

强化执法程序建设，针对生态环境保护行政检查、行政处罚、行政强制等执法行为，制定具体执法细则、裁量标准和操作流程。加强证据收集、证据分析、证据采信和证据运用，充分利用信息技术，实现规范取证、安全存证和高效出证。制定执法自由裁量权行使规则，细化、量化自由裁量标准，规范裁量范围、种类、幅度，并公布执行。

3. 完善监督机制

全面落实行政执法责任制，严格确定生态环境保护综合执法队伍、岗位及执法人员的执法责任，建立责任追究和尽职免责制度。推行执法公示制度，推进执法信息公开。

强化层级监督和内部约束，完善纠错问责机制。上级生态环境部门发现下级生态环境保护综合执法队伍执法不当或者不履行法定职责的，应当责令纠正；必要时，可由上级生态环境保护综合执法队伍直接予以处理。

强化外部监督机制，畅通"12369"举报热线等群众监督渠道、行政复议渠道，主动接受行政监督、司法监督、社会监督、舆论监督。

坚决排除对执法活动的违规人为干预，建立和实行领导干部违法违规干预执法活动、插手具体生态环境保护案件查处责任追究制度，实行干预留痕和记录，防止、克服地方和部门保护主义。

4. 强化协调联动

加强生态环境保护综合执法队伍与市场监管、文化市场、交通运输、农业、城市管理等综合执法队伍之间的执法协同。在专业技术要求适宜、执法频率高、与群众生产生活密切相关的领域，鼓励各地结合实际，积极探索实行跨领域、跨部门综合执法。厘清各方面执法主体权责和执法边界，强化共同关注领域的联动执法，建立信息共享和大数据执法监管机制，加强执法协同，降低执法成本，形成执法合力。

健全行政执法与司法衔接机制。完善案件移送标准和程序，建立生态环境保护综合执法队伍与公安机关、人民检察院、人民法院之间信息共享、线索和案件移送、联合调查、案情通报等协调配合制度，完善生态环境保护领域民事、行政公益诉讼制度，建立健全生态环境损害赔偿制度，加大对生态环境违法犯罪行为的制裁和惩处力度，实现行政执法和司法无缝衔接。人民检察院对涉嫌环境污染、生态破坏犯罪案件的立案活动，依法实施法律监督。加强公安机关环境犯罪侦查职能，进一步加大对破坏生态环境犯罪的打击力度。公安机关、人民检察院依法要求生态环境部门作出检验、鉴定、认定、调查、核实、提供行政执法卷宗等协助和配合的，生态环境部门应当予以协助和配合。

5. 创新执法方式

适应"放管服"改革要求，优化改进执法方式。健全以"双随机一公开"监管为基本手段、以重点监管为补充、以信用监管为基础的监管机制，推进"互联网+执法"，促进办案流程和执法工作网上运行管理。

大力推进非现场执法，加强智能监控和大数据监控，依托互联网、云计算、大数据等技术，充分运用移动执法、自动监控、卫星遥感、无人机等科技监侦手段，实时监控，实时留痕，提升监控预警能力和科学办案水平。

加强信用监管，坚持守信激励和失信惩戒相结合，将企业事业单位和其他生产经营者生态环境守法以及违法信息记入社会诚信档案，推行生态环境守法积分制度。通过扶持引导、购买服务等制度安排，鼓励社会力量参与执法监管。顺应经济社会发展趋势，积极探索包容审慎监督执法。

第四节 生态安全综合行政执法改革的对策建议

近年来，我国相对集中行政处罚权和综合执法制度的实践推进迅猛，尤其是林业综合行政执法的推进取得了一些成效，为生态安全综合行政执法改革积累了一些经验。生态安全综合行政执法的改革探索初步形成了新的行政执法机制，树立了良好的行政执法形象；在一定范围内进行了审批权与监督权、处罚权适当分离的探索，为改革现行生态环境行政管理模式初步积累了一些经验；通过推行综合行政执法，为合理配置生态环境部门的职能，精简行政机构初步探索了一些新的路子；初步解决了生态环境领域中多头执法、重复处罚、执法扰民等问题，明显提高了行政执法的质量和水平。尽管如此，生态安全综合行政执法改革的实践探索过程所面临的挑战是客观存在的，深化生态安全综合行政执改革，提高生态安全综合行政执法成效势在必行。

一、生态安全综合行政执法面临的挑战

（一）法律依据不充分

总体而言，推进相对集中行政处罚权和综合行政执法的文件[62]依据大致包括三类：一是由全国人大及其常委会颁布的法律；二是由国务院或有权的地方人民政府颁布的行政法规或行政规章；三是由国务院或有权的地方人民政府颁布的规范性文件。2018年12月，生态环境部颁发了《关于深化生态环境保护综合行政执法改革的指导意见》属于第三类文件。可见，推进生态环境相对集中行政处罚权和综合行政执法所需要的法律依据确实存在法律供给不足的问题，这种状况直接导致生态安全综合执法的权威性不断在实践中遭受挑战。

---

[62] 1996年颁布实施的《行政处罚法》第十六条的规定，第一次对相对集中行政处罚权制度做出明文规定，为该制度在我国的试点推广提供了法律依据。2000年国务院办公厅下发《关于继续做好相对集中行政处罚试点工作的通知》（国办发〔2000〕63号），对加强试点工作与行政管理体制改革相结合等内容作了具体规定，进一步明确了试点工作的方向。2002年国务院颁布的《关于进一步推进相对集中行政处罚权工作的决定》（国发〔2002〕17号）明确"国务院授权省、自治区、直辖市人民政府可以决定在本行政区域内有计划、有步骤地开展相对集中行政处罚权工作"，标志着试点工作的结束，各地进入全面推进阶段。国务院办公厅2002年10月转发了中央编办《关于清理整顿行政执法队伍实行综合行政执法试点工作意见》（国办〔2002〕56号），明确要求按照国务院《关于进一步推进相对集中行政处罚权工作的决定》（国办发〔2000〕63号）的有关规定，做好综合行政执法试点与相对集中行政处罚权有关工作的相互衔接，确保各项行政执法工作的正常开展。2003年2月中央编办和国务院法制办联合下发《关于推进相对集中行政处罚权和综合行政执法试点工作有关问题的通知》（中央编办发〔2003〕4号），就推进相对集中行政处罚权和综合行政执法试点这两项工作进行区分，就二者之间的衔接协调和贯彻落实进行部署。

（二）管理权与执法权不对称

综合行政执法权作为行政权的重新配置，一般只是部分权力的让与而非全部行政权的集中，这就必然带来权力的界限划分的问题。以行政综合执法为主导的行政执法体制改革既涉及有利益格局和条块关系的调整，又涉及行政权力重新划分和组织结构重组的问题。综合执法机构设置后，动摇了一些行政机关的利益，使他们不得不让渡手中的权力，出现了一些不配合的情况。

从生态环境综合行政执法实务来看，有些地方把部门的行政处罚权和行政强制权划出后，留有行政许可权，有些部门不能正确认识执法与管理的关系，过度依赖综合执法，疏于履行源头监管的职责，很多问题综合执法作为末端环节，又很难提前预知，往往会造成管理漏洞与真空；有些地方将执法权划转给综合执法机构，但却未将有关执法力量和技术支持转移，甚至仍从事某些执法工作，形成新的职责交叉和多头执法；有些地方在执法权和管理权剥离与重组后，对管理过程中的难题相互推诿，对产生的后果相互推卸责任，不能很好地界定和履行各自职责。

（三）保障和监督机制不健全

综合行政执法权限远超出单一行政主管部门的执法权限，生态安全综合行政执法一般是负责生态环境领域多方面的业务管理，在执法形式上多采用分散、流动的方式，既有庞大的执法工作量，也有较大的自由裁量权，需要加强保障和监督。当前的综合执法，在部门协同保障、财政投入保障、执法设施设备保障等方面普遍不到位。监督方面，由于综合执法的组织体系不健全，政府的层级监督无法有效发挥作用；随着综合执法权力的扩张，也会压抑社会公众的监督意愿；新组建的综合执法队伍，内部监督机制也不够健全和完善，在缺乏财政和科技保障的情况下，无法实现信息化的监督管理，执法人员易处于"失控"状态。

（四）执法队伍建设不规范

从上述林业综合行政执法实践来看，许多地方都存在编制内执法人员数量不足，需要大量外借人员协助执法的情况，执法力量与繁重的执法任务不相匹配。按照执法重心下移原则，行政执法人员编制应当重点用于一线执法，特别是乡镇综合执法，需要从县级部门安排人员到乡镇从事执法工作，但因涉及身份、待遇、住行等问题，很难落到实处，导致综合执法队伍中存在大量执法辅助人员，为执法规范化埋下隐患。另一方面，生态安全综合执法队伍是通过整合其他执法力量形成的，执法人员往往来自不同执法领域，在执法理念、执法方式上差别较大，对于原执法领域外的其他执法事项不熟悉、不了解，导致整个执法队伍缺乏稳定性和战斗力。

二、生态安全综合行政执法的推进路径

宏观上说，实现综合行政执法目的和解决当前综合行政执法中存在的诸多问题，需要通过继续深化和加大综合行政执法体制改革，并在改革实践中不断丰富和完善综合行政执法体制。生态安全综合行政执法改革是我国当下以及今后一段时间生态环境领域行政执法体制改革的重要内容。具体来看，由条块分割的单一部门行政执法向行政综合执法迈进，是我国生态安全行政执法体制改革的重要举措。在全面依法治国的语境下，推进生态安全综合行政执法改革应当纳入国家执法能力建设的新高度进行更深层次的统筹，注重综合其他国家机关和全社会力量实施行政执法，注重生态安全行政执法横向、纵向网格化、立体化综合，促进行生态安全政综合执法提档升级，为我国国家生态安全执法能力的提升和法治中国建设奠定坚实的基础。

从综合行政执法的效果以及其制度设计的最初设想来看，全方位推进生态安全综合行政执法需要整体考察和重点关注以下几个方面。

（一）厘清和明确生态安全综合行政执法的功能定位

大力推进生态安全综合行政执法的制度构建，认真研究、解决和完善生态安全执法实践中存在的问题，通过改革和法治的方式逐步予以消除和克减，才能从更高层次和更广范围上实现生态安全综合行政执法的功效。就此而言，进一步厘清和明确生态安全综合行政执法的功能定位及价值定位是全面推进综合行政执法的首要路径依赖。生态安全综合行政执法的功能应当定位于权力的理性行使和对权利的有效保障。法理上看，生态安全行政执法目标应当定位于对国家生态环境法律体系和法律秩序的维护，通过生态环境法律体系和法律秩序的建构和维系，形成一个高度发达的国家生态安全法治体系。

（二）构建合理的生态安全综合行政执法改革原则

在推进生态安全综合行政执法的路径中，有必要从宏观层面为生态安全综合行政执法改革确立其基本原则体系。通过原则体系的确立，一是有助于为生态安全综合行政执法的实践提供宏观层面的规范性价值指导；二是通过基本原则的引

入，在生态安全综合行政执法实践的制度设计和规范运行中，能够更为合理、科学、高效、全面地助推生态安全综合行政执法的应然性目的和功能的实现。

（三）建立高效的生态安全综合行政执法机构

综合行政执法权主要是跨部门之间的横向职权的综合。一般来说，行政执法是行政主体本职能范围内的执法。国家在设立行政机构时是以行政职能为基础的，每一个行政机关的权力行使也只有在本职能范围内才是有效的，否则将构成越权无效。然而，综合行政执法则不同，它的整个执法过程显示出了强烈的职能综合性，如一个综合行政执法机关可以同时行使两种以上的职权。这种职能的综合性，反映了现代行政随着社会的复杂程度的提高而日趋多样化。从综合行政执法的运行机制来看，一个具有独立权利能力的综合行政执法机构的存在，是行政综合执法得以高效、权威的基础性条件。

在目前的综合行政执法实践中，对综合行政执法机构的设置主要有两种形式：一种是通过授权新组建一个部门行使综合行政执法权能；另一种模式是授权现有的部门行使综合行政执法权能。两种模式各有利弊，新设模式能够避免部门间由于权力的重新组合而导致的矛盾，从而能够较为迅速、便捷地开展综合行政执法工作，促进执法效能最优化。但这种模式的弊端在于可能导致和增加行政机构和行政人员的数量，最终演变为一种行政负担。授权模式的优点则在于对新设模式弊端的回应，但其缺点也显而易见：容易发生职能错位、双重身份有可能影响执法的公正性、部门间可能由于权力行使而产生矛盾或冲突。在具体的制度设计中，不能简单地以某一种模式作为唯一标准，应该根据不同地域、不同行业的特点和实践，科学合理地建构行之有效、高效便捷的综合行政执法机构，以期助推执法机构权威、执法效能优化的实践目的。

（四）配置科学的生态安全综合行政执法职权

在建立和完善综合行政执法机构的基础之上，必然面临着对综合行政执法职权的科学配置的问题。只有科学配置职权，才能使机构协调运行，并且发挥最理想的执法效果。在综合行政执法职权的科学配置方面，可以根据以下几个标准加以判断是否能够综合并纳入职权序列。

一是权力事项的专业化程度。现代社会分化的加剧导致了社会功能的多元化趋势因应于此，行政事项的专业化程度也随之提高。在行政执法中，某些执法领域整体都具有较高的专业化程度，某些领域中的某些事项的专业化程度较高，对于专业化程度高、技术性要求强的行政事项或领域,要谨慎地设定综合行政执法职权。在专业化程度相对不高、技术性需求相对较弱的领域,可以优先探索和全面推行执法权能和事项的综合。

二是权力事项的管辖范畴。综合行政执法主要是对权力的横向职能予以综合运用的制度,因此,在涉及相关权力事项属于垂直管理体制的行政执法活动中,不宜采取新设机构推行综合行政执法的方式。而对属于地方管理的行政事项,则可以在科学设定的基础上,优先综合行政职权,全面助推综合行政执法。

三是权力事项是否属于专属执法权。专属执法权是指法律明确规定某项职能由某行政机关行使,其他机关不得行使的执法权,如公安机关对人身自由的处罚权、强制权和税务机关的税收强制征管权,这都是专属执法权。在专属行政执法权的领域,不宜探索行政综合执法模式。

(五)强化对生态安全综合行政执法活动的制约

综合行政执法是将原本分散于各部门的存在交叉或重复的权力予以集中,以便克服部门集权、提升行政效能的一种制度建构。从其设定初衷来看,这一制度显然是以更好地规范和制约权力运行为基础的。而在具体的实践中,则很有可能造成权力的重新集中再造了一种行政权的再膨胀的悖论。因此,如何避免这种制度悖论,更好地推进综合行政执法制度的运行,需要我们从制度路径上选择一种强有力的监督模式,通过监督机制不断发现并及时解决制度运行过程中存在的消极现象和负面功能。要紧紧围绕当下重点推行的权力清单、责任清单和负面清单制度,进一步规范和公开综合行政执法的部门职责、执法依据、处罚标准、运行流程和监督途径,切实推进阳光公正规范文明执法。在具体的监督机制设计上,可以重点考虑行政执法公示制、行政执法责任制、行政执法评议考核制和过错责任追究制等监督制约机制,切实保障综合行政执法权力的规范运行,切实保障综合行政执法的各项工作在有效的监督机制下顺利、规范展开。

(六)建立高水平的生态安全综合行政执法专业队伍

在推进综合行政执法的路径中,要将人的因素作为第一要素加以重视和衡量。尤其是在我国现有的执法体制和机制中,专业的执法人员、执法队伍和执法力量还相对匮乏,执法资源还有待进一步强化。建立高素质的综合执法专业队伍。在推进综合行政执法的路径中,要将人的因素作为第一要素加以重视。尤其是在我国现有执法体制和机制中,专业的执法人员、执法队伍和执法力量还相对匮乏，执法资源还有待进一步强化。

在综合执法行政的推进过程中，需要各级政府鼎力支持综合行政执法机关依法履行职责，并重点在机构设置、人员编制、执法经费方面予以支持和保障。在此基础上，要着力打造一支业务素质高、专业性强、综合能力突出的综合执法专业队伍，加强对综合行政执法机关公职人员的业务培训和法律教育，强化其运用法治思维和法治方式解决问题的能力，建立统一的综合行政执法准入制度和评价制度。

此外，为了保障执法有效、公正合理，应当在经济上保障综合行政执法机关的经费来源。各地财政应有综合行政执法的专项经费，认真执行处罚与收缴分离的法定原则。应当配备与履行行政执法任务相匹配的行政执法装备，树立规范执法的良好形象。

三、提高生态安全综合行政执法成效的对策建议

从条块分割的单一资源管理部门行政执法向生态安全综合行政执法推进，不仅是我国生态环境保护领域行政执法体制改革的重要内容，也是我国整体行政执法体制改革的重要组成部分。因此，必须秉持生态系统论，树立山水林田湖草系统保护和生态环境整体保护的法治理念，进一步完善行政执法体制，加强行政执法专门化、系统性，构建较为完整系统的生态安全综合行政执法体系，形成强大的执法合力。

（一）以习近平生态文明思想为指导，全面树立生态系统综合行政执法理念

党的十八大以来，习近平总书记多次在国际、国内重大活动中强调建设生态文明、维护生态安全的重要性，指出建设生态文明关系人民福祉、关乎民族未来，"功在当代，利在千秋"。因此，必须用最严格的制度、最严密的法治保护生态环境。他不仅要求大家牢固树立生态红线的观念，而且，要依靠制度、依靠法治。习近平总书记指出，生态环境保护本身是一个系统工程，必须按照系统工程的思路，抓好生态文明建设重点任务的落实。在全国生态环境保护大会上，习近平总书记系统阐述了生态文明建设的一个重大判断、一个时间点、五个生态体系、六个原则和五点要求。此次会议首次系统总结阐释了习近平生态文明思想，该思想进一步丰富和发展了对人类文明发展规律、自然规律、经济社会发展规律的认识，是继习近平新时代中国特色社会主义经济思想、习近平强军思想、习近平网络强国战略思想之后，在全国性工作会议上全面阐述、明确宣示的又一重要

思想，该思想是对"为什么建设生态文明、建设什么样的生态文明、怎样建设生态文明的重大理论和实践问题"的深刻回答和系统理论阐述，是对马克思主义自然生态环境理论的新继承、对可持续发展理论的新发展和对科学发展观的新解读，是我们党的重大理论和实践创新成果，是新时代推动生态文明建设的根本遵循，该思想将生态与生命等量齐观，对生态文明建设进行系统性的思考、阐释与保护，对于实现伟大中国梦具有重要理论指导意义。而其关于法治建设和综合行政执法改革的指示和理念，更是为山水林田湖草系统综合行政执法体系的构建明确了方向、指明了道路，因此，必须加强对习近平生态文明思想的学习、领会、实践和探索，努力构建具有中国特色的、符合我国生态安全现实发展需要和生态文明、美丽中国建设要求的综合行政执法体系。

（二）完善法律体系，加快生态安全领域综合行政执法的立法进程

尽管现在国家已经出台了综合行政执法改革的相关方案和意见，也具有了一定的法律基础，但是，从具体操作层面而言，仍需进一步强化问题梳理和体系完善。张高丽同志指出，需要进一步健全促进生态文明建设的法律法规，加快"立改废"进程，尽快完善生态环境、土地、矿产、森林、草原等方面保护和管理的法律制度，全面清理修订现有法律法规中与生态文明建设要求不一致的内容，研究制定生物多样性保护、土壤污染防治、核安全等法律法规。具体而言，一方面，需要进一步加强顶层设计，进一步强化国家生态环境保护意志，对有关法律法规进行生态化改造，从国家层面制定山水林田湖草等领域综合行政执法的法律法规或相关规章制度，切实解决守法成本高、违法成本低问题，提高生态执法的刚性和权威，为生态安全综合执法提供相应的法律依据和保障。另一方面，从具体操作层面上要进一步细化、完善和可操作化，尤其是要进一步加强对现有相关法律法规进行及时清理和修订，剔除不合理或相互矛盾、相互冲突、相互重复的地方，增强不同法律法规之间的契合度、匹配度和衔接度。各地要根据国家相关法律法规，结合当地山水林田湖草等具体情况，制定更加详细、科学且切实可行的地方性法律法规和制度规范，努力构建上下一体、无缝对接、科学规范、便于操作、系统完善、富有成效的山水林田湖草综合行政执法法律体系，为深化综合行政执法改革提供相应的法律支持和保障。

（三）规范执法程序，做到严格规范公正文明执法

更新执法理念、完善相关法律体系和规章建制、整合执法力量等是生态安全

综合行政执法的基本前提和重要保障，而完善执法程序、严格执法责任则是保障综合行政执法顺利实施的基本要求和操作规范。生态环境作为一个综合生态系统，其本身具有整体性、系统性和完整性，但从其管理部门及执法资源分布情况来看，又存在一定的差异性、多元性和不平衡性。因此，在生态安全综合执法过程中需要构建纵横结合、权责清晰、执法顺畅的执法体系，即纵向实行分级执法，解决权责分离、多层执法问题；横向实行综合执法，解决权责交叉、多头执法问题。积极探索、践行下移执法重心，赋予基层更多执法权。因此，在生态安全综合行政执法过程中，一方面要进一步明确生态安全综合行政执法的具体实施机构、指导机构和检查监督机构，形成权责明确、系统完善的执法体系，依法赋予推进工作和综合行政执法机构必要的权力。另一方面，要进一步完善执法程序，结合行政执法权责清单和执法实践，理清不同执法主体间的权责、关系，制定科学规范的综合行政执法流程图，明确各综合行政执法主体的操作规范和具体流程，优化执法权力运行程序，做到综合行政执法的规范、清晰。与此同时，充分利用现代信息技术和手段，建立健全执法全过程记录制度，优化行政裁量权基准制度，严格执行重大执法决定法制审核制度，全面落实行政执法责任制。此外，还需要加强对综合行政执法队伍的教育和培训，不仅使其理解山水林田湖草作为一个生命共同体存在的合理性和必然性，同时，要使其在了解、认识山水林田湖草各自内在属性和基本特征的基础上，明晰对其综合行政执法的特殊要求、基本程序和内在的沟通、协调机制，促使各执法人员深刻理解相关法律法规和执法流程，做到科学、规范、公正、文明执法，以此保障山水林田湖草综合行政执法的纵深推进和不断完善，保障山水林田湖草生命共同体的和谐发展。

（四）健全监督机制，提高执法质量

生态安全综合行政执法体系涉及多个生态领域、类型、部门、机构、区域和众多执法群体，不仅关系错综复杂、关联度高、专业性强，而且，相互交叉、重叠，甚至存在利益冲突与矛盾，因此，为保障该领域行政综合执法的科学、规范运行，必须建立健全相应的监督体系和运行机制。其一，建立事前、事中、事后监督机制。从综合行政执法介入到具体操作直至完成执法建立相应的监督检查和反馈机制，确保执法过程及结果的公平公正、科学规范。其二，加强综合行政执法规范化建设，严格实行综合执法评议考核。完善执法规范和相应制度，并严格执行，实行综合执法评议考核制度，围绕权力清单、责任清单，进一步规范和公开综合行政执法的部门职责、执法依据、处罚标准、运行流程和监督途径，切实

推进阳光公正、规范文明执法及保障综合行政执法权力的规范运行，切实保障综合行政执法的各项工作在有效的监督机制下顺利、规范展开。其三，构建行政执法与刑事司法衔接机制。行政执法与刑事司法衔接机制的构建，不仅有利于行政执法机关和司法机关相互合作，形成打击违法犯罪的合力，同时，也有利于强化检察机关对行政执法机关执法活动的检查、监督与制约，从而能够促进行政执法机关依法、规范执法。因此，必须通过出台具体实施办法或规范，进一步统一各方思想认识和观念，树立共同价值理念和追求，明确各方权责，促使各相关部门积极、主动参与，相互配合、相互监督，汇聚多方力量形成合力，发挥整体优势。

（五）优化保障体系，夯实综合行政执法的基础

为保障生态安全综合行政执法的顺利进行和规范开展，必须构建与之匹配的保障机制和体系。其一，进一步加强组织领导，建立综合行政执法工作议事协调机构。按照职能划分和国家有关文件规定，成立由某个部门牵头、各相关部门参与的综合行政执法议事协调机构。该机构需定期召开会议，通报具体工作情况，并针对工作中存在的具体问题进行研究，提出相应的对策并研究解决具体问题。其二，加强行政执法机构编制管理。严格规范综合执法队伍的机构编制管理，鼓励执法人员编制向基层倾斜，确保一线执法工作需要。探索创新综合行政执法机构队伍建设的有效机制，促进执法人员能上能下、能进能出，激发执法队伍活力。其三，整合生态安全综合行政执法力量，构建执法联动机制。根据不同层级政府的事权和职能，按照减少层次、整合队伍、提高效率的原则，大幅减少执法队伍种类，合理配置执法力量。一个部门设有多支执法队伍的，原则上整合为一支队伍。推动整合同一领域或相近领域执法队伍，实行综合设置。其四，完善执法经费保障制度。各地应将综合行政执法经费统一纳入财政预算保障，并为综合行政执法提供相应的办公场所、装备、车辆、服装、装备及其他相关办公设施等。国家应从全国层面出台具体举措对其进行规范，予以保障。其五，强化综合执法与相关部门的协调配合。积极探索实行跨领域、跨部门综合执法，建立健全综合执法主管部门、相关行业管理部门、综合执法队伍间协调配合、信息共享机制和跨部门、跨区域执法协作联动机制。通过出台具体工作规范、办法，开展联合培训、联合演习、联合执法和定期及不定期的交流、学习等，促进相关部门之间的交流、沟通，建立联络人制度、双向案件咨询制度、信息共享互通制度、联席会议制度、联合会商制度等。同时，实施综合行政执法协作配合责任追究制

度，对因履职不到位构成追责属实的，依法追究相关部门责任。

　　生态系统自然的系统性和固有的公益性、普遍性、多样性要求深化综合行政执法，而综合行政执法体制改革本身也是一项系统工程。行政综合执法具有的专业性、艰苦性以及不均衡性等特征，使得综合行政执法的难度更大，需要进一步加强对生态安全综合行政执法体系的研究、实践和探索，从更高层次、更广范围、更大程度上推进生态安全综合行政执法，是当下的理论界和实务界认真研究的问题。我们应在理性的制度设计、严谨的实践运行和规范的程序运作的基础之上，不断更新执法理念，创新管理、执法方式，深化执法体系改革，优化执法手段和规范执法程序，提升执法质量和效率，更好地为实现美丽中国梦保驾护航。

第四章

生态犯罪的刑事规制

第一节 生态犯罪刑事规制的历程及现状

一、生态犯罪的概念与特征

(一) 生态犯罪的概念

生态犯罪是我国刑法学界近年来研究的热点问题,生态犯罪主要是指刑法第六章第六节破坏环境资源保护罪,理论上一般从环境犯罪的视域进行界定。目前,学术界从不同的角度出发,对环境犯罪的概念众说纷纭,主要有以下几种观点:①环境犯罪仅指狭义地破坏传统刑法法益,如健康或生命、财产等与环境相关的破坏行为,而加以刑事制裁的自然犯;②危害环境犯罪指的是通过恶化环境而危害人类健康和财产等犯罪,它要求产生一定的危害,至少对人类利益存在潜在的危险,并以此来证明行使刑事制裁的正当性;③环境犯罪是违反环境保护法规,破坏自然资源和自然环境,危害或足以危害环境资源以及人民的生命、健康或重大公私财产的行为;④危害生态环境犯罪是危害生态系统自身的犯罪,并不要求该类行为与人类利益存在任何联系便可证明刑事制裁的正当性;⑤环境犯罪有广义和狭义两层含义,广义(或理论)上是指行为人违反环境保护法律污染或破坏环境,应受刑事处罚的行为,狭义(或刑法意义)上是指自然人或单位违反环境保护法律,污染或破坏环境,造成公私财产遭受重大损失或者人身伤亡严重后果,或者情节严重的行为;⑥环境犯罪是指自然人或非自然人主体,故意或者过失或无过失实施的,污染大气、水、土壤或破坏土地、矿产、森林、草原、珍稀濒危野生动物或其他生态环境和生活环境,具有现实危害性或者实际危害后果的作为或者不作为;⑦环境犯罪是自然人或法人违反环境保护法规,故意或者过失地不合理开发利用自然资源,破坏环境和生态平衡,或者无过失地超标准排放各种废弃物,造成严重损失后果危险地以及抗拒行政监督、情节严重的行为;等等。

生态环境犯罪作为一种社会现象来源于社会现实生活,产生于行为者与生态环境互动过程之中,并被法律法规和制度类型化的一种行为,是把犯罪的形式和实质结合起来的一种混合概念,应该包括以下内容:①行为者既可是自然人,又可以是组织法人团体(非自然人体);②受害者是生态环境,包括树林、林下花草、以森林为生活生存环境的野生动物和涉及森林生态环境的其他生命体、非生命体;③破坏的是国家生态环境保护的法律法规和制度规定以及国家、公民对森林等的所有权、利益享有权等;④形式上表现为故意或者过失实施的;⑤后果上必须具有危害性,造成严重后果或严重后果危险地以及抗拒生态行政监督,情节严重;⑥具备刑事违法性,达到刑事处置的标准。

因此,生态犯罪是指违反国家生态保护法律法规,在开发利用生态环境或相关的活动中,实施破坏森林、湿地、海洋等生态系统,严重危害生态安全的行为。其客体是生态安全;客观方面是破坏生态环境的行为;主体既包括自然人和单位;主观方面是故意、过失和无过失。犯罪对象是生态环境,包括生态环境的整体系统及其要素[63]。

被誉为"战略性犯罪"的生态犯罪是涉及危害全局性、战略性生态安全利益的犯罪,而生态安全利益不仅是人类的立命之本,也是人类生存与发展的基础和源泉。众所周知,生态环境的污染及破坏具有广泛性、潜伏性、扩散性及持续作用性等特点。因此,危害结果一旦发生便具有巨大的危害性,不仅使众多人的生命和健康受到损害、造成重大财产损失,而且,生态环境一经污染和破坏则难以恢复,如果要消除危害、治理污染,往往要花费巨大的财力、物力。生态犯罪的危害表现为诸多方面,这里择其要者加以分析。

(二) 生态犯罪的特征

1. 生态犯罪产生的危害结果呈现持续性

"一些不祥的预兆降临到村落里:神秘莫测的疾病袭击了成群的小鸡;牛羊病倒和死亡。到处是死神的幽灵。农夫们述说着他们家庭的多病。城里的医生也愈来愈为他们病人中出现的新病感到困惑莫解。不仅在成人中,而且在孩子中出现了一些突然的、不可解释的死亡现象,这些孩子在玩耍时突然倒下了,并在几

---

[63] 刘晓莉. 生态犯罪 [D]. 长春:吉林大学,2006.

小时内死去。一种奇怪的寂静笼罩了这个地方[64]"。这是美国海洋学家在其著作《寂静的春天》中所虚构的城镇，描述的是以DDT为代表的杀虫剂对环境及人体健康所带来的严重危害。随着全球化的加速，现代工业规模以前所未有的速度在扩张，空气、森林、水、大气层、土壤、植被都遭受了大规模的破坏，人类文明和生态环境的冲突达到了极限。科学检测表明，某些污染物质，如毒性极强的杀虫剂，不仅会对当地生态环境造成危害，还会随着鸟类等动物的迁徙，对远在几千米之外的自然环境造成危害。由于这些污染物质大都不易分解，具有极强的稳定性，在经过常年积累之后能够久久存在于生态系统之中。一旦人类接触到这些有毒物质，就会对自身生命和健康造成危害。此外，这些工业污染对自然环境造成的损害是不可恢复的。即便在某种程度上对其进行修复，也要花费巨大的人力、财力。如果污染导致了某些物种的灭绝，那就是永远都不能得到恢复的。

2. 生态犯罪具有隐蔽性

生态犯罪的隐蔽性体现在两个方面：①生态犯罪行为本身具有隐蔽性。生态犯罪的主要表现形式为企业非法排污，而企业非法排污所采取的手段多是修建暗渠、暗管或采取渗透等方式。这些手段不仅能够瞒过一般的公众，就连专业的环保监察人员都很难发现。如朱某污染环境案中，被告人朱某所经营的被告单位在无任何工业废水处理设施的情况下，为节约成本，提高生产利润，由被告人柴某负责在公司酸洗操作间内，利用厂区内排粪管，将酸洗钝化过程中产生的生产污水，未经处理直接排放至该厂南侧的小宁河内。直到2014年3月14日，被告利用排粪管排放污水的行为才被执法人员发现[65]。在沈某甲、田某、刘某甲、刘某乙污染环境案中，被告人沈某甲先后与被告人田某、刘某乙、刘某甲、窦某等人合伙经营玉丰热镀厂。在生产经营期间，玉丰热镀厂利用厂外渗坑排放有毒废弃物。该排放行为开始于2011年10月，直到2013年6月21日才被发现[66]。②生态犯罪危害结果具有隐蔽性。传统犯罪多直接作用于被害人身体或财产，其危害后果是显而易见的。而生态犯罪产生的危害后果并不具有即时性，需要很长时间才能逐渐显现。一方面，多数生态犯罪所产生的有害物质，尤其是有害废气和废水，都通过空气、水流、土壤等介质得到了稀释，从而为生态犯罪行为人提供了天然的屏障。除非是造成了人员伤亡，一般情况下犯罪行为持续数年之久都无人知晓。另一方面，生态犯罪中所产生的有毒有害物质往往需要通过

---

[64] R. 卡逊. 寂静的春天 [M]. 吕瑞兰, 译. 北京：科学出版社，1979：4.
[65] 参见《浙江省海盐县人民法院（2014）嘉盐刑初字第302号刑事判决书》。
[66] 参见《河北省玉田县人民法院（2014）玉刑初字第8号刑事判决书》。

时间的积累才能达到一定的数量，从而对患者产生危害。例如汞，当人体血液中汞含量为1微克/10毫升时并无大碍，只有达到5~10微克/10毫升时才会出现中毒症状。发生在日本的"水俣病事件"和"骨痛病事件"就是最好的证明。在"水俣病事件"中，这些患者轻则口齿不清、步履蹒跚、面部痴呆、手足麻痹、感觉障碍、视觉丧失、震颤、手足变形，重则精神失常，或酣睡，或兴奋，身体弯弓高叫，直至死亡。而这一切竟是源于1923年日本氮肥公司向水俣湾所排放的含汞离子废水。在该事件中，患者从食用水俣湾中含有汞的海产品到最后发病的时间间隔长达33年。同样发生在日本的"骨痛病事件"中，患者浑身关节疼痛，几年之后发展为全身骨痛，最后由于骨骼萎缩和自然骨折，患者会在衰弱疼痛中死去。该病发现于1955年，而最后查出的原因竟是由于1913年神通川流域的炼锌厂排放含镉废水所致。从有毒废水排放到患者最后发病间隔了将近40年。

3. 生态犯罪的道德谴责性不强

根据加罗法洛的分类，我们可以将犯罪分为"自然犯"和"法定犯"。所谓"自然犯"就是指那些犯罪行为本身就具有恶性的犯罪。无论法律是否对其进行了规定，人们都将其认定为犯罪行为，如故意杀人罪、故意伤害罪、抢劫罪等。"法定犯"则指的是那些行为本身不具有罪恶性，只是由于法律规定才成立的犯罪，如违反经济刑法规范的经济犯罪[67]。根据传统观点来看，生态犯罪就是属于与道德无关的"法定犯"。可以说，较之杀人、抢劫犯罪来说，公众对生态犯罪所带来的危害给予了很大的包容。有人认为要想发展经济，提高生活水平，就必须大力发展工业，至于其所带来的一些负面后果可以忽略不计。他们认为生态犯罪行为不具有罪恶性，而是为了发展经济和改善生活产生的附随品。因此，他们认为要想发展经济就必须忍受环境污染所带来的危害。这种对生态犯罪的暧昧态度决定了生态犯罪的道德谴责性不强。此外，生态犯罪具有一定的复杂性，而公众环境知识水平有限，并不能很好地认识到生态犯罪所带来的危害。这也是导致生态犯罪缺乏明显道德谴责性的重要原因。近年来，随着生态环境的日益恶化，人们逐渐意识到良好生态环境的重要性，因而对生态犯罪所带来的危害有了更切身的体会，也因此对生态犯罪行为有了更多的谴责。

实务中，生态环境违法行为都具有隐蔽性的特点，一些企业选择晚上生产排放，将排污口遮挡或者私设暗管，或者利用渗井、渗坑、溶洞等；破坏自然资源等生态环境的行为不仅隐蔽，而且违法人员和违法场所都不具有固定性。

---

[67] 张明楷. 外国刑法纲要 [M]. 北京：清华大学出版社，1999：58.

（1）行为主体。工厂、商店等从业人员一般都有劳务合同等备案资料，而破坏自然生态环境的违法人员都是不确定的，甚至是外来流动人员，居无定所，有的捕猎者还非法持有枪支、刀具等危险工具。

（2）行为空间。污染大气案件主要发生在城市，污染水域和土壤的案件在城市与农村都有发生。破坏森林、野生动植物、农用地、矿藏资源等案件则主要发生在农村，甚至是荒无人烟的偏僻地方，如深山老林、偏远水域等，这些地方人烟稀少，又难以安装监控设备，违法行为很难被发现。

（3）调查难度。由于违法人员和违法场所无确定性，违法行为难以现场发现，即使是当场发现了也不一定能制止，制止了不一定能处理；如事后发现破坏现场，你不一定能找到人，找到人他不一定配合调查，调查了其处罚执行不一定能到位，调处难度非常大。其他执法相对难度要小点，如破坏市场秩序、生产伪劣产品、交通运输违法等行为，人容易找、证据容易调取，因为这些经营者一般都有固定的经营场所和工具（如商场、超市、厂房、车辆等）。执法实践中，破坏生态环境最难查的案件就是盗窃、盗伐、非法狩猎、非法捕捞、林区野外用火等违法案件。

（4）法律意识。涉案企业的负责人大多受教育程度不高，法律意识淡薄，受经济利益驱使，对产生的污染物不进行正确处理，随意排放，造成严重污染后果。从事生产的工人法律意识也普遍淡薄，被动听从老板安排，被老板利用进行违法犯罪活动。

（5）共同犯罪。污染环境类案件绝大多数为共同犯罪，企业负责人与工人多来自同一地域，甚至是亲友式、家族式经营，不但不会互相劝阻，反而相互勾结，为了一己私利置生态环境于不顾。同时，他们的反侦查意识较强，串供或毁灭证据行为时有发生，为案件的侦破和办理带来困难。

二、生态犯罪的实务概况

我国生态环境刑事立法的发展，虽然逐渐系统化和科学化，但实践中的问题远远比理论复杂。在最高检和最高法就环境犯罪案件出台具体司法解释之前，各地法院审理的生态犯罪案件大多为破坏资源型环境犯罪，具体包括非法采矿罪，盗伐林木罪，滥伐林木罪，非法收购、运输、加工、出售国家重点保护植物、国家重点保护植物制品罪和非法采伐、毁坏国家重点保护植物罪。而污染环境型环境犯罪案件存在入罪门槛高、取证难、隐蔽性强等特点，每年虽有重大环境污染事件经媒体披露，但却很少有事件进入刑事程序。

据统计，从 1997 年《刑法》首次明确规定了重大环境污染事故罪到 2000 年，各级人民法院共判决了 6 起重大环境污染事故罪。根据历年《中国环境统计公报》的数据，从 2001 年至 2008 年，全国各地法院共审结环境犯罪案件 23 起。2013 年 6 月 8 日，最高人民检察院和最高人民法院就环境犯罪案件出台了具体司法解释，对"环境污染罪"中"严重污染环境"的具体 14 种情形进行了明确。该司法解释的颁布为司法部门惩治环境犯罪提供了更具体的操作标准，相关部门依据该解释加大了查处力度，污染环境型案件的数量得以大幅增加。该司法解释施行以来，各级公检法机关和环保部门依法查处环境污染犯罪，加大惩治力度，取得了良好效果。2013 年 7 月至 2016 年 10 月，全国法院新收污染环境、非法处置进口的固体废物、环境监管失职刑事案件 4636 件，审结 4250 件，生效判决人数 6439 人；年均收案 1400 余件，生效判决人数 1900 余人。

与此同时，近年来环境污染犯罪又出现了一些新的情况和问题，如危险废物犯罪呈现出产业化迹象，大气污染犯罪打击困难，篡改、伪造自动监测数据和破坏环境质量监测系统的刑事规制存在争议等。尽管生态刑事立法对生态犯罪的罪状表述和构成要件做了重大调整，降低了入罪门槛，提升了环境犯罪的入罪概率。最高人民法院等有关机关也针对环境犯罪案件办理发布司法解释，加大对生态环境犯罪的打击力度。

为有效解决实际问题，进一步加大对生态环境的司法保护力度，2016 年最高人民法院、最高人民检察院出台了《关于办理环境污染刑事案件适用法律若干问题的解释》。该解释结合当前环境污染犯罪的特点和司法实践反映的问题，依照《刑法》《刑事诉讼法》的规定，对相关犯罪定罪量刑标准的具体把握等问题作了全面、系统的规定。

各地公安机关也先后成立专门的办案队伍应对生态环境违法犯罪行为，一些地方法院也成立了专门的环境审判庭。但是，当前我国对生态环境犯罪的打击力度和生态环境犯罪的现状仍不相适应，办案效果与人民群众的期待尚有差距。

三、生态犯罪刑事规制的进程

（一）刑事立法进程

在我国，生态犯罪还不是独立的类罪，与生态有关的刑事犯罪刑法规制被纳入到环境刑事立法当中。1979 年的《刑法》是我国在环境与生态刑事立法方面的初次尝试。1979 年《刑法》没有直接规定"环境犯罪"或"破坏资源犯罪"，只是在若干条款中规定了类似环境犯罪的各种具体犯罪及处罚的内容，而且这些规定也包括普通的刑事犯罪。这一阶段，由于我国经济尚处于恢复时期，在环境保护和调控中，侧重于运用行政手段和民事制裁，环境刑事立法尚不健全，《刑法》关于环境资源犯罪的规定较为分散且过于简略，而且并不是基于环境保护的角度出发，而是从危害公共安全、破坏社会主义经济秩序和渎职角度去规定的，难以体现保护生态环境和生活环境的要求和特点。由于1979年《刑法》滞后于环境资源保护的客观需要，无法适应打击环境犯罪的需要，因此，在修订之前，立法机关通过制定单行刑法和附属刑法来对环境资源犯罪进行必要的补充，在一定程度上弥补了我国环境刑法的不足，也填补了环境刑法立法上的空白，并使我国的环境刑法日趋完善、形成体系。但是，在实际应用中环境刑法立法仍然显示出缺陷和不足，需要从立法上进行调整和修订。

进入20世纪90年代以后，我国确立了发展市场经济的方针，一些单位和个人受经济利益的驱动，往往置环境保护法的规定于不顾，该治理的不治理，该采取环保措施的不采取，肆意地排放废水、废气、废渣或者从事其他环境法律所禁止的活动，使得环境污染事故时有发生，给环境和国家、集体、个人的财产造成重大损失，甚至危害公众的健康和生命，影响社会的安定。环境状况的恶化及其所造成的危害和损失引起了国家的高度重视，环境和资源的刑法保护问题成为一个迫切需要解决的问题。1997年3月，全国人民代表大会通过了新修订的刑法典，这是我国刑事立法史上的重要事件，也是我国环境与生态刑事立法全新的发展阶段，它标志着我国环境与生态刑事立法模式的转变。新《刑法》规定了污染环境方面和破坏自然资源保护方面的犯罪，增设了单位环境犯罪，规定了负有特定环境资源保护义务的国家机关工作人员玩忽职守、滥用职权的相关犯罪。新《刑法》施行以后，通过修正案的方式增加了环境犯罪的罪状条款，对原有有关环境资源犯罪条款进行了罪状修改及法定刑补充，进一步扩大了刑法保护的范围，加大了打击生态环境犯罪的力度，使我国的环境与生态刑事立法更加系统化和科学化。

随后，为适应不断变化的社会状况，2001年8月31日全国人大常委会通过了《刑法修正案（二）》，将《刑法》第三百四十二条非法占用耕地罪的行为对象，从耕地扩大到包括林地在内的"农用地"；在《刑法修正案（四）》增加了非法的采伐、毁坏珍稀植物罪与非法收购、运输盗伐、滥伐林木罪，打击的范围和力度都加大了。《刑法修正案（八）》第四十六条对我国原《刑法》第三百三十八条的罪状进行了修改。由此，重大环境污染事故罪演变为污染环境罪。污染环境罪立法，对环境法益进行直接保护，反映了环境的独立价值，体现了生态中心主义的道德诉求，对我国生态环境保护和可持续发展事业意义深远。

综上，生态环境刑事案件，主要是指《刑法》分则第六章第六节专门规定了"破坏环境资源保护罪"，是1997年刑法增设的一类犯罪，共15个罪名，分别是污染环境罪，非法处置进口的固体废物罪，擅自进口固体废物罪，非法捕捞水产品罪，非法猎捕、杀害珍贵、濒危野生动物罪，非法收购、运输、出售珍贵、濒危野生动物及珍贵、濒危野生动物制品罪，非法狩猎罪，非法占用农用地罪，非法采矿罪，破坏性采矿罪，非法采伐、毁坏国家重点保护植物罪，非法收购、运输、加工、出售国家重点保护植物、国家重点保护植物制品罪，盗伐林木罪，滥伐林木罪，非法收购、运输盗伐、滥伐的林木罪。在其他章节中，针对生态环境和自然资源的罪名有30个，分别是危害公共安全罪中的12个罪名，即放火罪，失火罪，决水罪，过失决水罪，爆炸罪，过失爆炸罪，投放危险物质罪，过失投放危险物质罪，以危险方法危害公共安全罪，过失以危险方法危害公共安全罪，消防责任事故罪，重大责任事故罪；破坏社会主义市场经济秩序罪中的6个罪名，即走私珍贵动物、珍贵动物制品罪，走私国家禁止进出口的货物、物品罪，走私废物罪，走私核材料罪，非法经营罪，非法转让、倒卖土地使用权罪；侵犯财产罪中的7个罪名，即盗窃罪，抢劫罪，抢夺罪，聚众哄抢罪，故意毁坏财物罪，破坏生产经营罪，侵占罪；妨害社会管理秩序罪中的5个罪名，即伪造、变造、买卖国家机关公文、证件、印章罪，掩饰、隐瞒犯罪所得、犯罪所得收益罪，盗掘古人类化石、古脊椎动物化石罪，妨害动植物防疫、检疫罪，非法种植毒品原植物罪；此外，还涉及渎职罪中的10个罪名，即违法发放林木采伐许可证罪，环境监管失职罪，动植物检疫失职罪，非法批准征用、占用土地罪，非法低价出让国有土地使用权罪，放纵走私罪，动植物检疫徇私舞弊罪，徇私舞弊不移交刑事案件罪，滥用职权罪，玩忽职守罪。

（二）刑事司法进程

生态刑事司法往往能够发挥生态刑事立法所不具有的作用。生态刑事司法较为稳定且不易变通，在应对具体生态环境问题时，司法人员只有通过生态环境刑事司法进行灵活应对。一起生态犯罪案件从发现查处到法院审判，一般要经历行政机关发现违法行为可能涉嫌构成犯罪而移送公安机关、公安机关侦查后将案件移送检察院、检察院审查之后决定提起公诉三个环节。这三个主体都对生态犯罪的打击与防控起到了关键作用，每一个环节都是至关重要的。

对于生态犯罪而言,最早介入的办案机关为公安机关。为了更好地打击生态犯罪,我国很多地方开始尝试设立环保警察。2013年9月18日,全国第一支环保警察队伍——河北省公安厅环境安全保卫警察总队正式成立。随着新《环境保护法》的出台,各地打击环境犯罪的力量逐步加强。

环境行政违法案件的办案主体除了公安机关之外,还有生态环境部门等其他行政机关,而环境违法案件和环境犯罪案件是紧密相连的,有时候二者的界限并不那么清晰,需要初步调查取证之后才能判断案件的性质,因此存在环境行政执法机关在调查后发现涉嫌刑事犯罪从而需要将案件移送的情形。在当前的办案实践中,由于环境犯罪的认定具有一定的裁量空间,存在一定的模糊地带,再加上专业性及取证手段局限等原因,环境违法办案机关在案件办理时,可能存在未及时移送案件而导致证据被损毁、灭失的情况,甚至有个别案件存在应移送而不移送的情形,影响了环境犯罪的打击效果。基于上述原因,部分地区的公安机关如山东淄博、云南昆明等地创新工作机制,建立了公安机关和生态环境部门联合、联动的办案机制,在日常办案过程中加强合作,充分发挥各自优势,形成行政刑事案件办理的良好衔接。此外,面对生态环境纠纷日益增多的态势,多地法院在环境资源司法专门化方面也进行了积极探索。自2007年贵阳清镇市人民法院成立我国第一家生态保护法庭以来,2014年7月3日,最高法院宣布成立专门的环境资源审判庭。可以说,我国环境司法专门化格局已经基本形成。环保法庭整合了环境审判的所有资源,极大地推动了环境审判的专业化。

第二节 生态犯罪刑事规制的正当性

一、刑事制裁是维护生态安全的最后手段

在生态保护的宪法渊源引导下,我国已出台了一系列与生态安全有关的法律。这些法律因其行政法属性,只能调整一般的人与人以及人与自然的关系,对于社会危害性达到犯罪程度的破坏生态安全的行为却无能为力。只有作为保障法的刑法才能为生态安全提供更强有力的保护,这是刑法本身使命的应有内涵。

(一)生态安全应当纳入刑法规范

首先,依照传统观点犯罪的本质特征是具有严重的社会危害性。立法者总是将那些社会危害性严重到足以破坏社会生存条件的行为规定为犯罪。由于破坏生

态安全的行为直接威胁到人类的生存与发展,且有危害范围广泛、危害周期长、不易恢复等特点,有的还有潜藏性,潜在危害难以估量,社会危害严重,将其纳入刑法规范,规定生态犯罪符合犯罪的本质特征。其次,站在法益的视角,法益是指根据宪法的基本原则,由法所保护的、可能受到威胁的人的生活利益。其中,由刑法所保护的人的生活利益,则是刑法上的法益。生态保护的宪法渊源为生态安全成为刑法法益奠定基础。第三,从绝对义务立场看,生态安全直接关系人类的生存与发展。对于人类而言,生态安全是最重要的安全,没有了生态安全,人类本身便失去了"依托",社会秩序与社会利益也就失去了根基。因此,保护生态环境也就是对人本身的保护,也就是对社会秩序与社会利益的保护,它应该是每个人的绝对义务。刑罚惩罚的严厉性与强制性,决定了人的绝对义务应当由刑法予以强加。正如庞德所指出:"由于法律是按社会秩序的要求控制不同的利益,法律的唯一偏向是向着社会秩序、社会利益,而刑法几乎专门用于执行那些为了直接保障社会利益而强加的绝对义务。"

(二) 刑法能够为生态安全提供更强有力的保障

首先,刑法既有公法特征又有强行法特征。在公法中,国家与个人处于法律上的从属地位,是一种以权力为基础的服从关系。刑法作为一种公法,以国家为后盾,更具有强制性,只要行为人触犯刑律构成犯罪,即处于被司法机关追究刑事责任的法律地位。强行法是与任意法相对应的法律概念,强行法不允许法律关系的参加者自己确定相互权利与义务的具体内容,是必须绝对执行的法律规范。在法学理论上,一般认为刑法主要是强行法,只有告诉才处理的情况下才具有任意法的性质。刑法由于具有这种强行法的特征,国家强制力尤为突出。据此,如果刑法规定了生态犯罪,那么只要行为人实施了严重破坏生态安全的行为,便处于被司法机关追究刑事责任的地位,并且以国家"面孔"予以追究,行为人对刑事责任的承担是强行的,只要没有"例外"都适用刑罚。与刑法相比,其他法律便逊色一筹,因为非刑法规范对危害生态安全的行为即使追究责任也肯定不是刑事责任,而且也未必以国家为主体,也未必是强行的。所以,刑法的惩罚性比其他法律更严厉,刑法的威慑力比其他法律更强大。其次,刑法具有规范机能与社会机能。在规范机能中最重要的便是刑法的评价机能,它表现为对触犯刑律构成犯罪的行为的一种否定的法律评价。它为公民设定了一种行为规范,即在刑法总则中,规定构成犯罪适用刑罚的总规格与标准,在刑法分则中,具体规定有哪些犯罪,行为符合具体犯罪的条件及可能适用的刑罚种类及幅度。刑法作为国家为广大公民设定的行为模式,它在清楚明白地告诉人们什么样的行为,以及行为达到何种程度便是犯罪的同时，还表明了刑法的价值导向——告诫人们远离犯罪，否则可能遭受刑罚之苦。这种行为模式对绝大多数守法者会直接产生效用，极少数不稳定分子即使有犯罪的念头，在刑罚的强大威慑之下，往往出于趋利避害的本性也会间接放弃犯罪。由此，在刑法中设定生态犯罪，将会引导更多的守法者不去危害生态安全，威慑不稳定分子放弃危害生态安全的念头与行为。刑法的评价机能、引导作用和强大的威慑力是其他法律无可比拟的，使其成为保护生态安全的最后一道防线。

二、生态犯罪侵犯的法益是生态安全

一般来说，法益是作为人们的生活利益而成为保护对象的。不管是在解释论上还是在立法论上，法益概念都起着指导作用。刑法分则条文的规定都有其特定的法益保护目的。"国家只不过是为了国民而存在的机构，是为了增进国民的福利才存在的。"换言之，政府存在的目的就是为了保护国民的法益。

关于生态犯罪的保护法益，国内外刑法理论主要存在以下观点：

（1）纯粹人类中心的法益论。纯粹人类中心的法益论认为：生态环境只是因为给人类提供了基本的生活基础，才受到刑法保护，否则人类没有必要保护生态环境；所以，只能以人类为中心来理解生态犯罪的保护法益。环境资源自身不是保护法益，只是行为对象；生态刑法的目的与作用在于保护人的生命、身体、健康法益免受被破坏的环境资源的危害，所以，只有人的生命、身体、健康才是生态犯罪的保护法益。

（2）纯粹生态学的法益论。纯粹生态学的法益论（生态中心主义的法益论）认为：生态犯罪的保护法益就是生态学的环境资源本身（水、土壤、空气）以及其他环境资源利益（动物、植物）。惩罚生态犯罪的目的，并非仅在于恢复环境资源保全方面被违反的行政规制，还在于使人们对环境资源保全的伦理感有所觉醒并加以维持，环境刑法的保护法益是生态系统本身，环境资源犯罪是侵犯这一意义上的法益的抽象的危险犯。

（3）生态学的人类中心的法益论。生态学的人类中心的法益论认为：水、空气、土壤、植物、动物作为独立的生态学的法益，应当得到认可，但是，只有当环境资源作为人的基本的生活基础而发挥机能时，才值得刑法保护。换言之，只有存在与现存人以及未来人的环境资源条件的保全相关的利益时，环境资源才成为独立的保护法益。

(一) 国家对生态安全法益的具体规定

生态安全法益涉及环境、资源等诸多方面，内容复杂。如在办理涉林刑事案件中，会经常遇到这样一些"复杂"情形：既非法排放危险废物，又破坏基本农田；既非法采矿、又污染环境；既盗伐、滥伐国家级自然保护区内林木，又盗伐、滥伐其他地方林木；既非法占用并毁坏防护林地、特种用途林地，又非法占用并毁坏其他林地；既非法猎捕珍贵濒危野生动物，又非法狩猎"三有"野生动物；既非法采伐、采集国家一级重点保护野生植物，又非法采伐、采集国家二级重点保护野生植物；失火造成森林火灾，过火的既有有林地，又有疏林地、灌木林地、未成林地、苗圃地。

1. 《中华人民共和国环境保护法》有关规定

该法第一条规定，为保护和改善环境，防治污染和其他公害，保障公众健康，推进生态文明建设，促进经济社会可持续发展，制定本法。第二条规定，本法所称环境，是指影响人类生存和发展的各种天然的和经过人工改造的自然因素的总体，包括大气、水、海洋、土地、矿藏、森林、草原、湿地、野生生物、自然遗迹、人文遗迹、自然保护区、风景名胜区、城市和乡村等。可见，环境保护的法益是复杂客体，既有国家的环境保护制度，还有公共安全、公私财产权与公民的健康和生命安全。另外，广义的我国环境保护法的范围还包括水污染防治法、大气污染防治法、噪声污染防治等。

2. 《中华人民共和国森林法》有关规定

该法第八十三条规定，森林，包括乔木林、竹林和国家特别规定的灌木林。按照用途可以分为防护林、特种用途林、用材林、经济林和能源林；林木，包括树木和竹子；林地，是指县级以上人民政府规划确定的用于发展林业的土地。包括郁闭度0.2以上的乔木林地以及竹林地、灌木林地、疏林地、采伐迹地、火烧迹地、未成林造林地、苗圃地等。在此基础上，规定了不同的林木与林地流转制度、林木采伐许可制度、征占用林地制度等，如该法第十五条第一款、第三款，第三十一条，《中华人民共和国森林法实施条例》第十六条第（二）项规定等。在《中华人民共和国森林法》修订过程中，森林分类经营管理成为一项重要原则和制度。

3. 《中华人民共和国野生动物保护法》有关规定

该法第十条规定，国家对野生动物实行分类分级保护。国家对珍贵、濒危的野生动物实行重点保护。国家重点保护的野生动物分为一级保护野生动物和二级保护野生动物。此外，还有地方重点保护野生动物和有重要生态、科学、社会价值的陆生野生动物，其中后两类在野生动物种类上有交叉。在此基础上，规定了不同的猎捕（狩猎）制度与经营利用制度等，如该法第二十一条、第二十二条、第二十七条规定等。除野生动物外，该法对野生动物栖息地也分别规定了分类分级保护制度，如该法第十二条、第二十条规定等。

4. 《中华人民共和国矿产资源法》有关规定

该法第一条规定，为了发展矿业，加强矿产资源的勘查、开发利用和保护工作，保障社会主义现代化建设的当前和长远的需要，根据中华人民共和国宪法，特制定本法。第三条规定，矿产资源属于国家所有，由国务院行使国家对矿产资源的所有权。地表或者地下的矿产资源的国家所有权，不因其所依附的土地的所有权或者使用权的不同而改变。可见，矿产资源法保护的法益是国家对矿产的所有权和采矿权。

5. 《中华人民共和国野生植物保护条例》有关规定

该条例第十条将野生植物分为国家重点保护野生植物和地方重点保护野生植物，又将国家重点保护野生植物分为国家一级重点保护野生植物和国家二级重点保护野生植物。在此基础上，规定了不同的采集制度与经营利用制度等，如条例第十六条、第十八条规定等。

6. 《中华人民共和国自然保护区管理条例》有关规定

该条例第二条对自然保护区进行了定义，强调了其代表性、珍稀濒危性和特殊性，以示与其他地域相区别。该条例第十一条第一款规定，自然保护区分为国家级自然保护区和地方级自然保护区。第十八条第一款规定，自然保护区可以分为核心区、缓冲区和实验区。然后，在该条其他条款和第三十二条规定中，确定了分级管理制度。

7. 《中华人民共和国刑法》有关规定

（1）环境法益方面：《刑法》第三百三十八条规定，违反国家规定，排放、倾倒或者处置有放射性的废物、含传染病病原体的废物、有毒物质或者其他有害物质，严重污染环境的，处三年以下有期徒刑或者拘役，并处或者单处罚金；后果特别严重的，处三年以上七年以下有期徒刑，并处罚金。

《刑法》第三百三十九条规定，违反国家规定，将境外的固体废物进境倾倒、堆放、处置的，处五年以下有期徒刑或者拘役，并处罚金；造成重大环境污染事故，致使公私财产遭受重大损失或者严重危害人体健康的，处五年以上十年以下有期徒刑，并处罚金；后果特别严重的，处十年以上有期徒刑，并处罚金。

未经国务院有关主管部门许可，擅自进口固体废物用作原料，造成重大环境污染事故，致使公私财产遭受重大损失或者严重危害人体健康的，处五年以下有期徒刑或者拘役，并处罚金；后果特别严重的，处五年以上十年以下有期徒刑，并处罚金。以原料利用为名，进口不能用作原料的固体废物、液态废物和气态废物的，依照本法第一百五十二条第二款、第三款的规定定罪处罚。

（2）自然资源法益方面：《刑法》第三百四十一条第一款分别规定了非法猎捕、杀害国家重点保护的珍贵、濒危野生动物罪、非法收购、运输、出售国家重点保护的珍贵、濒危野生动物及其制品罪，第二款规定了非法狩猎罪。第一款规定的刑罚要远重于第二款规定的刑罚，显示了不同等级野生动物保护的层级性。

《刑法》第三百四十五条第四款规定，盗伐、滥伐国家级自然保护区内的森林或者其他林木的，从重处罚。

《刑法》第三百四十二条规定，违反土地管理法规，非法占用耕地、林地等农用地，改变被占用土地用途，数量较大，造成耕地、林地等农用地大量毁坏的，处五年以下有期徒刑或者拘役，并处或者单处罚金。

《刑法》第三百四十三条，违反矿产资源法的规定，未取得采矿许可证擅自采矿，擅自进入国家规划矿区、对国民经济具有重要价值的矿区和他人矿区范围采矿，或者擅自开采国家规定实行保护性开采的特定矿种，情节严重的，处三年以下有期徒刑、拘役或者管制，并处或者单处罚金；情节特别严重的，处三年以上七年以下有期徒刑，并处罚金。违反矿产资源法的规定，采取破坏性的开采方法开采矿产资源，造成矿产资源严重破坏的，处五年以下有期徒刑或者拘役，并处罚金。

8. 最高人民法院《关于审理破坏野生动物资源刑事案件具体应用法律若干问题的解释》（法释〔2000〕37号）有关规定

该解释第三条第一款第（二）项规定，非法猎捕、杀害、收购、运输、出售不同种类的珍贵、濒危野生动物，其中两种以上分别达到附表所列"情节严重"数量标准一半以上的，属于"情节严重"。该条第二款第（二）项规定，非法猎捕、杀害、收购、运输、出售不同种类的珍贵、濒危野生动物，其中两种以上分别达到附表所列"情节特别严重"数量标准一半以上的，属于"情节特别严重"。

该解释第六条规定，违反狩猎法规，在禁猎区、禁猎期或者使用禁用的工具、方法狩猎，具有下列情形之一的，属于非法狩猎"情节严重"：（一）非法狩猎野生动物二十只以上的；（二）违反狩猎法规，在禁猎区或者禁猎期使用禁用的工具、方法狩猎的；（三）具有其他严重情节的。

9. 最高人民法院《关于审理破坏林地资源刑事案件具体应用法律若干问题的解释》（法释〔2005〕15号）有关规定

该解释第一条规定，具有下列情形之一的，属于《刑法修正案（二）》规定的"数量较大，造成林地大量毁坏"：（一）非法占用并毁坏防护林地、特种用途林地数量分别或者合计达到五亩以上；（二）非法占用并毁坏其他林地数量达到十亩以上；（三）非法占用并毁坏本条第（一）项、第（二）项规定的林地，数量分别达到相应规定的数量标准的百分之五十以上；（四）非法占用并毁坏本条第（一）项、第（二）项规定的林地，其中一项数量达到相应规定的数量标准的百分之五十以上，且两项数量合计达到该项规定的数量标准。

10. 最高人民法院、最高人民检察院《关于办理环境污染刑事案件适用法律若干问题的解释》（法释〔2016〕29号）有关规定

该解释第一条规定，实施刑法第三百三十八条规定的行为，具有下列情形之一的，应当认定为"严重污染环境"：（一）在饮用水水源一级保护区、自然保护区核心区排放、倾倒、处置有放射性的废物、含传染病病原体的废物、有毒物质的；（二）非法排放、倾倒、处置危险废物三吨以上的；（三）排放、倾倒、处置含铅、汞、镉、铬、砷、铊、锑的污染物，超过国家或者地方污染物排放标准三倍以上的；（四）排放、倾倒、处置含镍、铜、锌、银、钒、锰、钴的污染物，超过国家或者地方污染物排放标准十倍以上的；（五）通过暗管、渗井、渗坑、裂隙、溶洞、灌注等逃避监管的方式排放、倾倒、处置有放射性的废物、含传染病病原体的废物、有毒物质的；（六）二年内曾因违反国家规定，排放、倾倒、处置有放射性的废物、含传染病病原体的废物、有毒物质受过两次以上行政处罚，又实施前列行为的；（七）重点排污单位篡改、伪造自动监测数据或者干扰自动监测设施，排放化学需氧量、氨氮、二氧化硫、氮氧化物等污染物的；（八）违法减少防治污染设施运行支出一百万元以上的；（九）违法所得或者致使公私财产损失三十万元以上的；（十）造成生态环境严重损害的；（十一）致使乡镇以上集中式饮用水水源取水中断十二小时以上的；（十二）致使基本农田、防护林地、特种用途林地五亩以上，其他农用地十亩以上，其他土地二十亩以上基本功能丧失或者遭受永久性破坏的；（十三）致使森林或者其他林木死亡五十立方米以上，或者幼树死亡二千五百株以上的；（十四）致使疏散、转移群众五千人以上的；（十五）致使三十人以上中毒的；（十六）致使三人以上轻伤、轻度残疾或者器官组织损伤导致一般功能障碍的；（十七）致使一人以上重伤、中度残疾或者器官组织损伤导致严重功能障碍的；（十八）其他严重污染环境的情形。

11. 最高人民检察院、公安部《关于公安机关管辖的刑事案件立案追诉标准的规定（一）》有关规定

该规定第一条第一款规定，过失引起火灾，涉嫌下列情形之一的，应予立案追诉：（四）造成森林火灾，过火有林地面积两公顷以上，或者过火疏林地、灌木林地、未成林地、苗圃地面积四公顷以上的。

（二）生态安全法益的具体分析

1. 判断基准

从法律规定来看，生态安全保护和管理的判断基准主要是生态价值，是以"生态优先、保护优先"为价值导向而构建起来的理论体系。这在相关法律、行政法规的立法目的中可见一斑。

《森林法》第一条规定，"为了践行绿水青山就是金山银山理念，保护、培育和合理利用森林资源，加快国土绿化，保障森林生态安全，建设生态文明，实现人与自然和谐共生，制定本法。"《野生植物保护条例》第一条规定，"为了保护、发展和合理利用野生植物资源，保护生物多样性，维护生态平衡，制定本条例。"《野生动物保护法》第一条规定，"为了保护野生动物，拯救珍贵、濒危野生动物，维护生物多样性和生态平衡，推进生态文明建设，制定本法。"《中华人民共和国自然保护区管理条例》（以下简称《自然保护区管理条例》）第一条规定，"为了加强自然保护区的建设和管理，保护自然环境和自然资源，制定本条例。"这里面无论是保护野生动植物、森林资源，还是维护生态平衡，其含义都在生态安全法益的涵摄范围之内。

2. 层级保护

鉴于生态系统的复杂性，结合保护客体的特点，兼顾所能采取的保护措施，保护制度的差异性必然存在。

《森林法》明确规定森林，包括乔木林、竹林和国家特别规定的灌木林，按照用途可以分为防护林、特种用途林、用材林、经济林和能源林。在保护和管理上对防护林、特种用途林、用材林、经济林和能源林等林木采取不同管理制度。《野生植物保护条例》将国家重点保护植物分为国家一级保护野生植物、国家二级保护野生植物。《野生动物保护法》明确规定，本法规定保护的野生动物，是指珍贵、濒危的陆生、水生野生动物和有重要生态、科学、社会价值的陆生野生动物。并规定国家对野生动物实行分类分级保护，对珍贵、濒危的野生动物实行国家重点保护，将国家重点保护的野生动物分为国家一级保护野生动物和国家二级保护野生动物，凸显了珍贵、濒危野生动物与"三有"野生动物在生态重要性上的差异性。另外，本法还进一步规定了猎捕国家重点保护野生动物与狩猎

"三有"野生动物的不同条件,从其行政许可的严格程度可以说明保护力度的差异化,而且这种差异化是一种层级关系。可见,"三有"野生动物、国家二级保护野生动物、国家一级保护野生动物保护价值的递进性得以充分体现。此外,该法还对野生动物重要栖息地、相关自然保护区域、禁猎区、迁徙通道进行差异化制度设计。《自然保护区管理条例》对自然保护区核心区、缓冲区、实验区予以明确划分。

三、刑事制裁是维护生态安全的必然选择

(一)惩治生态犯罪以保障人类的生存权与发展权

生存需求和发展需求是人类的根本利益,由于自然环境与人类的生存与发展休戚相关,保持自然环境处于良好的不受破坏的状态是保障人类的生存权与发展权的物质基础,维护人类的生存需求和发展需求是刑法规范应当承担的使命与责任。我国现行刑法"破坏环境资源保护罪"中规制了14个罪名:污染环境罪;非法处置进口的固体废物罪;擅自进口固体废物罪;非法捕捞水产品罪;非法猎捕、杀害珍贵、濒危野生动物罪;非法收购、运输、出售珍贵濒危野生动物、珍贵、濒危野生动物制品罪;非法狩猎罪;非法占用农用地罪;非法采矿罪;破坏性采矿罪;非法采伐、毁坏国家重点保护植物罪;非法收购、运输、加工、出售国家重点保护植物、国家重点保护植物制品罪;盗伐、滥伐林木罪;非法收购、运输盗伐、滥伐的林木罪。上述列入刑法规范调整的罪名从不同的视角涉及对土地、水、野生动物、矿产、植物、森林等生态环境资源的保护,既有污染环境类犯罪,也有生态破坏类犯罪,还有侵害动植物类犯罪;这些犯罪不仅是生态犯罪中频发性犯罪,而且直接或间接地危害到人类的生存需求和发展需求。因此,惩治生态犯罪是保障人类的生存权与发展权的需要。

(二)惩治生态犯罪以实现人与自然的和谐发展

人类与自然环境共生共处一个地球,保持一个良性运行的自然环境是人类的福气,人类必须与自然环境的互动意味着人类与自然环境是一个合作伙伴关系,人类对自然环境的开发、利用、分享、管理、保护、维持等应当遵循一种默示的合约关系。人类应当尊重自然,呵护自然,尊重一切非人类生物体,人类负有保护环境的责任与义务。惩治生态犯罪的目的在于:一是保障自然环境处于一种不受威胁或破坏的相对稳定的持续状态,这既有利于人类与自然环境的和谐相处,也有利于人类对自然环境的开发与利用,以满足自身生存与发展的需求。二是人类对自然环境的开发与利用应当有利于保持自然环境的再生能力和环境的自净能力,不因开发与利用而使自然环境受到伤害;要妥善处理与协调人类的社会经济

发展与自然环境的相互冲突、相互依存的矛盾关系，人类的社会经济发展不能以对牺牲或伤害自然环境为代价，否则得不偿失，自然环境受到破坏或伤害，反过来会影响人类的社会经济发展。

（三）惩治生态犯罪以维护生态安全法益

维护生态安全法益涉及人类的生存需求和发展需求的根本利益。刑事责任作为法律责任体系中的最严厉的一种责任形式，运用刑罚方法惩治生态犯罪是维护生态安全法益的最后一道保护屏障。由于我国刑法对生态犯罪设定的评价标准侧重于强调危害后果的严重性，多以结果犯的形式作为追究刑事责任的条件，如《刑法》第三百三十八条规定，"违反国家规定，排放、倾倒或者处置有放射性的废物、含传染病病原体的废物、有毒物质或者其他有害物质，严重污染环境的，处三年以下有期徒刑或者拘役，并处或者单处罚金；后果特别严重的，处三年以上七年以下有期徒刑，并处罚金。"该条对污染环境罪的规定特别强调了行为主体排放、倾倒或者处置有放射性的废物、含传染病病原体的废物、有毒物质或者其他有害物质的行为，必须是严重污染环境的，否则不构成本罪。这里所说的"严重污染环境"是指已经发生了造成人员伤亡或者财产损失的危害后果，或者已使环境受到严重污染或者破坏的情形。为了保障公民的生命健康安全和财产安全，维护经济的可持续发展，依法惩治严重污染环境的行为，是维护生态安全法益的必然要求。

第三节 生态犯罪刑事规制存在的问题

一、生态刑事立法的不合理

（一）生态刑事立法不够严密

生态环境刑事立法不严密主要体现在两个方面，一是现有生态犯罪罪名规制的范围较窄。在破坏自然资源犯罪中，现有生态犯罪罪名未能涵盖全部的自然环境要素，例如，湿地、海洋、草原、自然保护区等并未涵盖在现有的罪名之中。在侵害动物犯罪中，我国虽然也针对珍贵、濒危动物设立了独立的罪名，加大了对其的刑事保护力度，但在虐待动物这一方面还存在立法空缺。国外很多国家，如法国、芬兰、巴西等都针对虐待动物进行了刑事立法[68]。二是生态犯罪罪名

---

[68]《巴西环境犯罪法》第三十二条规定，"对本国或外国野生、家养或驯养的动物实施凌辱、虐待、伤害或毁伤的，处以三个月至一年的监禁和罚金。"

的设置较为分散。现有刑法典在第六章第六节中集中规定了14种生态犯罪罪名，但是除此之外，刑法典中还包含了其他与环境要素保护相关的罪名，如第三章第二节中的走私珍贵动物、珍贵动物制品罪，走私废物罪，走私珍稀植物、珍稀植物制品罪；第六章第四节中的盗掘古文化遗址、古墓葬罪，故意毁损名胜古迹罪，盗掘古人类化石、古脊椎动物化石罪；第九章中的违法发放林木采伐许可证罪，非法批准征用、占用土地罪，环境监管失职罪，动植物检疫徇私舞弊罪，动植物检疫失职罪等。这些罪名都属于派生性的生态犯罪罪名，但现有刑法典均未进行集中规定，而是将其分散在各章节之中。这种分散的罪名分布模式不仅不能突出生态犯罪的客体特征，还对生态犯罪的集中惩治带来了不便。

（二）生态刑事立法未能体现预防原则

贝卡利亚认为，"预防犯罪比惩罚犯罪更高明，这乃是一切优秀立法的主要目的[69]。"刑法的基本功能之一就是预防犯罪，这一点对生态犯罪而言尤为重要。生态犯罪所造成的损害是不可逆的，如果等到危害结果出现才使用刑法进行惩罚就太晚了。因此，为了避免生态犯罪所带来的严重后果，环境刑事立法应当充分发挥其预防功能，尽量避免危害后果的产生。这一点的实现主要依靠危险犯的设立。目前，我国环境刑事立法未能充分体现预防犯罪的功能，现有生态犯罪罪名大都针对的是危害后果已经发生的犯罪行为。这是对生态犯罪行为的事后惩治，而并非事前的预防。尽管刑法作为最严厉的惩罚手段，应当体现结果本位的立法理念，坚持谦抑性原则，但是由于生态犯罪所具有的潜在危险性，我们应当将其与普通犯罪区别对待。世界许多国家都意识到，生态犯罪一旦发生会带来不可预知的风险。因此，预防为主成为许多国家生态犯罪刑事立法力争贯彻的原则[70]。相比之下，我国现有环境刑事立法重点在于惩罚生态犯罪结果犯，而不是危险犯。这样的规定大大减弱了刑法的威慑功能，容易使人们存在侥幸心理，不利于预防和惩治生态犯罪。

（三）生态刑事立法缺乏针对性

现有生态犯罪刑事立法未能针对生态犯罪的特有属性规定相应的刑罚。一是现行刑法典未能在生态犯罪刑罚体系中规定资格刑。现行刑法典规定的资格刑主要为剥夺政治权利，而在生态犯罪的刑罚体系中并没有对资格刑的适用作出

---

[69] 贝卡里亚. 犯罪与刑罚 [M]. 黄风，译. 北京：中国法制出版社，2005：126-128.

[70] 日本《公害罪法》第二条第一款规定，"凡伴随工厂或事业单位的企事业活动而排放有损于人体健康的物质，给公众的生命或身体带来危险者，应处以三年以下的徒刑或三百万日元以下的罚金。"

规定。即便现行刑法典针对生态犯罪规定了附加适用剥夺政治权利的资格刑，其实际效果也不会令人满意。一般来说，生态犯罪行为人实施犯罪的主要目的是获取经济利益，剥夺政治权利并不能对其产生较大的威慑作用。如果不能剥夺犯罪行为人从事某些活动的资格，就不能彻底消除犯罪行为人再次实施生态犯罪的风险。因此，现有刑法典所规定的资格刑存在较大缺陷。二是现行刑法典未能针对生态犯罪规定相应的非刑罚措施。尽管现行刑法典总则第三十七条对非刑罚措施进行了专门的规定，但只规定了训诫、赔偿损失、赔礼道歉、责令具结悔过、行政处罚和行政处分这几类。此外，这几类非刑罚措施只适用于犯罪情节轻微不需要判处刑罚的情形，因此生态犯罪基本不会适用这些非刑罚措施。即使对这些生态犯罪行为人配合适用非刑罚措施，上述几类非刑罚措施并不能起到很好的预防和惩戒效果。因此，在非刑罚措施的设置上，现行刑法典应当积极进行创新，针对生态犯罪设置符合其特性的非刑罚措施，才能对生态犯罪的预防起到更好的效果。

二、生态刑事司法存在的不足

（一）生态犯罪因果关系认定存在困境

根据我国现行刑法典的规定，可将生态犯罪分为污染环境型犯罪和破坏资源型犯罪[71]。在目前的环境刑事司法实践中，破坏资源型犯罪的数量远远超过了污染环境型犯罪。特别是在西部地区，两种类型的案件数量差距相当明显。相关数据显示，2008年至2012年，贵州省所有生态犯罪案件中，破坏资源型犯罪案件数量占到了全部生态犯罪案件总数的94.7%，而5年内没有一起重大环境污染犯罪[72]。此外，许多案件以污染环境为由进入刑事司法领域，但最终却被当作行政案件进行处理。1997年至2010年，以行政案件进行处理的环境案件数量高达1094098起，而这期间进入刑事司法领域并最终被定罪量刑的环境案件数量只有37起[73]。

为什么环境问题似乎每天都在被铺天盖地地报道，但实际上最终被定罪的生态犯罪案件却寥寥无几。究其原因，关键在于污染生态犯罪案件难以认定。与一

---

[71] 环境污染型犯罪包括污染环境罪、非法处置进口的固体废物罪、擅自进口固体废物罪；破坏资源型犯罪包括非法占用农用地罪、非法采矿罪、破坏性采矿罪、盗伐、滥伐林木罪、非法收购、运输盗伐、滥伐的林木罪、非法捕捞水产品罪、非法猎捕、杀害珍贵、濒危野生动物罪、非法收购、运输、出售珍贵、濒危野生动物、珍贵、濒危野生动物制品罪、非法狩猎罪、非法采伐、毁坏国家重点保护植物罪、非法收购、运输、加工、出售国家重点保护植物、国家重点保护植物制品罪。

[72] 吴大华. 贵州法治发展报告（2014）[M]. 北京：社会科学文献出版社，2014：306.

[73] 主要指的是环境污染型犯罪，不包括破坏资源型犯罪。见：蒋兰香. 污染型环境犯罪因果关系证明研究[M]. 北京：中国政法大学出版社，2014：3.

般类型的犯罪不同，生态犯罪案件，特别是环境污染型犯罪，其犯罪结果具有隐蔽性。很多企业排放污水所造成的损害在几年，甚至十几年之后才被人们所发现。这是由于许多污染物质要通过逐渐积累才会对自然环境和人的身体造成损害。更复杂的是，很多时候起作用的不是一种污染物，而是多种污染物相互发生作用，共同导致疾病的发生。在司法实践中，要证明之前企业的排污行为和当前的损害后果具有因果关系，就必须证实企业排放的污水中包含了特定的有毒物质，该物质通过空气、水、土壤等介质到达被害人身体里，并且被害人身体受到损害的情形必须与该种有毒物质所表现出来的毒性相一致。实际情况是，当大多数被害人发现自身遭受损害时，当初排放污水的企业早已不见踪影，或倒闭，或搬迁。在这种情况下，要想让每一个环节做到证据确凿、充分，难度相当大。

（二）生态环境行政司法与刑事司法衔接不顺畅

生态环境行政司法会对环境刑事司法产生较大的影响，具体体现在两个方面：一是在立法层面。环境刑事司法在很大程度上依赖于环境行政司法，使得环境刑事司法处于极度被动的地位。生态犯罪在立法上具有很强的行政从属性，这意味着对生态犯罪的惩罚依赖于环境行政法规对该行为的规定及处分。也就是说，一个行为被认定为生态犯罪行为，它必须首先违反了环境行政法律法规的禁止性规定。这种"行政违法性"前提的设置使得刑罚手段变成了行政处罚的补充手段。一旦环境行政机构认定某种行为没有超过行政处罚标准时，该行为就不会进入到环境刑事司法领域。这种立法层面的行政从属性使得环境刑事司法在很大程度上受制于环境行政司法，不利于环境刑事司法活动的顺利开展。二是在实践中，由于生态犯罪较为隐蔽且技术含量高，一般公众很难自行收集证据向警方报案，而检察机关多关注的是环境渎职犯罪，大部分的生态犯罪案件都要靠环境行政机构进行查处和移送。但在实践中，通过环境行政机构进入到刑事司法领域的生态犯罪案件相当少。事实上，环境行政机关每年查处的环境污染案件数量很多，只是最终移送到公安机关的案件数量很少[74]。出现这种现象的原因主要是环境行政机构的"以罚代刑"。地方环境行政机构在人事调动及财务管理方面要受同级政府的制约，因此在作出相关决定时通常会受到地方政府的影响。生态犯罪主体多涉及地方企业，而这些企业在很大程度上促进了当地经济的发展，是政府创收的主要来源。因此，在发现企业违法行为时，碍于地方政府的保护政策，

---

[74] 有的学者就根据《全国环境统计公报》数据得出，1999—2008年，全国作出环境行政处罚决定的案件共计739393件，平均每天就有200起环境污染行为受到处罚。

环境行政机构往往"睁一只眼,闭一只眼",对应当移送的生态犯罪案件降格处理。

(三) 专业公安设立的实践亟待推进

专业公安主要表现是成立环保警察。在省级层面成立环保警察的有河北省、辽宁省、江苏省等,在市级层面成立环保警察的有云南省、湖北省、贵州省、陕西省、广东省,在区县层面成立环保警察的有山东省、安徽省。2014年10月8日,广东省佛山市公安局经济犯罪侦查支队环境犯罪侦查大队挂牌成立,旨在"便于执法人员能更顺利地进入企业检查,有效减少暴力抗法,遇到污染企业主涉嫌刑事违法时,联合执法可将相关人员进行前期控制;环境违法案件的查处不再受到环保部门行政执法权所限制,在警方提前介入和配合下,行动将更迅速高效"。

此举虽然有针对性监管企业名录及排污信息,加大企业违法成本,压迫违法企业生存空间,但这支环保警察并未能科学地涵盖"保护生态安全"和"惩治破坏生态资源违法犯罪"的外延。主要体现在:第一,环保警察未能立足于惩治破坏生态资源违法犯罪的源头。如有些地区本无用于制作陶瓷的原材料——瓷沙,开采这类瓷沙必须砍伐林木、使用炸药或者大型挖掘机械刨掉土表植被。近年房地产市场的兴旺更增加了对瓷砖的需求量,不少经营者选择转移到林业和矿产资源相对丰富的地区进行开采瓷沙,再将瓷沙进行制陶、加工、销售。在供需矛盾紧张、行政审批手续繁琐和高额的利润刺激下,违法破坏森林和土地植被肆意开采瓷沙的现象增多,造成水土流失、饮用水源污染。加之烧制陶瓷采用较为落后的粗犷型产能技术,导致空气质量差、群众呼吸道疾病频发的严重生态安全问题。然而,当地的环保警察并没有面对这样的问题,只是对加工、销售环节的陶瓷或其他排污企业进行监管和执法,对破坏生态环境的源头无异于隔靴搔痒,未能真正凸显其保护生态环境的责任和使命。第二,有些地区公安局将环境犯罪侦查大队设置在经济犯罪侦查支队的下属机构,折射出地方政府对生态保护问题仍未够重视。众所周知,污染和破坏生态环境,不应简单地等同于、更不从属于经济犯罪,甚至不少地区因为环境污染付出了生命的代价。在经济犯罪侦查支队设置环保警察大队,执法权限亦未得到拓展与优化,执法过程中容易受到干扰,执法地位、力度和权威相对偏低,未必能达到预期理想的效果。由此可见,环保警察从属于经侦警种,采取零敲碎打式的执法,无法在最大限度上保护生态环境[75]。

看来由国家层面统一设立专门的生态环境犯罪侦查机构,明确职能任务,理清体制和机制问题,实属必要。

---

[75] 吴刚. 关于深化森林公安改革的思考 [J]. 森林公安, 2015, (10): 34-37.

第五章

生态犯罪刑事规制的立法完善

第一节 更新生态犯罪的基本理念

一、生态犯罪与行政犯

一般说来，犯罪可以分为自然犯（刑事犯）和行政犯（法定犯）。在罗马法时代就出现的自体恶与禁止恶观念，可以说是现代刑法中相对应的自然犯与法定犯抑或刑事犯与行政犯观念的最初萌芽。意大利学派的代表人物加罗法洛是最早正式阐述这对范畴的学者。他认为所谓自然犯是以缺乏人类本来就具有的爱他感情中最本质的怜悯之情和诚实的行为为内容的犯罪，而所谓法定犯则只是由立法所规定的犯罪，所以犯罪应该以自然犯为中心。怜悯之情和诚实具有直接与伦理、道德相联系的性质，他所谓自然犯的背后可以说存在着社会伦理。自然犯、法定犯的概念也逐渐形成，并成为刑法学中一对基本研究范畴，后来又演变成刑事犯与行政犯之分。学说上一般是将自然犯与刑事犯、法定犯与行政犯的观念作相同理解，如日本学者小野清一郎认为，刑法法规在理论上可以分为两种，即固有的刑罚法规与行政刑罚法规，与他们的区别相对应犯罪可以分为刑事犯和行政犯。自然犯与法定犯的区别也几乎完全一致。因而，我们为方便起见，统一使用行政犯与刑事犯这对概念。对于行政犯的界定，主要是从与刑事犯相比较的角度去进行讨论和展开。概而论之，主要有质的区别说、量的区别说和质量区别说三种观点。

（1）质的区别说。该说认为行政犯与刑事犯存在本质上的区别，两者并非仅是程度上的差别，而是概念上的差别，二者属于不同类属的不法行为。换言之，两者的差别非在"较少对较多"的关系上，而是在"此物对彼物"的关系上，即行政犯与刑事犯之间存在本质的不同，两者无交叉的可能。由于对"质"

理解和理论角度不同，又存在以下几种学说：自体恶说与禁止恶说，行为实质区别说，具体危险与抽象危险区别说，法益保护与公共福祉促进区别说，侵害规范性质区别说，社会伦理判断说，构成要件区别说。

（2）量的区别说。该说认为行政犯与刑事犯之间并无本质区别，两者之间只有量的差别。该说强调刑法体系的一体性，从根本上否认二者之间存有质的差异，认为行政犯也属犯罪的一种，当其与刑事犯同具构成要件该当性、违法性及有责性时，即应受到刑罚的科处，二者之间在质的方面并无不同，若两者存有差异，则必定是在行为、违法性与责任大小轻重程度标准上具有量的差异。该说具体又表现为严重事犯与轻微事犯差别说、违法性本质逐渐减弱说及危险性与非难性程度差异说三种不同观点。

（3）质量区别说。该说认为刑事犯与行政犯两者不但在行为的量上，而且在行为的质上均有所不同。刑事犯在质上显然具有较深度的伦理非价内容与社会伦理的非难性，而且在量上具有较高度的损害性与社会危险性；相对地，行政犯在质上仅具有较低的伦理可责性，或者不具有社会伦理的非价内容，而且它在量上并不具有重大的损害性与社会危险性。

目前，处罚破坏生态环境及其自然资源的行为，多数属于违反行政规范，其中对于和保护规范抵触的行为大部分课以行政罚，只有少数采取刑事制裁的方式。生态犯罪是否构成全部或者部分取决于是否符合行政法上的要求，它的构成通常以违反森林资源行政法上的要求或者行政许可为前提的。生态犯罪行为基本上属于行政犯，其存在与国家的社会制度和生态环境管理政策目的紧密关联，其具体内容、表现形式和构成要件，往往因为社会的发展或者国家对生态环境的管理政策的转换而反映出典型的目的性和明显的变动性，立法上因而经常出现行政违法的有罪化、非罪化或者重罪化、轻罪化的改变。

二、生态犯罪的行政从属性

生态犯罪行为是破坏生态环境行政违法行为的严重程度达到了应受刑罚处罚的程度而转化为行政犯罪的。尽管此种行政违法行为必须具备刑事违法性和刑事惩罚的必要性时才能称之为行政犯罪，但是它毕竟是行政违法向犯罪转化的结果，其存在是以行政违法为前提。因此，生态犯罪具有很强的行政从属性。

（一）概念上的行政从属性

概念上的行政从属性即生态犯罪的构成要件中某一构成要件的概念从属于行政法规范来确定。刑法上生态犯罪的用语中，"放射性的废物""有毒物质""珍贵、濒危野生动物""国家重点保护植物""滥伐"等必须以森林资源和野生动物资源行政法上的解释为依据。

(二) 空白构成要件的行政从属性

刑法中没有具体明确规定生态犯罪的构成要件，必须依赖相关的行政法规的规定来补充。在条文上通常表述为"违反某某法规""违法某某管理法规"，其包括行政法律及其法规。如《刑法》第三十四十五条第二款滥伐林木罪的规定，"违反森林法的规定，滥伐森林或者其他林木，数量较大的，处三年以下有期徒刑、拘役或者管制，并处或者单处罚金；数量巨大的，处三年以上七年以下有期徒刑，并处罚金。"第三十四十二条非法占用农用地罪的规定，"违反土地管理法规，非法占用耕地改作他用，数量较大，造成耕地大量毁坏的，处五年以下有期徒刑或者拘役，并处或者单处罚金。"

(三) 阻却违法的行政从属性

阻却违法的行政从属性即在行政许可和行政义务上而阻却行政犯罪构成要件。质言之，如果犯罪构成要件的成立以欠缺特定的行政许可，或以违背特定的行政规定为前提，行政许可的获得或者行政义务的履行，则称为阻却构成要件的要素。如滥伐林木罪中的林木采伐许可证的审批核准，擅自进口固体废物罪中的国务院有关主管部门许可，以及非法采矿罪中的采矿许可证的审批等。

三、生态犯罪的行政从属性对刑事立法的影响

通过生态环境刑事立法，突出以刑罚手段惩治危害生态环境行为的立法趋向，各国大规模的环境立法具有相同的立法背景，都是在 20 世纪 60 年代末 70 年代初进行的。由于各国的经济发展水平、政治制度模式、科技实力状况以及历史文化传统等方面的差异，导致各国的立法习惯、立法技术等有诸多不同。根据惩治破坏生态犯罪的立法方式的不同，可将立法模式分为三种形式。

第一种形式，由刑法典加以规定，这几乎是世界上绝大多数国家都已经采用的立法方式，即在刑法典中以专章或专节的形式，或者至少设置几个条款对破坏森林资源犯罪及其刑罚作出专门的规定。这样立法的优点是整体性强，直观明了；缺点是难以适应形势发展对规制行政犯的需要，要么使刑法典朝令夕改从而影响其稳定性和权威性，要么使刑法落后于时代的发展而丧失其应有的功能。

第二种形式，行政法律中附属刑法规范通过依附性散在型模式来规定生态犯罪，在相关的行政法律中规定对破坏森林资源行为追究刑事责任。如日本《森林

法》第一百九十七条、第一百九十八条规定了盗窃森林罪。这种立法模式的优点在于能够根据不同行政犯的特点将其规定在相应的行政犯规中,针对性强,且比较灵活,可以根据保护环境资源的需要,在制定行政法规时对行政犯作出规定,避免了对刑法典的频繁修改。其缺点是比较分散,系统性较差,不利于社会公众及时全面地学习与掌握。

第三种形式,普通法系国家普遍实行的判例制度。英美法系国家主要以判例法和环境行政法中的环境刑事法规来惩治破坏生态环境犯罪,英国判例法作用较大,美国成文法作用较大。

结合目前的司法实践,可以说这样的破坏生态环境刑事立法对生态犯罪行为者可以起到一定的威慑作用,而且确实有一些单位和个人受到刑事制裁。但是就总体而言,《刑法》中关于破坏生态环境犯罪的规定还没有充分发挥其应有的作用。大多数案件都由相关行政部门以罚(行政罚款)代刑(刑事制裁)的方式解决。这与我国破坏生态环境犯罪的刑法体系在设置之初就具有的行政从属性密不可分。如何完善生态环境刑法中必要的行政从属性,防止过多的行政从属性,以便于生态环境刑法有效地发挥刑罚功能,这是对我国目前生态犯罪刑法体系设置的重要挑战。

四、生态犯罪具有行政犯和自然犯的双重属性

目前,关于破坏生态环境犯罪是行政犯还是行政犯与自然犯兼具,还存在争议。我们认为,生态犯罪违反了国家相关的生态环境保护方面的法律法规,影响了国家对生态环境保护的法益,对于破坏生态环境的犯罪认定,必须依附于相关的行政法规,这一特征明显说明,破坏生态环境是典型的行政犯。但是自然犯与行政犯之间并不是绝对排斥的关系,"行政犯与行政罚则是否被制定,就在于要努力产生出合乎自己的新的道德感情,随着这种感情的成长就经常会转化为刑事犯。"[76] 自然犯是基于违反社会伦理道德的属性来认定的,但伦理道德也不是一成不变的,从历史的角度来考察,它会随着社会的发展而发展。一定时期的行政犯随着社会的发展可能变成自然犯,当然也可能出现一定时期的自然犯非罪化的情形。实际上,随着社会的发展,传统的自然犯与行政犯根本对立的关系,已经发生变化,行政犯的自然化现象呈增多趋势。当然主要是由于道德情感的认同接受和价值取向的认同。

在当今生态犯罪已成为世界性公害的情况下,生态犯罪的自然犯化也是一种

---

[76] 大隅健一郎,佐伯千仞.《新法学的课题》[M].东京:日本评论社,1942:293.

趋势,认为生态犯罪属于自然犯也无不可,相反能够相对弱化对行政法规的依赖,更好地培养人们的生态环境规范保护意识。

破坏生态环境犯罪,已经不是局限于传统意义上的生态环境的经济价值角度,破坏生态环境犯罪也具有较强的伦理非难性,破坏生态环境犯罪行为,也是危害社会、危害生态安全、危害个人法益的反社会性和反伦理性行为,它破坏人类生存的基本环境,也破坏了基本的生活秩序,是对基本的环境道德的违反,"破坏森林资源犯罪不单纯是违反秩序,而且是与伤害、盗窃、欺诈行为同样可以非难,"因此,破坏生态环境犯罪也具有自然犯的属性。

第二节 把握生态犯罪构成的认定路径

一、我国犯罪构成理论的历史考察

一般来说,犯罪构成是指刑法规定的确认行为构成犯罪所必须具备的一切客观要件和主观要件的总和。犯罪构成亦称犯罪论体系,当代刑法理论建立犯罪构成体系学说的目的,其一是根据罪刑法定的内在要求和近代刑法的基本原则,对犯罪的各种构成要件进行有序的整合,为现实的犯罪认定确立一种合理的思维原则与操作规程。其二是通过层次性与排除性的犯罪认定思维方式,将定罪的路径控制在刑事政策的范围内,为防止滥用刑罚权而创设一系列思想方法的控制路径。可见,犯罪构成原理具有理论和实践两个方面机能,即理论机能为犯罪认定提供统一原理,促进法律规范或者理论的形成;实践机能则在于明确认定罪与非罪,防止专断性刑罚的发生,避免非理性和随意性。

中国刑法中的犯罪构成理论是在参照苏联模式的基础上建立起来的。早在1957 年前我国已经开始对犯罪构成的理论研究,例如,当时出版的有关刑法论著中阐述了犯罪构成理论的重要性。犯罪构成理论在司法实践中对于区分罪与非罪的界限起到了积极作用。1957 年以后,随着政治形势的变化,法律虚无主义的泛滥,犯罪构成理论遭到了批判,犯罪构成各个要件也不能再分析了,由此导致理论上与实践上的混乱。由于众所周知的原因,犯罪构成曾经成为法学中的"禁区"之一。十一届三中全会以后,及至 1979 年我国第一部刑法颁布,犯罪构成理论开始恢复,并在研究中逐渐深入与创新,犯罪构成又成为刑法学研究的重要课题。

二、我国犯罪构成理论体系的研究现状

目前,中国的刑法理论中,犯罪成立需要具备四个要件:犯罪客体、犯罪客

观要件、犯罪主体及犯罪主观要件。关于犯罪构成应具备哪些共同要件，我国刑法学界传统的且目前仍居主导地位的观点是四要件说，即认为，构成任何犯罪都必须具备犯罪主体、犯罪主观方面、犯罪客观方面、犯罪客体四大要件，也有不少学者对传统的四要件体系提出了异议，试图从不同的角度、不同的方面对之进行修正，即有二要件说、三要件说、五要件说等。所谓二要件说、三要件说、五要件说等不同主张大多只是对四要件及其具体要素的不同组合而已，可以说没有多大的新意，并没有对四要件说进行实质性的、脱胎换骨的变革。

有学者指出，我国的犯罪构成理论发展到今天，正面临着严峻的挑战。在我国处于通说地位的四要件的列举，强调构成要件的"堆积"，强调对构成要件的列举，强调在司法上对要件是否具备作"流水账"，而缺乏对行为评价的追问和反复推敲机制，从而丧失了从不同侧面检验行为的机会[77]。就宏观层面而言，传统的犯罪构成理论难以兼顾形式判断与实质判断，重视控诉机制而轻视辩护机制，主观判断可能优于客观判断，经验判断与规范判断纠缠不清，强调静止性而否认过程性。就微观层面而言，传统的犯罪构成理论也存在不少问题，如把违法性等同于犯罪性，从而使行为违反刑法就是犯罪，然而法定违法阻却是由总是有限的、对于法律明文规定但实质上不具有违法性的行为如何在理论上得到合理解释；再如，一方面违法性评价的内容蕴涵于构成要件的评价中或与构成要件的评价同时进行，另外一方面违法阻却是由又置于犯罪构成要件理论之外进行论述，不免造成体系的混乱。

在吸收大陆法系理论的基础之上，部分学者对完善、改进甚至是重构当前我国犯罪构成理论体系提出了一些观点和建议，主要存在以下三种看法，一是赞成、维持目前体系的[78]；二是批判、重构的；三是主张修改、完善的。目前国内比较有代表性的观点有：①两阶层犯罪构成体系。该观点提出了全新的"客观构成要件→主观构成要件"的两阶层（要件）体系[79]。②罪体、罪责和罪量犯

---

[77] 周光权. 犯罪论体系的改造 [M]. 北京：中国法制出版社，2009：序言.

[78] 赵秉志教授认为，近年来有些学者片面地鼓吹德日的递进式模式，彻底地否定中国的四要件平行模式，并不是一种科学的态度。中国的四要件平行模式有其存在的深厚的理论基础和实践生命力，从目前来看，还是很难推翻的。

[79] 张明楷教授在新近出版的《刑法学（第三版）》（2007 年）教科书中提出了全新的"客观构成要件→主观构成要件"的两阶层（要件）体系。张明楷教授认为，犯罪客体不是构成要件，犯罪构成的共同要件为犯罪客观要件、犯罪主体要件和犯罪主观要件。但是随着深入的研究，张明楷最终采取了德国日本刑法的观点，采用犯罪构成三阶层学说，即犯罪构成该当性、违法性和有责性。违法性是阐述客观要件以及排除客观上犯罪构成事由的，有责性是阐述主观要件以及排除主观方面犯罪构成事由的。目前为止，张明楷的观点是犯罪构成是两要件，即违法性和有责性。

罪构成体系。从罪体、罪责和罪量三个层次构建犯罪构成体系[80]。

三、构建合理的生态犯罪构成体系

生态犯罪构成体系具有一般犯罪构成体系的共性，也具有自身的特色，构建合理的生态犯罪构成体系，实属必要。

从词源上看，犯罪构成包含两个层面的意思：一是关于犯罪成立标准的全部构成要素的总和，通常使用的犯罪构成概念即建立在这层含义之上；二是规范意义上构成要件，是同违法和责任平行并列的概念。其实，犯罪构成反映的是犯罪的结构性要素，具有规格性和标准性的显著特征，是犯罪定义的要件化和具体化，是认定具体行为是否构成犯罪以及构成何罪的规范界限，具有特定的法律意义和技术意义。可见，具有高度抽象和概括意义的犯罪构成是建立在规范意义上的客观事实要件、行为责任要件和法律评价要件的高度统一。因此，无论是何种理论，都包含着犯罪外部形态的客观事实要件，体现犯罪人内部特征的行为责任要件和表明国家对犯罪基本态度的犯罪评价要件。

这样看来，传统的犯罪构成理论，虽然存在诸多问题，但并非一无是处。传统的犯罪构成理论是与我国国情相适应的理论，它在理论上自成体系，基本能够解决实务问题，不可能也不应当被完全否定。没有必要推翻现有的犯罪构成理论，只是在思考传统的犯罪构成理论的同时，试图构建一条符合生态安全刑事执法实践需要的犯罪构成之路。在视线徘徊在能够满足司法实务需要这一功利性目的的同时，从以下几个方面展开说明。

（一）弄清犯罪构成与犯罪构成要件的关系

犯罪构成要件是犯罪构成的组成部分。要件的有机统一形成犯罪构成，犯罪构成由一系列主客观要件所组成，其中的"要件"就是成立犯罪必须具备的条

---

[80] 2003年出版的陈兴良教授主编的《刑法学》就是从该当性、违法性和有责性这三个我们并不熟悉的概念来展开定罪分析的。在《规范刑法学》这本书中，陈兴良教授提出了罪体、罪责和罪量的犯罪构成体系。它既不同于我国现行的四要件理论，也不同于大陆法系递进式的三要件理论。其中，把犯罪构成要件分成罪体和罪责两个基本要件，罪体实际包含了现行犯罪构成体系的客观方面这样一个内容，它把事实评价和规范评价统一起来，罪体对于犯罪来说处于首位，没有罪体就不可能存在罪责，也就不可能存在犯罪。在有了罪体的基础上再来考虑罪责，罪责不完全等同于现行四要件理论中的主观要件，和大陆法系理论中的有责性要件比较接近，但也不完全一致，罪责要件是心理事实和规范评价的统一，不同于大陆法系理论的罪责只有规范评价，把心理事实放在该当性里面。罪体和罪责是表明犯罪的质的条件的要件，根据我国刑法，犯罪还有数量的因素，很多犯罪的成立都需要以"数额较大""情节严重"或"情节恶劣"作为前提条件，在这种情况下，设立了罪量这样一个要件，主要是为了解决犯罪成立的量的问题。

件（犯罪构成要件），各个要件之中又包含若干要素（犯罪构成要件要素）。易言之，若干要素组成一个要件，若干要件组成一个犯罪构成。犯罪构成不是各个要件的简单相加，而是各个要件的有机统一；各个要件按照犯罪构成的要求相互联系、相互作用、协调一致，形成一个整体。

值得注意的是由于我国长期以来的理论不发达，有的将犯罪构成和犯罪构成要件等同起来使用（即有时表述的是犯罪构成，实际上是指的犯罪构成要件，有时表述的是犯罪构成要件，实际上是指的犯罪构成），有的书上表述的犯罪构成实质上指的是犯罪成立条件。

（二）掌握犯罪构成的共同要件

犯罪构成的共同要件，是指一切犯罪构成都必须具备的要件，因此，也称犯罪构成的必要要件。虽然各个具体的犯罪构成要件都有特殊性，但如果将各种具体的犯罪构成要素进行归纳、整理加以概括抽象的话，任何犯罪构成都包括犯罪主体，危害行为，犯罪对象，危害结果，犯罪的时间、地点、方法，刑事责任年龄，犯罪的故意和过失，犯罪的动机和目的。

在学习和总结各种观点的基础上，结合传统的犯罪构成理论勾勒出本书的主张。

（1）在进行犯罪成立判断时，采纳大陆法系"三要件"体系。在大陆法系"三要件"体系中，犯罪乃"构成要件该当、违法、有责"的行为，其中第一个构成要件该当（或称符合）是"犯罪类型的轮廓"，即"社会生活中的事实的类型化，进而把它作为一种法律上的定型概念规定下来"，是客观的，它包括行为主体、行为客体、行为及故意、过失，这些要素可以与我国"四要件"中的主体、主观及客观要件部分因素大致对应，可以看出，这是一种"事实性"评价或"形式的、客观的"评价，但要注意此处的"行为客体"却与我国理论中的"犯罪客体"大相径庭。大陆法系中的"行为客体"专指行为对象，即客观行为所指向的具体对象；而我国的"犯罪客体"则是指"被犯罪行为所侵害的社会主义社会关系"。第二个要件是"违法性"评价，违法性要件划分为阻却违法问题（如正当防卫、紧急避险、正当事由）、违法的要素问题与违法性的本质问题。第三个要件则是"责任性"评价，一个人的行为符合法定构成要件且没有阻却违法事由，但最后能否定为犯罪还要从行为人的角度来看行为人是否可以进行谴责，这就是有责性，它包括责任本质、责任要素（责任能力与故意过失）以及期待可能性。

趋势，认为生态犯罪属于自然犯也无不可，相反能够相对弱化对行政法规的依赖，更好地培养人们的生态环境规范保护意识。

破坏生态环境犯罪，已经不是局限于传统意义上的生态环境的经济价值角度，破坏生态环境犯罪也具有较强的伦理非难性，破坏生态环境犯罪行为，也是危害社会、危害生态安全、危害个人法益的反社会性和反伦理性行为，它破坏人类生存的基本环境，也破坏了基本的生活秩序，是对基本的环境道德的违反，"破坏森林资源犯罪不单纯是违反秩序，而且是与伤害、盗窃、欺诈行为同样可以非难，"因此，破坏生态环境犯罪也具有自然犯的属性。

第二节　把握生态犯罪构成的认定路径

一、我国犯罪构成理论的历史考察

一般来说，犯罪构成是指刑法规定的确认行为构成犯罪所必须具备的一切客观要件和主观要件的总和。犯罪构成亦称犯罪论体系，当代刑法理论建立犯罪构成体系学说的目的，其一是根据罪刑法定的内在要求和近代刑法的基本原则，对犯罪的各种构成要件进行有序的整合，为现实的犯罪认定确立一种合理的思维原则与操作规程。其二是通过层次性与排除性的犯罪认定思维方式，将定罪的路径控制在刑事政策的范围内，为防止滥用刑罚权而创设一系列思想方法的控制路径。可见，犯罪构成原理具有理论和实践两个方面机能，即理论机能为犯罪认定提供统一原理，促进法律规范或者理论的形成；实践机能则在于明确认定罪与非罪，防止专断性刑罚的发生，避免非理性和随意性。

中国刑法中的犯罪构成理论是在参照苏联模式的基础上建立起来的。早在1957年前我国已经开始对犯罪构成的理论研究，例如，当时出版的有关刑法论著中阐述了犯罪构成理论的重要性。犯罪构成理论在司法实践中对于区分罪与非罪的界限起到了积极作用。1957年以后，随着政治形势的变化，法律虚无主义的泛滥，犯罪构成理论遭到了批判，犯罪构成各个要件也不能再分析了，由此导致理论上与实践上的混乱。由于众所周知的原因，犯罪构成曾经成为法学中的"禁区"之一。十一届三中全会以后，及至1979年我国第一部刑法颁布，犯罪构成理论开始恢复，并在研究中逐渐深入与创新，犯罪构成又成为刑法学研究的重要课题。

二、我国犯罪构成理论体系的研究现状

目前，中国的刑法理论中，犯罪成立需要具备四个要件：犯罪客体、犯罪客

观要件、犯罪主体及犯罪主观要件。关于犯罪构成应具备哪些共同要件，我国刑法学界传统的且目前仍居主导地位的观点是四要件说，即认为，构成任何犯罪都必须具备犯罪主体、犯罪主观方面、犯罪客观方面、犯罪客体四大要件，也有不少学者对传统的四要件体系提出了异议，试图从不同的角度、不同的方面对之进行修正，即有二要件说、三要件说、五要件说等。所谓二要件说、三要件说、五要件说等不同主张大多只是对四要件及其具体要素的不同组合而已，可以说没有多大的新意，并没有对四要件说进行实质性的、脱胎换骨的变革。

有学者指出，我国的犯罪构成理论发展到今天，正面临着严峻的挑战。在我国处于通说地位的四要件的列举，强调构成要件的"堆积"，强调对构成要件的列举，强调在司法上对要件是否具备作"流水账"，而缺乏对行为评价的追问和反复推敲机制，从而丧失了从不同侧面检验行为的机会[77]。就宏观层面而言，传统的犯罪构成理论难以兼顾形式判断与实质判断，重视控诉机制而轻视辩护机制，主观判断可能优于客观判断，经验判断与规范判断纠缠不清，强调静止性而否认过程性。就微观层面而言，传统的犯罪构成理论也存在不少问题，如把违法性等同于犯罪性，从而使行为违反刑法就是犯罪，然而法定违法阻却是由总是有限的、对于法律明文规定但实质上不具有违法性的行为如何在理论上得到合理解释；再如，一方面违法性评价的内容蕴涵于构成要件的评价中或与构成要件的评价同时进行，另外一方面违法阻却是由又置于犯罪构成要件理论之外进行论述，不免造成体系的混乱。

在吸收大陆法系理论的基础之上，部分学者对完善、改进甚至是重构当前我国犯罪构成理论体系提出了一些观点和建议，主要存在以下三种看法，一是赞成、维持目前体系的[78]；二是批判、重构的；三是主张修改、完善的。目前国内比较有代表性的观点有：①两阶层犯罪构成体系。该观点提出了全新的"客观构成要件→主观构成要件"的两阶层（要件）体系[79]。②罪体、罪责和罪量犯

---

[77] 周光权. 犯罪论体系的改造 [M]. 北京：中国法制出版社，2009：序言.

[78] 赵秉志教授认为，近年来有些学者片面地鼓吹德日的递进式模式，彻底地否定中国的四要件平行模式，并不是一种科学的态度。中国的四要件平行模式有其存在的深厚的理论基础和实践生命力，从目前来看，还是很难推翻的。

[79] 张明楷教授在新近出版的《刑法学（第三版）》（2007年）教科书中提出了全新的"客观构成要件→主观构成要件"的两阶层（要件）体系。张明楷教授认为，犯罪客体不是构成要件，犯罪构成的共同要件为犯罪客观要件、犯罪主体要件和犯罪主观要件。但是随着深入的研究，张明楷最终采取了德国日本刑法的观点，采用犯罪构成三阶层学说，即犯罪构成该当性、违法性和有责性。违法性是阐述客观要件以及排除客观上犯罪构成事由的，有责性是阐述主观要件以及排除主观方面犯罪构成事由的。目前为止，张明楷的观点是犯罪构成是两要件，即违法性和有责性。

（2）在研究生态犯罪的具体个罪的犯罪构成上，鉴于生态安全犯罪作为行政犯这一犯罪属性，违法性中强调法益的比较，如生态安全法益与财产法益比较、生态安全法益与电力安全法益比较、生态安全法益与防洪安全法益比较等，可以说对犯罪侵犯的法益说明基本上涵盖了犯罪客体的内容。因此，在厘清生态犯罪个罪概念之后，说明其侵犯的法益，更能说明个罪的犯罪本质，逻辑上更加完整。

（3）根据犯罪构成要件本身的特点，犯罪主体，危害行为，犯罪对象，危害结果，犯罪的时间、地点、方法这些反映行为人事实特征的构成内容，属于犯罪构成的客观要件；犯罪主体所要求的刑事责任年龄、犯罪的故意和过失、犯罪的动机、目的，称之为犯罪的主观要件。因此，本书所述犯罪构成主要包括客观构成要件和主观构成要件，以及法益的比较。在客观构成要件中注重破坏生态环境犯罪的行为、对象、主体的阐述，在主观构成要件中则注重破坏生态环境犯罪的行为人的罪过形式、责任能力以及违法性认识的说明。

第三节 完善生态犯罪的刑事立法

一、刑法上设立生态犯罪专章

一般说来，我国生态刑法起步较晚，具体到司法实践而言，存在诸多问题，究其深层的原因，生态犯罪刑事立法的不完善是一个重要方面。从生态犯罪的立法宏观整体框架来看，对环境犯罪侵害的法益定位不准；从立法理念层面来看，没有体现环境刑法立法的价值理念，生态犯罪的罪名规定散乱，不成体系。

我国《宪法》中明确规定，国家保护、改善生活环境和生态环境，防治污染和其他公害。可见，法律不仅保护人类环境，生态环境也纳入法律所保护的范畴之内。改革开放以来，我国经济社会得到快速发展，但资源约束趋紧、环境污染严重、生态系统退化的形势日益严峻，生态安全问题已经成为关系人民福祉和民族未来的大事。可以说，中国经济和社会的快速发展亦付出了沉痛的生态与环境的代价，因此，客观上有必要动用刑法这一"代价较大，但却有效的措施"，以预防和控制资源破坏与环境污染日益严重、不断恶化的趋势。

（一）1979年《刑法》的相关规定

1979年《刑法》只是在分则第三章"破坏社会主义经济秩序罪"第一百二十八条、

第一百二十九条、第一百三十条分别规定了盗伐林木罪、滥伐林木罪、非法捕捞水产品罪以及非法狩猎罪，但没有专门针对破坏环境资源的行为规定独立的犯罪构成。因此，在司法实践中对严重过失污染环境的案件会选择适用了违反危险品管理规定肇事罪、重大责任事故罪或者玩忽职守罪予以追究刑事责任，对故意向水体倾倒有毒污染物的行为有时按照投毒罪追究刑事责任。另外，全国人民代表大会常务委员会通过的《关于惩治捕杀国家重点保护的珍贵、濒危野生动物的补充规定》，增设了非法捕杀珍贵、濒危野生动物罪的犯罪构成，同时规定对非法出售、倒卖、走私珍贵、濒危野生动物制品的行为以投机倒把罪、走私罪论处。从刑法制定的历程来看，我国 1979 年刑法中规定了环境资源类犯罪，却只是在破坏社会主义经济秩序罪这一章节中规定了几个相关罪名，并未设立专章专节对其进行系统的规定，并且这几个罪名也是以经济价值为主要内容，生态价值居于不重要的地位，这与环境法上的可持续发展原则是相违背的。

关于生态犯罪的保护法益，如上述具体包括纯粹人类中心的法益论、纯粹生态学的法益论和生态学的人类中心的法益论。破坏环境资源行为一方面使人类的生命、健康、身体机能等遭受实害，或者具有侵害这些法益的危险；另一方面如果环境资源被破坏，不但恢复原状需要较长的时间，甚至无法恢复原状的可能性也较大程度的存在。可见，破坏环境资源行为不但危及人类自身的法益，而且具有侵害、破坏生态系统的危险。

因此，就应当立足于人类中心主义与生态中心主义双方，综合二者来理解生态犯罪的保护法益，即人类与生态系统只能共存共荣，生态系统的破坏属于直接或者间接引起人类生活水准恶化的恶性事态。因而，应当从预防和控制因人类的各种活动致使环境资源遭受不必要的负荷这方面，来探求生态刑法的目的。

（二）1997 年《刑法》的相关规定

1997 年《刑法》修正了这一点并取得了突破性进展，在第六章妨碍社会管理秩序罪中设立了专门的一节：破坏环境资源保护罪。1997 年修订通过的现行《刑法》，配合我国生态环境保护法律体系的构建，在分则第六章"妨碍社会管理秩序罪"第六节设置了"破坏环境资源保护罪"从刑法第三百三十八条至第三百四十五条规定了 14 个罪名。另外，还在其他章节规定了相关生态犯罪。此后，《刑法修正案（二）》《刑法修正案（四）》和《刑法修正案（八）》对生态犯罪相关条文进行修改。但较之其他国家，我国《刑法》对破坏资源和污染环境的行为的规制相对较晚，存在起步时间短、经验不足等缺陷，并没有很好地准确把握生态犯罪所侵犯的法益，1997年《刑法》中生态环境刑法这节的不足与局限性日益显现。从生态犯罪保护的法益概念来重新理解我国刑法中的生态犯罪条款，我国现行法律中所保护的法律仍只是以人类为中心，并未将生态环境纳入环境刑法法益所保护的内容当中。

另外，在第六章妨碍社会管理秩序罪中设立了专门的一节，其实依据刑法具体罪名分类的同类客体原则，刑法这样的章节设置与分类安排其实是不适合的，社会管理秩序无法涵盖生态安全的法益。其中，生态环境破坏行为所侵犯的客体是环境资源，而环境资源放在了公共秩序一起，都属于社会管理秩序。事实上，社会管理秩序是国家对正常秩序的维护，环境类犯罪所侵害的是国家对生态环境的保护，所以环境类犯罪完全可以从妨害社会管理秩序章中分离出来，单独成章，如此生态环境法益与其他法益处于同等地位，更有利于对生态环境的保护。

二、增设新的生态犯罪罪名

生态犯罪刑事立法不严密会导致犯罪人存在侥幸心理，诱发其实施生态犯罪行为。目前我国刑法典中关于生态犯罪的罪名不够完善，在很多领域存在立法空白。在借鉴国外生态犯罪刑事立法的基础上，结合我国生态犯罪现状，我们认为应当增设下列6个罪名。

1. 虐待动物罪

近年来，网络上的"虐猫""虐驴"事件层出不穷，但是由于猫、驴等并不是受保护的野生动物，行为人并未受到相应的惩罚。事实上，国外很多国家，如德国、巴西、俄罗斯等都针对虐待动物进行了刑事立法[81]。自然生态的和谐共处要求所有的个体都能得到平等对待和相互尊重。动物作为这个生态系统的重要成员，是维护生态平衡不可或缺的主体之一。随着人们环保意识的增强和环保意识的更新，人们逐渐意识到人与动物和谐相处的重要性。对虐待动物的行为进行刑事立法不仅仅是出于道义上的关怀，更是人们环保理念更进一步的表现。此外，对虐待动物的行为进行刑事立法能够体现生态中心主义的理念。对于生态犯罪预防来说，生态中心主义的立法理念扩大了刑法惩治的范围，有利于生态犯罪

---

[81]《巴西环境犯罪法》第三十二条规定，"对本国或外国野生、家养或驯养的动物实施凌辱、虐待、伤害或毁伤的，处以3个月至1年的监禁和罚金。"《俄罗斯联邦刑法典》第二百四十五条规定，"虐待动物，造成动物的死亡或残疾，如果此种行为是出于流氓动机或贪利动机的，或使用极其残忍的方法实施的，或有幼年人在场时实施的，处数额为8万卢布以下或被判刑人6个月以下的工资或其他收入的罚金；或处1年以下的劳动改造；或处6个月以下的拘役。"

预防活动的展开。具体来说,"虐待动物罪"指的是采取极其残忍的方式对动物进行虐待,使被虐待的动物承受了极大的痛苦,或导致动物身体遭受重大损害或生命遭受重大危险的行为。本罪的主观方面应为故意,主体应为自然人。客观方面表现为采取鞭打、刀划、杀害等残忍方式对动物的身体进行虐待的行为,客体则为动物身体的完整或生命的安全。

2. 破坏湿地罪

湿地被称为"地球之肾",与海洋和森林并成为地球的三大生态系统。湿地不仅拥有极为丰富的动植物资源,更为人类的工业生产提供了大量的原料和能源,又被称为"金色GDP"。目前,我国国家层面并未有针对湿地的专门立法,但是已经出现了大量针对湿地保护的地方立法[82]。中国拥有全球湿地资源的10%,湿地总面积居世界第四位。如此庞大的数量使湿地资源成为我国生态环境体系中的重要组成部分。尽管目前各地建立了许多湿地公园、湿地自然保护区对湿地进行保护,但不可否认的是,随着城市化进程的加快,湿地资源正面临着被开垦、填埋等威胁,约有一半的自然湿地已经遭受了人为的破坏。因此,为了加强对湿地资源的保护,除了抓紧出台国家层面的湿地保护立法,还应当在现行刑法典中增加"破坏湿地罪",以最严厉的立法形式对湿地进行保护。

我们可以将"破坏湿地罪"定义为违反国家规定,以填埋、围垦、开垦或其他方式使湿地资源遭受严重破坏的行为。该罪的主观方面可以是故意,也可以是过失。主体为自然人或单位,客观方面为以填埋、围垦、开垦或其他方式使湿地资源遭受了严重破坏。本罪客体应当为湿地生态系统的安全。

3. 破坏自然保护区罪

现有刑法典规定了14个生态犯罪的罪名,涉及的保护对象包括野生动植物、大气、水、土壤等众多要素,但是对这些要素所共同生存的整体环境——自然保护区,却缺乏相应的刑法规定。事实上,自然保护区作为上述生态要素的聚集地,对生态环境的保护至关重要。自然保护区与其中的生态要素是唇齿相依的,仅仅对自然保护区内各个要素进行保护,而不对整个自然保护区进行保护,结果

---

[82] 自中国首部地方性湿地保护条例《黑龙江省湿地保护条例》于2003年8月1日实施以来,《陕西省湿地保护条例》《江西省鄱阳湖湿地保护条例》《辽宁省湿地保护条例》《广东省湿地保护条例》《甘肃省湿地保护条例》《宁夏回族自治区湿地保护条例》《湖南省湿地保护条例》《内蒙古自治区湿地保护条例》《西藏自治区湿地保护条例》《河北省湿地保护条例》《浙江省湿地保护条例》《青海省湿地保护条例》《云南省湿地保护条例》《北京市湿地保护条例》《苏州市湿地保护条例》相继出台生效,不少地方的湿地保护条例也正在审议之中。

只会是唇亡齿寒。根据《自然区保护条例》的规定[83]，自然保护区将对人类及社会至关重要的生态要素集中在了一起，使其在一个相对完整和安全的生态环境中得以保存和发展。可以说，自然保护区的建立无论是对自然环境本身，还是对人类社会的发展，都具有极为重要的意义。现行刑法典中并没有以单独的罪名对自然保护区整体进行保护，这种分散式的方式对自然保护区的保护非常不利。有的行为也许并未对自然保护区的动植物等造成危害，但是破坏了自然保护区作为一个生态系统的整体性，如在自然保护区内兴建各式各样的旅游项目进行创收或者利用自然保护区进行水产养殖、矿产开发等行为。这些行为并未违反刑法典所规定的 14 项罪名，但事实上它们对生活在其中的生态要素造成了严重影响。因此，应当在刑法典中将自然保护区作为一个整体进行保护，增设"破坏自然保护区罪"，具体可定义为：行为人违反国家规定，在自然保护区内实施开垦、放牧、养殖、烧荒、采药等活动，使自然保护区的生态整体性遭到严重破坏的行为。本罪的主观方面应为故意或者过失，主体可以是自然人，也可以是单位。客观方面为行为人违反国家规定，在自然保护区内实施开垦、放牧、养殖、烧荒、采药等活动，使自然保护区的生态整体性遭到严重破坏。本罪的客体为自然保护区的管理秩序。

4. 污染大气罪

大气作为生态环境的重要组成要素，是人类及地球上一切生物生存的基本条件。当今地球上的大气所受到的污染，已达到危险的程度，尤其是世界能源消耗的增加和工业发展，使以二氧化碳为代表的温室效应气体猛增，大气污染严重，全球气候变暖。人类的经济活动已经逼近甚至超出生态环境负荷承载力，触及生态的红线。因此，为了更好维持清洁的空气、保持良好环境和人类生存的基础，对于污染大气的行为，刑法有必要予以规制。

我国有关大气污染方面的犯罪与刑事责任等规定只是在生态环境的《大气污染防治法》中予以规定，现行的 1997 年刑法典并没有明确规定污染大气罪这一罪名。从《大气污染防治法》规定的内容看，只是从附属刑法的角度规定了存在追究污染大气罪刑事责任的可能性，并且更多是侧重于污染大气重大责任事故的角度予以评价。因此，学界有很多学者建言应增加污染大气罪。

目前我国行刑分立的法律体系下，《大气污染防治法》所规定的的内容是因大气污染导致公私财产重大损失或人身伤亡严重后果的情形，予以入罪化，强调

---

[83]《自然区保护条例》第二条规定，"自然保护区，是指对有代表性的自然生态系统、珍稀濒危野生动物物种的天然集中分布区、有特殊意义的自然遗迹等保护对象所在的陆地、陆地水体或者海域，依法划出一定面积予以特殊保护和管理的区域。"

的是严重的实害，这仅是污染大气犯罪的一部分，实务中还有未造成严重后果却有其他严重危害、危险应予犯罪化的内容，并未纳入污染大气罪予以刑事规制。这部分比照一般的污染环罪的规定来说，是一个很大的欠缺。另外，司法实践中对于污染大气的定罪，有的按污染环境罪，有的按违反危险品管理规定肇事罪，有的以投放危险物质罪定罪，还有的直接援引环境保护法规和刑法有关条文处罚，造成了罪名认定的混乱，而正是因为污染大气罪的缺失，从反面说明我国刑法增加污染大气罪的必要性。因此，为了实现刑事立法的完整性与科学性，更为了加大对于大气环境的保护与整治，有必要在《刑法》中设立污染大气罪。

5. 污染水资源罪

我国是水资源短缺的国家，人均占有水资源量仅为世界平均水平的五分之一从水资源空间分布来看，地域分布南多北少，东多西少；实践分布上呈现年际变化大，丰枯年水量相差高达几十倍；年内分配夏多冬少，致使可利用的天然水量比水资源总量少得多，我国的水资源在时空分布上存在不平衡。虽然我国政府在保护水资源和防治水污染方面做了大量工作，但水环境恶化的状况未能得到有效控制。目前，我国工业废水排放量大且污染浓度高，中国的水资源存在超限利用、水污染恶化和水质被污染的多重压力，饮用水和河流污染严重，已经危及基本的生存条件。另外，合理的污水处理方式、对水资源的无底线的浪费等都会形成一定的环境破坏。

近年来水体污染事件频发，可以看出我国现行《刑法》对水体污染的规制情况存在严重的问题，严峻的水资源的破坏和污染现实迫使我们除了对管理水环境、防治水污染的手段进行反省外，也要对污染水资源的行为在法律控制上重新设计，纳入《刑法》的评价视野。

6. 污染海洋罪

海洋是地球生命的发源地，是人类社会得以繁荣兴旺的巨大支柱。海水和海底世界蕴藏着巨大的矿物资源，海底瀑布与海浪又是潜力巨大的动力资源。在现代工业社会里，可以说，海洋污染在某种程度上同人类在陆地上、海洋上的活动成正比，全球的海洋水域时刻受到通过河川流水、岸边排污、倾倒垃圾，以及大气运转带来的废弃物的污染。每年流入海洋的有机氯化物占年产量的60%左右，20世纪末以来，世界大洋中的铅含量比天然含量高2～3倍，每年进入海洋的铜总量大约有25万吨，锌高达393万吨，汞达1万多吨。我国海域的污染问题也渐趋明显，此外，海洋污染可能造成巨大的物质损害，甚至直接对人体健康造成危害。海洋污染的现状及危害向调控海洋环境的法律措施提出了更高要求，从海洋污染形成的机制及危害看，仅依靠行政的、经济的手段难以体现社会公正，也不足以弥补污染海洋行为产生的危害，因此亟须借助刑罚手段保护海洋环境免受污染。

由于长期我国对海域污染现象的不重视，导致现今我国各个海域都遭受了一定程度上的污染，而且已有加重的现象，形势很不乐观。特别是人口密集的临海城市，由于人口众多，经济也较为发达，大量的生活垃圾、废水，以及工农业生产生活所产生的大量垃圾、废水，这些都对海洋造成了不可预计的污染。在此情况下，有必要增设污染海洋罪来规制海洋污染行为，以应对日益恶化的海洋类污染问题。

可见，由于大气污染、海洋污染、水污染行为的社会危害性、行为方式、危害后果、因果关系的认定等问题各有其独特性，因此设立不同的罪名对相关行为进行规制更为科学合理，也比较符合国际惯例。我国当前关于环境犯罪的刑事立法尚有很大的完善空间。

三、设立生态犯罪的危险犯

传统刑法理论认为，刑法的规定应以惩治实害犯为主。因此，现行的生态刑法也受此影响，生态犯罪基本上也是围绕实害犯进行设置的，而对于危险犯则未予以规定。随着生态环境日益恶化，生态环境问题凸显，使得人们的生活与生存面临着越来越大的危险。人们越来越意识到如果仅仅只对实害犯予以惩治存在很大的局限性，意识到需要通过设置危险犯将尚没有造成实际生态危害结果但却对生态环境产生了重大危险的行为纳入到刑法调整的范围。

（一）危险犯确立的理论基础

根据犯罪构成要件规定的行为结果，刑法上的犯罪类型可分为实害犯和危险犯。而刑法理论上将危险犯可以分为具体危险犯罪和抽象危险犯，以及故意危险犯和过失危险犯。在德国，德国《刑法》根据对行为客体侵害的严重程度，将构成要件类型区分为侵害犯和危险犯。侵害犯的构成要件是以被保护的行为客体受到实际损害为条件；危险犯则是以危害行为所造成的危险作为行为的结果即足以。在日本，危险犯是与实害犯相对应的概念。日本刑法理论一般以对法益的侵害作为处罚根据的犯罪，称为实害犯；以对法益发生侵害的危险作为处罚根据的犯罪，被称为是危险犯。一个完全实施的行为在其所指向的行为客体并没有遭受实害的情况下，仍然具有刑法上的可罚性，而这种可罚性的实质根据就是危险。可见，危险犯是指行为人实施的行为是造成某种实害结果的发生、但实害结果尚未发生即构成既遂的犯罪,或者说,是以行为人实施的危害行为造成的结果作为犯罪构成条件的犯罪。一般认为,生态犯罪中的危险犯,实质上是刑法不再耐心地等待社会损害结果的出现,而是着重在行为的非价判断上,以制裁手段恫吓、震慑带有社会风险的行为,是通过对环境资源犯罪行为进行不法判断,将一旦产生实际危害、结果就极为严重的环境资源犯罪行为进行预防性调整,把行为具有造成重大危害结果的危险作为环境资源犯罪成立的条件。

无法益即无刑法,刑法本身功能是保护法益。然而,随着社会问题进一步的复杂化、危险化,应对不确定的风险和维护安全秩序已经成为刑法必须实现的目标,社会治理语境下的刑法的工具属性彰显重要,刑法规制的范围呈不断扩展的趋势,刑法干预社会生活和介入时间也进一步前置化。伴随着现代社会风险提升,刑法提前介入以便有效防控风险的预放性特征明显呈现出来。在面临不确定风险的情况下,社会公众为克服恐惧宁愿放弃一部分自由也要求社会对风险实行严格控制与有效预防。以保护法益为核心的传统刑法,在面对社会风险时存在相对滞后性。因为它往往在造成严重后果后才介入,这不符合社会治理的要求。在刑法功能主义趋势、刑法的刑事政策化动向、社会经济发展的现实需要等因素的共同作用下,传统刑法理论所支撑起的消极刑法立法观、刑法谦抑精神的过度强化、过于保守的犯罪化立场纷纷被部分搁置,以刑罚早期化、适当的犯罪化、立法的预防性倾向为代表的积极刑法立法观已现端倪[84]。

从生态安全法益保护角度看,传统刑法对危害环境资源犯罪的规定主要立足于人类中心主义的价值理念,而非为了保护纯粹生态环境保护。如上所述,其实,生态安全法益作为环境资源保护法益,是一种非个人的利益,是基于生态整体主义考虑。从这个意义上讲,对与人没有直接利益关系的环境资源要素的损害,意味着对整个生态系统的破坏,从而会间接影响人的利益。因此,在环境污染和资源破坏严重的当下,将生态刑法的立法视角转移到人类与生态并重的轨道上来,引入危险犯的规定,能更好地保护我们赖以生存的生态环境。

从可持续发展理念来看,可持续发展的基本内涵是既要满足当代人的需求又不危及满足后代人的需求及发展,其最大价值在于充分认识到生态环境的不可逆转性和不可恢复性。而引入危害环境资源犯罪危险犯,可避免不可逆转的环境资源危害结果的发生,为人与自然和谐发展提供充分空间。

从环境刑法功能来看,生态刑法的功能不仅体现在惩治环境犯罪的强度和力

---

[84] 周光权. 积极刑法立法观在中国的确立[J]. 法学研究, 2016, (4): 23-40.

度上，更体现在有效预防上。鉴于生态犯罪因果关系认定的专业性和复杂性，在现有结果本位的立法模式下，危害环境行为和危害结果之间存在因果关系认定在实践中操作较难。而引入危害环境资源犯罪危险犯则无需进行因果关系的认定，可改善刑法在保护生态环境时难以解决的问题。

我国刑法立法所具有的一个显著特点是结果本位。从刑法理论上看，我们可以将危害结果分为实害结果和危险结果[85]，但是在刑事立法实践当中，实害结果更受到了立法者的偏爱。要想更好发挥刑法的预防功能，需要采取一种更为积极的姿态，争取将危害性后果减少甚至消灭在萌芽状态。法益刑事保护提前化是在风险不断加剧的背景下，为充分保障国家安全和社会秩序，而对法益刑事保护方式进行的调整。在我国，《刑法修正案（八）》和最高人民法院、最高人民检察院《关于办理环境污染刑事案件适用法律若干问题的解释》（法释〔2016〕29号）对环境资源犯罪具体罪名的修改和解释，既是对国家生态文明建设的规范回应，也是生态环境法益刑事保护提前化的立法体现。

现阶段我国法益刑事保护提前化的主要任务是社会风险防控和环境风险防控。当前，社会风险表现得较为多元，主要包括来自恐怖行为的风险、危险物质的风险和网络的风险。环境风险包括生态破坏风险和资源枯竭风险。尽管环境风险一直存在于人类社会发展的诸多阶段，但是随着人类改造自然能力的骤增，环境风险尤其是生态破坏风险空前加大。法益刑事保护的提前化通过刑法对犯罪完成标准的调整（处罚实害犯向处罚危险犯的转变和处罚具体危险犯向处罚抽象危险犯的转变）、对共犯进行正犯化处罚（教唆犯的正犯化和帮助犯的正犯化）和行为阶段处罚的提前化（预备行为的单独犯罪化和实行行为的提前犯罪化）等方式实现。"一种特别令人感叹的发展是，把保护相当严密地划定范围的法益特别是私人法益的刑法通过这种法益范围的延伸引向抽象的危险犯。"法益刑事保护提前化的重要表现之一为刑法由重点惩治实害犯向惩治危险犯（尤其是抽象危

---

[85] 所谓的实害，指的是犯罪行为对刑法保护的利益造成的实际、现实侵害。如故意毁坏财物罪，已经将财物损坏，造成了对公私财产权益的侵害。所谓的危险，指的是犯罪行为对刑法所保护的利益产生侵害的可能，客观上这种侵害并未实际发生，但对于法益已造成潜在的危害或者使法益处于危险状态之中。如放火罪，客观上并不要求造成致人重伤、死亡或者公私财产重大损失的结果，只要实施放火行为，可能危及公共安全，即可满足放火罪犯罪成立条件。目前刑法中，大多数犯罪行为都要求具备实害这一条件，即结果犯，但也存在部分因为具有法益侵害的危险性而被规定为犯罪，既危险犯。通常刑法上这种危险包括抽象的危险和具体的危险。危险犯突出刑法对于某些法益加大了保护的力度，如将危害国家政权、公共安全、特定的经济秩序作为重要的保护对象。通常，刑法理论上将受到刑法禁止的、可能造成危害的现实可能性称之为"危险性"，也即相当于实际的危害，特定的对象遭受侵犯的现实威胁或者因此形成的社会心理恐惧。也就是说，刑法理论中所谓的危害性是一种实际的损害，而危险性则为遭受侵犯的可能状态，是发生社会危害的现实可能性的一中特殊表现。

险犯）的转向，其本质是危险犯的扩张。

（二）危险犯确立的可行性分析

1. 危险犯的确立不违反刑法谦抑性原则

"在刑法观念逐步转向功能主义、刑法与政策考虑紧密关联的今天，刑法的谦抑性并不反对及时增设一定数量的新罪。"刑法的谦抑性并非绝对否定犯罪化。当前，在社会风险防控和环境风险防控领域，国家公权力发挥作用不足而非过度，刑事制裁整体适用缺位而非过严。"在环境、公共健康、市场和有组织犯罪等领域，刑法的扩张亦即新型犯罪的创设，非常明显地表明犯罪化的刑事政策比非罪化的刑事政策用得更多。"作为一种理念与制度的革新，法益刑事保护提前化在本质上是刑法理论对实践需求的理性回应。"德国刑法并非在谦抑，而是在不断向外扩展，其中包含了远远处于'古典'刑法理论之外的领域。"新型犯罪对法益的侵害呈现出空前的危害性，而传统刑法面对犯罪治理需求难以有所作为。为回应国家和公众对安全与秩序的强烈诉求，刑法理论不断自我更新，对同一法益的刑法保护在立法上就会体现为法益刑事保护的提前化[86]。

2. 从生态犯罪自身特点上看在环境资源犯罪中设置危险犯的必要性

生态犯罪，尤其是污染环境犯罪行为的持续时间长、危害大、涉及范围广等特点决定了在环境资源犯罪中有必要设置危险犯。一是鉴于污染环境犯罪的持续时间长，从立法上将其设置为危险犯，把污染环境行为犯罪成立的时间点提前，刑法提前介入，将环境危害控制在萌芽状态，甚至在行为发生的初始阶段就予以遏制，对于尽可能减少环境损害具有重要作用。二是鉴于污染环境犯罪危害结果的涉及范围广，将污染环境犯罪设置为危险犯，使环境危害行为在对大范围的环境产生侵害危险时即成立犯罪，把可能发生的大范围环境侵害控制在实际危害结果发生之前，尽可能避免大规模环境实际危害结果的发生。

另外，污染环境危害结果具有不可逆转性和潜在性决定了在污染环境犯罪中设置危险犯的必要性。一是污染环境危害结果具有不可逆转性，这要求环境保护应重视环境危害的防治，事前预防重于事后惩治。为了防止出现难以逆转的环境实际危害结果，立法者应当将某些环境犯罪的停止时间点提前，适当规定危险犯，加大对环境犯罪的打击力度。二是污染环境危害结果具有潜伏性，污染环境行为对法益的实际危害结果在行为实施后相当长的时间内才会突显，危害行为和危害结果之间具有相当长的时间差距。将环境犯罪规定为实害犯，对犯罪成立的

---

[86] 侯艳芳. 环境法益刑事保护的提前化研究[J]. 政治与法律, 2009, (03): 111-120.

认定须等待实害结果的发生,这会造成时过境迁带来的取证困难、因果关系难以认定以及责任分配难以确认等弊端。将污染环境犯罪设置为危险犯,有利于及时、准确并高效的追究环境犯罪的刑事责任。

3. 从危险犯的功能看在环境资源犯罪中设置危险犯的具有可行性

我国将大部分环境资源犯罪设置为实害犯,这就在很大程度上限制了环境资源犯罪的成立范围,造成环境资源违法犯罪的制度缺陷。而在环境资源犯罪中设置危险犯,将具有重大环境资源实际危害结果发生的危险作为某些环境资源犯罪的成立条件,使环境资源刑法介入时间提前,从而适当地扩大环境资源刑法调整的范围,并且能够使人们依据环境资源侵害的特点更加具有针对性和可行性地追究环境犯罪的刑事责任。

一般说来,危险犯以发生侵害法益的危险状态即可,换言之,只要行为人实施了侵害法益的作为或者存在不作为并将某种法益置于危险状态,而不以对法益产生实际的危害结果为必要。危险犯中的危险作为一种危害结果,有其自身的特点,作为危害行为引起的客观事实,具有不以人的意志为转移的客观属性。正是由于危险犯中危险的客观性是危险犯的重要特征之一,也是环境资源犯罪中设置危险犯的重要原因。但该危险与实害犯所要求的有形的、可以具体测量的结果并不相同。实务中,环境资源违法犯罪行为具有导致重大实际危害结果发生的客观性,如果不是某个偶然因素的作用,这种造成重大实际危害结果的可能性就会转化为现实,危险就会转化为实害,所以生态安全保护亟须刑法发挥预防功能,才更加需要设置危险犯。

(三) 生态犯罪中设立危险犯的立法构想

具体到生态犯罪,一定程度上应在对犯罪行为人施以刑罚时将具体的实害结果排除在外,只要行为本身被认定为可罚即可,而不是行为所引起的结果被认定为可罚。这样,只要实施了具有危险性的行为,就可以利用刑法对其进行规制。

1. 以设立具体危险犯为主、抽象危险犯为辅的原则

危险犯有两种表现形式,一个是具体危险犯,另一个是抽象危险犯。设立危险犯的目的是为了防止危险结果的发生,具体危险犯中的"危险"必须是真正危险,不仅是现实存在的,而且是即将发生的;抽象危险犯中的"危险"则是一种法律的拟制,即将原本不同的行为按照相同的行为进行处理,其中包括将原本不符合某种规定的行为按照该规定进行处理。因此,抽象危险犯中的"危险"并非真实存在的危险。如果某种不法行为经常发生,立法者就将其拟制为一种"危险",只要该行为发生,就认为某种"危险"出现,可以直接定罪处罚,而

不将行为的侵害结果作为归责要素。为了积极避免环境危害后果的发生，应当在生态犯罪领域进行抽象危险犯的立法扩张。由于环境危害的结果具有潜伏性和不可逆转性，需要在危险刚刚出现时就将其消灭。如果只是在出现危害结果时才对行为人予以处罚，那么行为人就会抱有侥幸心理，因为只要不造成严重危害结果就不会受到刑罚处罚，还能够获得巨大的经济利益。刑法所具有的威慑作用在大量的环境危害行为面前无计可施，增加生态犯罪人实施犯罪的概率。因此，在生态犯罪中设立抽象危险犯有利于体现刑法所具有的威慑力，在行为人实施危害环境的行为时使，其所受惩罚远远大于其所获利益，从而减少司法实践中危害环境行为的发生。为了发挥生态刑法的保护作用，世界各国大多在环境资源犯罪中设置了危险犯，并且通常是具体危险犯而非抽象危险犯。各国环境资源犯罪中危险犯的设置主要采取具体危险犯的形式，当然，为了避免可罚性的过度扩张，具体罪名的设立要遵循具体危险犯为主、抽象危险犯为辅的原则。

2. 适当地设立过失危险犯

过失危险犯是指行为人由于过失而使行为引起危险状态，因而构成犯罪并给予处罚的情形[87]。传统刑法理论认为过失犯罪的成立必须要求造成危害结果，因而过失犯罪和危险犯从来都是泾渭分明的两种犯罪，但是过失危险犯却是过失犯罪和危险犯这两种形态的联合体。对于过失危险行为是否应该入罪，我国刑法学界的意见并不统一。有的学者坚持认为危害结果是追究过失犯罪责任范围的客观尺度，随性地扩大过失犯罪的责任范围是刑事立法的倒退。此外，过失犯罪中行为人并没有犯意，对过失危险犯追究刑事责任达不到特殊预防的目的[88]。有的学者则认为，现代社会充满的不确定性、复杂性使过失危险犯有其存在的理论和现实基础。危害结果不能只被理解为实际损害，危险状态也应当被看作是一种危害结果。危险犯其实也是一种结果犯，只是这种结果不是实害结果，而是一种危险结果[89]。笔者认为，生态犯罪造成的后果往往具有不可逆性，而且在很多情况下，行为人也许并没有意识到危险状态会发生，但对相关环境保护规定却是明知故犯。这种明知故犯的违法行为很容易引起严重的后果，只有对其发挥刑法的震慑作用，才有可能降低生态犯罪潜在风险转化为实际损害的几率，达到保护生态环境、预防生态犯罪的目的。

---

[87] 刘仁文. 过失危险犯研究 [J]. 法学研究, 1998, (03): 12.
[88] 孙国祥. 过失犯罪导论 [M]. 南京: 南京大学出版社, 1991: 131-132.
[89] 俞利平, 王良华. 论过失危险犯 [J]. 法律科学, 1999, (03): 21.

四、完善刑罚方式

(一) 提高生态犯罪的罚金数额

由于现行刑法典尚未对生态犯罪的罚金数额做明确规定，因而在司法实践中，法官多是通过自由裁量来判定罚金数额。从司法实践来看，法官对生态犯罪判定的罚金数额过低，既不能使犯罪行为人受到应有的惩罚，也不能发挥刑罚的威慑作用。生态犯罪属于贪利性犯罪，只有判处数额较大的罚金刑，才有可能将犯罪行为人所赚取的利润剥夺，对其形成威慑作用。国外生态犯罪刑事立法所规定的罚金数额远远高出了我国司法实践中所判处的罚金数额，无论是对个人的罚金刑还是对单位的罚金刑。以澳大利亚新南威尔士州为例，未经授权的取水行为最高可判处110万澳元和两年监禁，公司犯罪则判处220万澳元。美国对于首次因过失违反《清洁水法》规定的行为人，处以每违法日2500美元至25000美元的罚金，或处以一年以下监禁，或并处。再次违法者则判处最高罚金的双倍罚金。对于故意违法的行为，第一次处以每违法日5000美元至50000美元的罚金和三年以下监禁，再次违法者则判处最高罚金的双倍罚金。高额的罚金刑对生态犯罪行为人起到了很好的震慑作用，也对一般公众起到了警示作用，从而能够实现惩治和预防生态犯罪的目的。

针对我国目前生态犯罪罚金数额普遍较低的现状，应当对立法中生态犯罪的罚金刑进行完善。第一，应当以限额罚金制[90]对生态犯罪的刑罚数额作出规定。目前我国对生态犯罪罚金刑采取的是无限额罚金制，即条文中并未对罚金数额作出具体规定，而是赋予了法官较大的自由裁量权，容易造成判决结果轻重不一。从司法实践来看，我国目前生态犯罪的罚金数额相对较低。应当采取限额罚金制对生态犯罪罚金数额的上限和下限做出规定，使判决结果基本统一且保证犯罪行为人不能通过犯罪行为获得任何利益，起到一般预防和特殊预防的效果。第二，应当同时判处自由刑和罚金刑。现行刑法典规定的罪名中，有10类生态犯罪在判处刑罚时可以选择性地适用自由刑或罚金刑，只有4类是同时判处自由刑和罚金刑。有的学者认为，鉴于生态犯罪是贪利性犯罪，应当将罚金刑上升为主刑。不管罚金刑的数额多大，自由刑的威慑力是远远超过罚金刑的。如果将罚金刑作

---

[90] 目前关于环境犯罪罚金数额主要采用以下几种确定方式：一是限额罚金制，即在刑罚中规定罚金的上限和下限。二是无限额罚金制，即指刑法中没有规定罚金的处罚数额，而仅仅规定"并处罚金"或"可以并处罚金"，至于实际判处罚金的数额，则由法院根据具体情况判处。三是倍比罚金制，即刑法规定以与犯罪有关的某一个数额为参照，再判处犯罪人该数的倍数或者一定比例的罚金。四是日额罚金制，又称日付罚金制，是按照确定缴纳罚金的天数和每天应当交付的罚金数额逐日缴付罚金的制度。

为惩治生态犯罪的主要方式,那只会鼓励更多的人实施犯罪行为,因为最坏的结果也只是财产损失。应当将 14 类生态犯罪全部采取自由刑并处罚金刑的方式,对犯罪行为人起到威慑作用。如果犯罪行为人实在无力支付罚金,那么就通过增加自由刑的方式来达到平衡。

(二) 增加资格刑、生态修复等责任方式

增设资格刑,保障生态环境犯罪刑罚执行到位。我国经常出现法院对已判案件执行不到位的情况,这其中就包括了生态环境类犯罪案件。生态环境破坏行为人对法院判决怠于或者执行不到位,无限期拖延应缴纳的罚金,导致生态环境的恢复不及时,进而引发更为严重的损耗。对此,可以在我国刑罚附加刑中增设资格刑,并重视资格刑的运用。采取剥夺资格刑的形式,设置准入机制,以防止犯罪行为人再次利用该资格实施犯罪行为,起到了一定的预防作用。资格刑的设立,对生态环境破坏行为人设立一定的准入障碍,比如,行业准入、经营范围的限定、职业资格证书以及荣誉的取消等,都可对行为人产生震慑力。

在生态环境刑事立法中,有必要细化生态环境类犯罪的刑罚体系,并提高生态环境类犯罪的法定刑幅度,依据生态环境破坏行为人的不同以及污染方式的不同,适用不同的刑罚,避免刑法打击不到的情况出现,也能使和资源破坏环境破坏行为人做出行为之前,意识到生态安全的重要性,从源头根除环境污染和资源破坏的发生。

构建生态环境类犯罪刑事处罚方式的多元化,同时建立刑罚措施与非刑罚措施和资源破不并举的刑事处罚模式,刑罚作为一项重要手段,在治理、预防生态环境类犯罪方面具有良好的效果。刑罚只是我国打击生态环境类犯罪众多手段中的一种,并不是唯一手段,然而刑罚的严厉性决定了适用的范围不大,所以完全以刑罚这一手段来根除生态环境类犯罪并不现实。从预防犯罪的角度出发,可以借鉴国外的相关规定,增设一定数量的资格刑,以避免将来可能出现的环境损害。采取一些非刑罚化的措施,比如,恢复生态原状、公开道歉、限期整改等,可以在打击生态犯罪中发挥作用,也更有利于根据环境类犯罪的不同主体、原因、情节等要素,选择适用刑罚和刑罚对行为人进行处罚,对生态环境类犯罪进行规制,进而有效保护生态环境。

第六章
生态犯罪刑事规制的司法完善

第一节 生态安全行政执法与刑事司法衔接程序的完善

生态安全行政执法与刑事司法作为生态环境保护的两种重要手段,其协同运作是我国环境保护和生态文明建设的根本法治保障。虽然我国法律、法规和其他规范性文件就环境行政执法与刑事司法衔接等方面做了一些规定。但我国生态安全行政执法与刑事司法衔接机制的实践运行面临诸多问题,突出表现在:多头执法、有案不移、以罚代刑的处理成为常态,生态安全"行政执法与刑事司法衔接不畅"等。鉴此,我们通过考察我国环境行政执法与刑事司法衔接机制的运行现状及其存在的问题,具体分析我国环境行政执法与刑事司法衔接机制功能发挥受限的制约性因素,对当前理顺环境保护行政机关与司法机关的衔接理论展开理性思考,从完善我国生态安全行政执法与刑事司法衔接机制视角提出相应的对策与建议,具体包括:注重案件移送程序与移送标准的立法完善,完善执法信息共享机制,强化检察机关对案件移送的动态监控,完善不移送案件的刑事追究机制。另外,强调建设专业化、规范化的队伍是做好生态安全行政执法与刑事司法的重要保障,如前所述,有必要在生态安全领域推行综合执法,刑事领域探索建立以专业公安机关为主体刑事侦查部门。

一、我国生态安全行政执法与刑事司法衔接机制的制度规范

(一)实体法规定

我国1997年《刑法》第六章第六节专门规定了"破坏环境资源保护罪",2000年,最高人民法院出台了《关于审理破坏森林资源刑事案件具体应用法律若干问题的解释》和《关于审理破坏野生动物资源刑事案件具体应用法律若干

问题的解释》；2006年，最高人民法院出台了《关于审理环境污染刑事案件具体应用法律若干问题的解释》（以下简称《2006年解释》）；2013年，最高人民法院、最高人民检察院联合出台《关于审理环境污染刑事案件具体应用法律若干问题的解释》，在保留、完善《2006年解释》有关内容的基础上，根据污染物排放地点、排放量、超标程度、排放方式以及行为人的前科，界定了"严重污染环境"的14项认定标准。为进一步提升依法惩治环境污染犯罪的成效，加大环境司法保护力度，有效保护生态环境，推进美丽中国建设，2016年，最高人民法院、最高人民检察院发布了《关于办理环境污染刑事案件适用法律若干问题的解释》，该解释结合当前环境污染犯罪的特点和司法实践反映的问题，依照刑法、刑事诉讼法的规定，对相关犯罪定罪量刑标准的具体把握等问题作了全面、系统的规定。

结合环境资源犯罪的立法实践，环境资源犯罪的立法趋势有以下特点：一是破坏环境资源犯罪的法律标准统一、明确；二是环境资源犯罪的入罪门槛一再降低，体现了从严打击环境资源犯罪思想。如环境污染犯罪不再将"严重污染环境"解释为必须造成公私财产重大损失或者人身伤亡的实际损害后果，司法解释也列举出只要有私设暗管排放有毒物质的行为即可定罪，同时环境监管失职罪的入罪门槛也相应降低，加大了对环境监管机构和人员的责任追究力度。

（二）程序法规定

从目前的法律规定来看，生态环境行政执法与刑事司法衔接机制逐步完善。行政法规方面，国务院于2001年7月4日通过了《行政执法机关移送涉嫌犯罪案件的规定》，以"保证行政执法机关向公安机关及时移送涉嫌犯罪案件"，规定了行政执法机关移送涉嫌犯罪案件的法律依据、法律程序、法律责任等内容；最高人民检察院分别于2001年12月、2004年3月、2006年1月单独或与其他部门联合发布了3部规范性文件《人民检察院办理行政执法机关移送涉嫌犯罪案件的规定》，最高人民检察院、全国整顿和规范市场经济秩序领导小组办公室、公安部《关于加强行政执法机关与公安机关、人民检察院工作联系的意见》，最高人民检察院、全国整顿和规范市场经济秩序领导小组办公室、公安部、监察部《关于在行政执法中及时移送涉嫌犯罪案件的意见》，这些都明确了人民检察院在行政执法机关移送涉嫌犯罪案件中的职责，将行政执法机关移送涉嫌犯罪案件的情况纳入检察监督的范畴；2007年5月，国家环保总局、公安部、最高人民检察院联合出台《关于环境保护行政主管部门移送涉嫌环境犯罪案件的若干规定》专门规范环境保护行政主管部门及时向公安机关和人民检察院移送涉嫌环境犯罪案件，明确环境保护行政主管部门移送涉嫌环境犯罪案件的法律程序、法律责任、证据要求等内容，我国环境行政执法与刑事司法衔接机制初步建立起来；2011年2月，中共中央办公厅、国务院办公厅转发国务院法制办等部门《关于加强行政执法与刑事司法衔接工作的意见》，重点解决行政执法领域中有案不移、有案难移、以罚代刑的问题，进一步明确行政执法与刑事司法衔接工作机制所涉及的行政执法机关、刑事司法机关以及检察机关应当履行的职责及工作程序，并提出了监督制约措施和加强组织领导的措施；2013年11月4日，环保部与公安部联合下发《关于加强环境保护与公安部门执法衔接配合工作的意见》，加强环境保护、公安两部门在环境执法工作中的衔接配合提出了十四点意见，进一步完善了我国环境行政执法与刑事司法衔接机制。

二、我国环境行政执法与刑事司法衔接机制运行中存在问题

从上述规范性法律文件的陆续出台来看，一方面体现了国家不断从立法层面规范生态安全行政执法与刑事司法衔接机制，从另一方面也反映出当前我国生态安全行政执法与刑事司法衔接机制的实践运行效果不佳，正如2011年《关于加强行政执法与刑事司法衔接工作的意见》中明确指出，"在一些行政执法领域，有案不移、有案难移、以罚代刑的问题仍然比较突出"。可见，我国生态环境行政执法与刑事法衔接机制并未按照立法的理想效果。当前，我国生态安全行政执法与刑事司法衔接机制的实践运行面临诸多问题，主要表现在以下几个方面。

（一）多头执法

如前所述，我国生态环境行政执法涉及众多部门。具体到生态环境行政执法领域，根据相关的法律规定，行政执法主体如下：环境保护方面《环境保护法》规定，县级以上地方人民政府环境保护行政主管部门，对本辖区的环境保护工作实施统一监督管理，即环境保护行政主管部门是环境执法的主体。海洋环境污染防治中《海洋环境保护法》就规定了统一主管和分工负责相结合的监督管理体制，具体是由国务院环境保护部门主管，国家海洋行政主管部门、国家海事行政主管部门、国家渔业行政主管部门和军队环境保护部门共同分工负责的管理体制。自然资源保护领域生态监管主体就更为复杂，按照资源要素的不同，自然资源保护监管的主体也有所不同。土地资源保护领域其监管主体是国家土地行政主管部门；水资源保护是以国家水行政主管部门为主，国务院各有关部门按照职责分工，负责水资源开发、利用、节约和保护的有关工作的管理体制；森林资源由国家林业行政主管部门为监管主体；草原资源由国家草原行政主管部门为监管主

体；渔业资源管理中《渔业法》规定，国务院渔业行政主管部门主管全国渔业工作；矿产资源保护实行主管与协管相结合的监督管理体制，即国家地质矿产部门主管，有关其他部门协助进行矿产资源勘查、开采的监督管理工作；野生动植物资源实行分部门和分级监督管理的体制，主要由国家林业、渔业、农业、建设、环境保护等行政部门分别主管。

一般来说，行政执法机关因为各自承担的执法任务不同，管理的权限差异，长期以来在一些立法工作中过于强调"条条"管理，法律法规所规定的行政处罚权往往落实到政府的某一个具体部门。这样，在实践中造成制定一部法律法规，就设置一支执法队伍。因而执法机构林立，力量分散，界限不清，缺少整合与协调，必然导致权责交叉。

这种现象在生态安全行政执法领域尤显突出，上述相关法律对生态安全执法主体都作出了相关规定，可以看出环境保护行政主管部门并不是唯一的生态执法主体，森林资源及野生动植物资源保护、防沙治沙的执法主体为林业和草原部门，水资源保护的执法主体为水利部门，农业环境的执法主体为农业部门，社会生活噪声的执法主体为公安部门、海洋污染防治的执法主体为海洋部门，土地利用和矿山开发环境的执法主体为国土资源部门等，此种情势不可避免地致使不同部门生态执法机构的职能交叉和重叠。而之所以会出现这种局面，是因为我国的生态管理体制是从各部门分工管理逐步转变为统一监督管理和分工负责相结合的管理体制，在体制转变过程中只注意对新机构的授权，不注意对原有机构及其相关职能的整合，从而就发生了某些生态管理机构重复设置的现象，导致了政府内部某些生态管理机构的职能错位、冲突、重叠等体制性障碍，造成国家公共利益和部门行业利益的冲突。因此，在实务中当多个执法机关就同一对象或者同一行为进行管理时，就会出现多头执法、权限冲突或者推诿塞责等问题。有关生态安全监管的权力分散于多个行政执法机关，环保、林业、农业、国土、水利等部门均拥有执法权力，但是，执法的依据不同，执法的方式各异，导致对于生态安全问题分段管理，各自为政，严重影响了执法效果，也损害了执法的权威，无法实现无缝隙的统一监管。

（二）以罚代刑

以罚代刑是生态环境执法常见的现象，其原因主要在于：

第一，行政执法的被动性。很多地方政府在发展经济优先的思维主导下，受政绩观影响，片面追求 GDP 政绩观，甚至放纵当地企业污染环境和破坏资源。而作为政府组成部门的相关资源保护、环境污染防治等部门受制于地方政府，在行政管理和行政执法中不得违背政府的意志。实务中，生态安全执法部门在移送当地企业，尤其是涉及国企和央企的环境资源涉罪案件经常受到相关部门的不法干涉。因此，在日常执法中，即使发现环境资源涉罪案件，执法部门也往往选择行政处罚的内部消化策略。

第二，行政执法的私利性。实务中，行政罚款往往是行政执法部门最常见的处罚手段，具有明显的功利性和天然的经济刺激性。有些行政执法部门为了部门利益，怠于移送涉罪的生态环境案件。实务中，很多生态环境行政执法部门不是将涉嫌犯罪的案件直接移送公安机关，而是采取行政罚款处罚了事。

第三，行政执法的相对独立性。鉴于行政执法资源的有限性、专业的局限性与信息来源的封闭性，检察机关往往难以及时、全面掌控环境资源部门的行政执法情况。尽管我国目前已经初步建立了生态安全"两法衔接"相关的信息共享机制、联席会议机制、情况通报交流机制、备案查询机制等，但在实践运行过程中，这些制度并未发挥其预期功效和作用。

（三）移送程序不当

涉罪案件移送，是行政执法与刑事司法衔接的前置程序，当前移送程序的法律规定和移送标准上还存在很多问题。

第一，案件移送程序法律规定的不匹配。其一，案件移送期限规定不一。国务院2001年出台的《行政执法机关移送涉嫌犯罪案件的规定》第五条规定"行政机关负责人批准移送的，应当在24小时内向同级公安机关移送"，而环保部、公安部、最高检联合发布的《关于环境行政主管部门移送涉嫌犯罪案件的若干规定》第五条则规定"环保机关负责人应当在二个工作日内向公安机关移送"。这些具体规定不一致，导致环保资源部门在案件移送时无法操作。其二，案件移送证据转化难。根据《刑事诉讼法》第五十二条明确规定行政执法证据可作为刑事诉讼的证据使用。但在实际执法过程中，生态安全执法所获得的证据与刑事所要求的证据在证据能力和证据力等方面存在很大的差距。因此在行政证据和刑事证据转化与适用上存在较大很大困难。

第二，案件移送标准。根据我国《行政处罚法》第二十二条规定，违法行为构成犯罪的，行政机关必须将案件移送司法机关。《行政执法机关移送涉嫌犯罪案件的规定》第三条规定，行政执法机关发现违法事实涉及的金额、情节、造成的后果涉嫌构成犯罪的，也就是说，只有发现并查清违法犯罪事实，在此前提下行政机关才能移送涉罪案件。比较而言，《行政执法机关移送涉嫌犯罪案件的规定》第三条所确立的"移送标准"，门槛较高，更加严格。考虑到环境污染、资源破坏认定事实的及时性、专业性、复杂性，环境资源部门在移送案件之前不仅要查清案件事实，还要准确把握案件的情节、危害后果以及因果关系，这些对于环境资源部门来说难度较大，很大程度影响涉罪案件的移送。

根据刑法谦抑性原则，刑事手段是预防环境犯罪最有力的、也是最后的一道防线，生态安全行政执法与刑事司法衔接机制运行高效、顺畅，生态安全法治化的程度会更高，毫无疑问，其威慑力也会大大加强。但环境生态安全行政处罚作为常规手段，而刑事手段阙如的境况，却将环境资源"两法衔接"不畅问题暴露无遗。因此，要想实现生态安全行政执法与刑事司法的有效衔接与高效运转，必须提高案件移送效率，规范移送程序，细化具体操作，保障案件顺利移送。进而保证环境资源涉罪案件得到及时、公正、高效的办理。

（四）检察监督不力

关于环境资源保护部门有效地移送涉嫌环境资源犯罪案件的问题，需要行政机关能依法自觉地主动地移送涉嫌犯罪案件，除此之外，也需要外部的有效监督，尤其是作为专门的法律监督机关，人民检察院的监督极其重要。

但在实际执法过程中，人民检察院行使的法律监督权还需要进一步加强。如果不强化法律监督，则正好加重了相关部门的自利和侥幸的心理，环境资源部门常常会作出有案不移、以罚代刑的执法应对，使环境资源"两法衔接"机制运转不畅。

根据相关法律规定，我国人民检察院对生态安全行政执法的法律监督主要是立案监督。首先，在案件移送环节，《行政执法机关移送涉嫌犯罪案件的规定》第十四条规定，行政执法机关移送涉嫌犯罪案件，应当接受人民检察院和检察机关依法实施的监督，但如何进行操作？《行政执法机关移送涉嫌犯罪案件的规定》则没有作出详细具体的规定。最高人民检察院通过的《人民检察院办理行政执法机关移送涉嫌犯罪案件的规定》以及环保部、公安部、最高检联合出台的《关于环境保护行政主管部门移送涉嫌环境犯罪案件的若干规定》以及《关于加强环境保护与公安部门执法衔接配合工作的意见》也都笼统地规定了"移案监督"的方式与程序，但与法律法规相比较，由于这些规范性文件效力位阶过低，实务难以操作。

在"立案监督"层面，《行政执法机关移送涉嫌犯罪案件的规定》第九条规定，行政执法机关可以建议人民检察院依法进行立案监督，人民检察院的法律监督实际是被动的，检察机关主动介入监督的规定阙如。

三、完善我国环境行政执法与刑事司法衔接机制的对策建议

（一）注重案件移送程序的立法完善

从上述相关法律文件可以看出，我国当前关于环境资源涉罪案件移送程序方面存在很多冲突与矛盾，如果能够统一立法，当然是最好的选择，但是考虑到目前的现实，打破现有的立法体系去重构，是现实的。我们认为，现阶段应当整合资源，形成合力，加强对现行环境资源涉罪案件移送程序立法的调整和统筹。

第一，实现移送标准的相对统一。我国《行政处罚法》《行政执法机关移送涉嫌犯罪案件的规定》《关于环境保护行政主管部门移送涉嫌环境犯罪案件的若干规定》《关于加强环境保护与公安部门执法衔接配合工作的意见》等规范性法律文件对案件移送程序都作了相关的规定。从内容上看，很多规定都是重复的；从效力上看，上述规范性法律文件有法律、行政法规、部门规范性文件，效力层次不一，并且也有法律效力从高到低的排序。但从实际操作来看，冲突矛盾之处较多。具体地说，《行政处罚法》法律位阶最高，但其相关规定过于笼统，缺乏操作性；《关于加强环境保护与公安部门执法衔接配合工作的意见》对涉罪案件移送程序的规定，更为具体明确，但由于其法律位阶较低。为实现环境资源涉罪案件移送标准相对统一，必须对相关规范性文件进行宏观统筹：一是提高环境资源涉罪案件移送程序法律规定的效力层次，使其具有普遍约束力；二是相关规范性法律文件应依据《行政执法机关移送涉嫌犯罪案件的规定》的内容作出调整和修改，做到立法的相对协调和统一。

第二，降低涉罪案件的移送标准。《行政执法机关移送涉嫌犯罪案件的规定》第三条所确立的"移送标准"，相比较《刑事诉讼法》第一百一十条所规定的"立案标准"，显得过高。这样的移送标准，高门槛使得大量的环境资源涉罪案件很难被立案追诉实务中，往往也会导致大量应当移送的案件无法进入刑事诉讼程序。因此，应当对《行政执法机关移送涉嫌犯罪案件的规定》第三条的移送标准的规定进行适当地修改，做到执法机关移送案件的标准适当低于刑事追诉的立案标准，降低涉罪案件的移送门槛。

（二）完善执法信息共享机制

执法信息是行政执法与刑事司法衔接的媒介和纽带。行政执法与刑事司法衔接的各种机制要真正地实现良性运转，必须保持执法信息的交流和沟通。实务中，建立和完善行政执法与刑事司法案件信息共享平台是重要的方式，发挥其在

行政执法与刑事司法之间的交流、沟通、协调、共享等作用，这也是"两法衔接"的重要保障。回顾"两法衔接"立法历程，法律已经逐步趋于完善，但实务中"有案不移""有案难移""以罚代刑"等现象仍不同程度存在，其很大原因就在于未能建立一套科学的执法信息共享平台。执法信息共享是解决"两法衔接"瓶颈问题的突破口，不仅能做到信息交流和共享，还能成为司法机关提前介入的重要路径。以江苏省为例，公开行政执法信息被作为江苏省推进"两法衔接"的重要抓手，江苏省近年来着力打造覆盖全省的信息共享平台，2013年，该省查处涉嫌环境犯罪案件51起，涉嫌环境犯罪立案数超过之前15年的总和，逐步形成行政机关不愿、不敢、不能以罚代刑的执法氛围。

环境资源涉罪案件信息共享平台的建立和完善，必须做到将所有的全部的日常环境资源行政处罚案件均录入到执法信息共享平台内，让其没有选择余地的将所有行政处罚案件信息均被侦查部门所知晓，并纳入人民检察机关的监督范围之内。因此，必须打破环境资源行政执法的闭塞性，建立一整套信息分享机制，包括行政执法通报制度、执法备案查询制度等。人民检察院依托这些制度平台，做到及时发现涉罪线索、督促案件移送，有效防止和纠正环境资源部门有案不移与以罚代刑现象。

（三）强化检察机关对案件移送的动态监控

一切的权力都存在滥用的可能，这是亘古不变的真理。除了立法上予以规范以外，加强检察机关的动态监督是案件移送的重要方式，应当做到以下几点。

第一，加强案件移送监督。司法实践中，人民检察院对环境资源涉罪案件的监督以"立案监督"为主，重心在于立案环节的监督，往往会忽略过程监督和动态监督。结合环境资源涉罪案件的实务，当前检察监督的重心应当放在案件移送监督上。人民检察院在履行公安侦查机关立案监督的同时，还应加强行政执法机关及时移送涉嫌犯罪的案件。检察机关除了履行对涉罪案件移送的监督法律规定的义务以外，应当探索就建立专项立案监督制度、提前介入监督制度、联合执法制度等相应的配套制度，以保证人民检察院在环境资源"两法衔接"中的主动地位。

第二，健全联席会议机制。检察机关通过联席会议，针对行政执法与刑事司法衔接过程中存在的问题和疑难问题进行定期的交流和研讨，这对于加强合作、促进衔接、提高效率具有重要的作用，具体包括对环境资源部门的案件处理以及其他各种有关涉罪案件线索进行探讨，厘清各类案件的难点、疑点，同时开展刑事法律方面的业务指导。

第三，倡导检察机关提前介入。实务中，为了充分发挥检察机关对于案件定性、法律适用等方面的专业优势，对于造成严重后果、社会影响较大的环境资源涉罪案件，人民群众反映强烈、新闻媒体报道的案件等，检察机关可以派员主动提前介入，指导行政执法工作，引导行政执法机关围绕案件定性进行证据收集、固定和保全工作。同时，行政执法机关也可以主动邀请检察机关参与执法工作，进行联合执法及时根据案情对案件作出有效处理。这对于实现案件的准确定性和保证收集证据的效力具有重要作用。

第二节 生态犯罪刑事规制的司法专门化

随着日益严重的生态破坏和环境污染的形势，作为应对，我国各地陆续开始探索生态环境司法专门化的实践。可以说，生态环境司法专门化并非来之理论，亦非常规的理论先行，它是由各地生态环境司法实践和司法专门化过程中有效结合而形成，这都是源于解决环境纠纷和治理环境问题的时代需要而产生。环境司法专门化是解决生态环境纠纷、预防和惩治生态破坏和环境污染违法犯罪行为的必然选择，是推进生态文明建设的重要法治保障。人民法院担负着保障法律实施的重要职责，在推进生态环境治理体系现代化进程中具有不可替代的重要作用[91]。应当说，在这个伟大的进程中，生态环境司法发挥了不可或缺的保障作用的同时，更为推进环境司法专门化积累了大量的研究素材和实践经验。最高人民法院高度重视环境司法保障工作，近年来为推进环境司法专门化做了大量重要工作。2014年3月，最高人民法院工作报告中明确提出，要"加强知识产权和环境资源审判机构建设"和"做好环境资源案件审判工作"。2014年7月，为回应人民群众环境资源司法新期待，为生态文明建设提供有力的司法保障，最高人民法院成立了专门的环境资源审判庭。2015年3月，最高人民法院工作报告指出，最高人民法院设立环境资源审判庭。近年来，中国法院从树立现代生态环境司法理念、建立专门审判机构、依法公正审理案件、推进公益诉讼、深化司法改革等方面着手，构建包括审判机构、审判机制、审判程序、审判理论以及审判团队专门化在内的"五位一体"专门化体系，推动环境司法取得重要阶段性成果。

---

[91]人民法院依法惩治污染环境、破坏资源等犯罪，监督行政机关依法履行环境资源保护职责，加大环境权益保护力度，为保障人民群众生命健康和财产安全，维护国家和社会公共利益，促进经济社会可持续发展作出了积极的贡献。2014年1月至2017年3月，中国法院受理环境资源刑事、民事、行政一审案件415089件，审结377258件，切实维护人民群众环境权益，保障自然资源和生态环境安全。

一、生态环境司法专门化的理论基础

第一，一般意义上的社会分工专门化需要生态环境司法的专门化。生态环境司法专门化的生成路径，客观上反映的是法律与社会现实之间的关系，体现了法律制度对现实社会的回应。现代社会，随着专业分工的精细化，社会纠纷也出现专业化和复杂化发展倾向，从而使得传统的民事、行政、刑事审判庭难以应对一些专业领域内的问题。

法律向来就是一项精密的科目，内部分化很复杂，这要求执掌它的人必须经过长期的努力与积淀，才能成为某一方面的"专家"。由于我国法律职业共同体建设的时间还不长，法律职业的专业化远不如国外那么明显。随着社会经济的发展和对外开放的不断深入，社会纠纷的复杂程度越来越高，法律职业也开始表现出明显的细化趋势，在这种背景下，在原有审判机构的基础上，根据纠纷的密集程度分化出相关的业务审判庭，无疑有助于各类专业化领域问题的解决。因为这种审判机构的专门化，必将带来法官队伍的知识化，催生出一批在某一领域非常专业且深谙此类案件审判规律的专业型与经验型法官，从而为化解专业问题提供坚实的组织保障。总之，社会分工的细化体现了人类的发展和进步，而审判机构专门化也体现出司法的发展与进步。日益复杂而精密化的社会纠纷呼吁司法组织的专业化，反过来，审判机构的专门化也将有助于各类社会纠纷的有效解决。所以，根据社会纠纷的种类、特点和数量，适时分化出专门化审判庭，对于发挥司法的社会功能，促进司法自身的壮大发展，都具有深远的意义[92]。

第二，生态环境问题和违法犯罪案件的特殊性客观上要求。生态环境司法专门化所涉及的生态环境案件有其自身的特点，不但与自然资源的破坏、环境污染有关，而且涉及技术的运用，与科学技术发展相关。另外，关于生态环境损害的因果关系、责任专业认定、司法鉴定等都是专业性问题，这就决定了环境案件审理的复杂性，对司法人员需要有特殊要求，对程序也要有特殊要求，审判时要求专门化。

过去生态环境的案件涉及生态环境侵权、违法犯罪，往往由传统的民事、行政、刑事三大审判庭分别来审理一起环境案件，人为切割案件的整体性和统一性的评判，严重弱化生态环境案件审判的力度，也使得生态环境诉讼案件在司法审判过程中缺乏统一适用的标准。一般说来，生态环境侵权、违法犯罪行为跟其他

---

[92] 吕忠梅，李云鹤，张忠民，等.环境司法专门化现状调查与制度重构[M].北京：法律出版社，2017：143-145.

的行为相比,具有专业性强、复杂程度高、知识构成广,存在更为专业的复杂的事实问题判断和法律问题判断,生态环境案件的间接性、累积性、滞后性、不确定性与科技性等特性,要求在审理程序、责任形式和救济方式上进行专门对待,直接沿用传统诉讼模式难以解决。因此,传统法院审理模式难以适应审理生态环境案件,并面临诸多的挑战,尤其是专业法律和技术专家、昂贵的诉讼成本、漫长的审判时间,缺乏专业生态环境的周全考虑等显示出需要有专门的审判组织和专门审判人才来解决此类案件的必要。

生态环境方面的法律涉及大量的综合性法律法规和单行法律法规,体系庞大,内容复杂,即使是专业人士也不容易了解这类法律的全貌。尤其是生态环境行政执法机构众多,人员参差不齐,容易造成法律适用的标准和执法尺度不一。生态环境司法应客观考虑这方面的现实,避免在司法层面再出现同样的问题,成立专门生态环境法庭将相关的生态环境案件集中在一个审判平台,有助于统一司法和公正司法。

二、生态环境司法专门化的具体实施办法

贵州、江苏、云南、重庆、福建、海南等地开展生态环境司法专门化发展过程、经验做法的具体形式是设置专门审判机关或者设置专门的审判机构,司法实践中,主要表现为设置环保法院和环保法庭[93]。从理论研究和实践效果来看,环境司法专门化主要体现在环保法院或者环保法庭的设置上,其具体表现形式在于将环境民事、行政、刑事案件归口于一个审判机关或审判组织审理,即集中审理或"三审合一"归口审理[94]。当前我国环境案件审判专门化的发展和实践主要是在法院内部设置独立建制的环境资源专门审判机构,即环境资源审判庭,而对于设置类似海事法院和知识产权法院的专门环境法院,则应是环境司法专门化未来发展的愿景。2014年6月,最高人民法院设立环境资源审判庭,专门审理环

---

[93] 同时,还包括环保巡回法庭和环保合议庭。环保巡回法庭是指法院为方便群众诉讼,在法院辖区内设置巡回地点,根据案件需要,定期或不定期到巡回地点受理并审判环境资源纠纷案件的制度。其设置的出发点是方便群众诉讼,并不包含环境案件专业审判的设想。

[94] 人民法院创新审判机制,将涉及环境资源的民事、行政案件,刑事案件统一归口一个审判庭审理的"二合一"或者"三合一"工作模式,在统一裁判尺度、优化审判资源方面取得了有益经验。最高人民法院环境资源庭实行环境资源民事、行政"二合一"模式。在18个已经成立环境资源庭的高级法院中,有5个高级法院实行民事、行政、刑事"三合一"模式,有7个高级法院实行民事、行政"二合一"模式。建立与行政区划适当分离的环境资源案件管辖制度,以流域等生态系统或者以生态功能区为单位的集中管辖或者提级管辖,有效审理跨行政区划污染等案件。推动建立与公安机关、检察机关、环境资源行政主管部门之间的执法衔接、协调配合机制,推进构建环境资源纠纷多元共治机制。

境资源案件,这是世界上最高法院设立专门机构负责环境资源案件的一次创新。在最高人民法院指导下,各级人民法院按照审判专业化要求,立足本地经济社会发展、环境生态保护需要和案件数量、类型特点等实际情况,探索建立环境资源审判专门机构。2017年6月,全国设立环境资源审判庭、合议庭或者巡回法庭共计956个,其中,专门审判庭296个,合议庭617个,环境资源巡回法庭43个。福建、贵州、江苏、云南、重庆等法院还构建了涵盖三级法院的环境资源审判专门化体系。2019年3月,最高人民法院发布的《中国环境司法发展报告》显示我国环境司法专门化体系已经基本形成,我国各级法院共设立环境资源审判庭、合议庭和巡回法庭1271个。

生态环境司法专门化的内容主要有三点:一是设置专门审判机关或者设置专门的审判机构或组织,即设置专门的环保法院和环境法庭;二是司法职业人员专门化,即兼具法律知识与环境科学知识的法官;三是专门的环境司法制度,特别是环境诉讼制度。

环境审判机构专门化已渐成趋势。地方法院不约而同地走出了一条环境司法专门化的路子,设立环境法庭后,均将一定区域内的环境资源案件交由该法庭统一审判。由于环境法庭案件较少,且熟悉环境资源审判的法官也较少,环境法庭成立之后,逐步将涉环境资源的案件交由环境法庭审理,并最终形成了大致相似的所谓"三审合一"模式,即所有管辖范围内的环境资源案件,不论刑事、行政、民事,一律交由该环境法庭审理。有些还将环境案件的执行职能也并入环境法庭,形成所谓"三合一"或"四合一"的专门化司法体制。

三、生态环境司法专门化与相关部门协同

生态违法犯罪行为决定了生态环境司法专门化与部门协同主要体现在生态环境保护机关与公安机关之间的协作;生态环境保护机关与检察机关的协作;生态环境保护机关与审判机关的协作。

环境保护机关与公安、检察、审判机关之间的协作,从制度层面来看主要包括:联勤联动执法制度,联席会议制度,信息共享制度,紧急案件联合调查制度,案件查办协作和重大环境案件处置会商制度,案件移送制度,行政复议与行政诉讼配合衔接制度,立案调查制度,督促案件移送与移送备案制度,支持起诉制度;环境渎职犯罪案件启动制度,环境执法检察监督制度,派驻制度,介入引导取证制度,环境申诉案件优先办理制度,有条件推行环境公益诉讼制度,环境执法案件的司法执行制度,环保机关与司法鉴定部门的信息、技术共享制度,司法建议推动环境行政执法制度等。

四、完善我国生态环境损害司法鉴定制度

司法鉴定指的是在诉讼活动中，鉴定人运用科学技术或者专门知识对诉讼涉及的专门性问题进行鉴别和判断并提供鉴定意见的活动[95]。司法鉴定对案件的定性至关重要，是法官审理案件、查明事实的重要依据。随着科学技术的进一步发展，犯罪案件变得越来越复杂，司法鉴定也因此担负着更为重大的责任。

（一）生态环境损害司法鉴定存在的问题

当前，随着我国公民法制意识和环保意识的加强，在遭受环境侵权并进行责任追究时，逐渐抛弃过往的行政申告转为利用诉讼等方式。作为新的犯罪类型——生态犯罪，因其存在巨大的法益侵害性引发了社会公众的密切关注。受我国近些年发生的一连串生态犯罪案件的影响，公众对生存环境的改善缺乏信心。我国环境污损司法鉴定体制并不完善，导致了生态犯罪案件立案难、定损难、责任认定难。其中，最主要的问题在于缺乏专门的司法鉴定机构。这里专门的司法鉴定机构指的是得到司法部授权的环境污损司法鉴定机构。由于司法部没有对鉴定机构做出具体的规定，因此现有环境污损司法鉴定机构存在国家环境标准不完备、相关机构推诿责任等问题。例如，对于社会上一些较为敏感的案件，相关机构为了避免陷入长期纠纷或者担心上级部门的压力而选择回避，拒绝承担相应的鉴定任务。许多被害人由于自身专业知识的缺乏很难确定犯罪行为人，也不能够寻求到有效的途径。生态犯罪，尤其是污染环境型犯罪的行为人多为具有一定经济实力的公司企业，他们很容易通过自身的社会优势打压被害人，拒绝承担相应的责任。加之现有环境污损司法鉴定机构还不具备较好完成鉴定任务的能力，生态犯罪被害人的权益很难得到维护。以江苏省为例，目前江苏省唯一具备环境污损司法鉴定资质且可承担各级法院鉴定委托任务的机构只有江苏省环境科学学会。据不完全统计，该学会承接了包括噪声污染鉴定、空气污染鉴定、水质鉴定、治理工程质量鉴定、室内环境鉴定、电磁辐射污染鉴定、其他环境鉴定等7类鉴定活动，分别占总鉴定数量的33%、13%、17%、13%、10%、7%、7%。但能顺利开展并完成的鉴定活动只占鉴定总数的33%，其余67%由于各种因素无法顺利完成，包括因鉴定申请人未交鉴定费用而被取消鉴定活动，因鉴定活动复杂，人、证、物不齐全而放弃鉴定，因监测机构不愿监测而未鉴定等[96]。

---

[95] 参见《全国人民代表大会常务委员会关于司法鉴定管理问题的决定》。
[96] 周杰. 环境司法鉴定案例分析与思考 [J]. 环境监测管理与技术，2010，(03)：9-10.

另外，生态环境的被破坏状态有别于普通财物的损毁，因为大自然本身带有一种自我恢复能力，在这种恢复能力没有彻底丧失殆尽前，受损的环境和动植物能得到一定程度的修复。比如，大气和水体可以将污染进行自净，动物受伤后有可能逐渐恢复健康，被砍伐的树木可以重新长出枝叶。这就意味着某些鉴定机会可能只有一次，如果案件后期对关键的鉴定结果出现质疑或者争议，无法像普通物品有机会进行二次或者多次鉴定。其次，生态环境的专业性强，对鉴定机构和鉴定人员的资质都有较高的要求，如果选择低资质机构鉴定很容易因为缺乏权威性在后期被直接做排非处理，但选择高鉴定资质鉴定机构则又会因为费用给公权力机关带来高昂的司法成本。最后，生态环境的带有经济价值和生态价值双重价值，现有的鉴定多只能对经济价值给予准确评估，后者则因为缺乏客观标准而难以进行估算。

（二）生态环境损害司法鉴定的逐步完善

鉴于目前我国环境损害司法鉴定存在的问题，我们认为，首先应当创设专业规范、职责明确的环境污损司法鉴定机构。当前环境司法鉴定主要依赖于质检部门所确认的监测机构的检测结果。如果这些部门由于害怕承担责任而拒绝进行鉴定，那么后续的调查起诉等工作也无法顺利开展。因此，在与环境保护相关的法律法规中，应当把承担相关鉴定任务确立为有鉴定资质机构的义务。其次，逐步规范环境司法鉴定的程序。当前司法鉴定程序主要由 2001 年出台的《人民法院司法鉴定工作暂行规定》予以调整。由于制定时间较久，难以应对环境司法鉴定工作的发展，如该条文并未对环境司法鉴定实践中出现的鉴定环境争议或被鉴定人不配合甚至阻挠鉴定工作的情况作出规定，不利于环境司法鉴定工作的开展。因此，应依据最高人民法院出台的相关规定或司法解释，尽快制定逻辑合理、结构完备的环境司法鉴定程序，保障鉴定工作公平、中立、专业、确切。再次，建立环境司法鉴定援助制度。一般来说，环境司法鉴定的费用从几千到几万元不等，对于因遭受环境污染而导致物质损害的鉴定申请人而言，则是一笔不小的开支。一旦败诉，他们还要按规定承担鉴定费。如江苏省环境科学学会每年都会因为鉴定当事人拖欠鉴定费用而不得不取消一些鉴定活动。因此，对于那些经济困难的鉴定申请人，相关部门应当及时为其提供经济支援与法律帮助。

2019 年 2 月，最高人民法院、最高人民检察院、公安部、司法部、生态环境部（以下简称"两高三部"）联合印发《关于办理环境污染刑事案件有关问题座谈会纪要》。习近平生态文明思想确立以来，这是"两高三部"第一次就办理环境污染刑事案件有关问题联合出台专门文件。其中，关于鉴定的问题予以明确。

司法实践中，鉴定难是环境污染刑事案件办理过程遇到的难题之一。为解决这一环境污染鉴定难的问题，最高人民法院、最高人民检察院对环境污染专门性问题确立了鉴定与检验"双轨制"的原则。对此，最高人民法院、最高人民检察院《关于办理环境污染刑事案件适用若干法律问题的解释》第十四条规定，对案件所涉及的环境污染专门性问题难以确定的，依据司法鉴定机构出具的鉴定意见，或者国务院环境保护主管部门、公安部门指定的机构出具的报告，结合其他证据作出认定。

据此，在此基础上，《关于办理环境污染刑事案件有关问题座谈会纪要》针对环境污染犯罪案件的司法鉴定问题作出进一步规定。

一是规范环境损害司法鉴定工作。2016年1月，最高人民法院、最高人民检察院、司法部和环境保护部就环境损害司法鉴定实行统一登记管理和规范环境损害司法鉴定工作作出明确规定。司法部会同生态环境部，依法准入了一批诉讼急需、社会关注的环境损害司法鉴定机构。截至2019年1月底，全国经省级司法行政机关审核登记的环境损害司法鉴定机构达109家，鉴定人2000余名，基本实现省域全覆盖，环境损害司法鉴定的供给能力大大提升，为打击环境违法犯罪提供了有力支撑。另外，环境保护部依据《关于办理环境污染刑事案件适用若干法律问题的解释》规定，于2014年1月、2016年2月分2批指定推荐的29家环境损害鉴定评估推荐机构（第一批12家机构，协作单位7家；第二批17家机构，协作单位2家），目前大多数已审核登记成为环境损害司法鉴定机构。《关于办理环境污染刑事案件有关问题座谈会纪要》要求进一步规范环境损害司法鉴定工作，加快准入一批诉讼急需、社会关注的环境损害司法鉴定机构，加快对环境损害司法鉴定相关技术规范和标准的制定、修改和认定工作，规范鉴定程序，指导各地司法行政机关会同价格主管部门制定出台环境损害司法鉴定收费标准，加强与办案机关的沟通衔接，更好地满足办案机关需求。

二是强化对环境损害司法鉴定机构的监管。《关于办理环境污染刑事案件有关问题座谈会纪要》要求司法部会同生态环境部，加强对环境损害司法鉴定机构的事中、事后监管，加强司法鉴定社会信用体系建设，建立黑名单制度，完善退出机制，及时向社会公开违法违规的环境损害司法鉴定机构和鉴定人行政处罚、行业惩戒等监管信息，对弄虚作假造成环境损害鉴定评估结论严重失实或者违规收取高额费用、情节严重的，依法撤销登记。鼓励有关单位和个人向司法部、生态环境部举报环境损害司法鉴定机构的违法违规行为。

三是妥当把握司法鉴定的范围。根据《关于办理环境污染刑事案件适用若干法律问题的解释》和《关于办理环境污染刑事案件有关问题座谈会纪要》的规定,司法鉴定限于涉及案件定罪量刑的核心或关键专门性问题难以确定的情形。实践中,这类核心或关键专门性问题主要是案件具体适用的定罪量刑标准涉及的专门性问题,比如,公私财产损失的数额、超过排放标准的倍数、污染物性质判断等。对案件的其他非核心或关键专门性问题,或者可鉴定也可不鉴定的专门性问题,一般不委托鉴定。比如,适用《关于办理环境污染刑事案件适用若干法律问题的解释》第一条第(三)项"非法排放、倾倒、处置危险废物三吨以上"的规定对当事人追究刑事责任的,除可能适用公私财产损失第二档定罪量刑标准的以外,则不应再对公私财产损失数额或者超过排放标准倍数进行鉴定。涉及案件定罪量刑的核心或关键专门性问题难以鉴定或者鉴定费用明显过高的,司法机关可以结合案件其他证据,并参考生态环境部门意见、专家意见等作出认定。

第三节　生态犯罪刑事追诉主体的专业化

生态安全问题已经成为威胁人类生存的全球性问题。传统的民事赔偿与行政处罚手段对于环境问题的解决日显无力。民事与行政制裁的式微使我们把目光转向具有严厉惩罚性与威慑力的刑事手段。刑罚方法成为弥补民事与行政制裁不力的重要方法。我国1997年《刑法》第六章妨害社会管理秩序罪中把破坏环境资源保护罪作为独立的一节予以列出,2002年12月对刑法进行第四次修正后环境刑事法网进行了较大地扩展、弥补与加强。但在生态安全刑事立法繁荣的背后,生态安全犯罪依然问题严峻,生态状况继续恶化,严重的生态犯罪非但没有减少,相反却在不断蔓延。

对于上述生态问题的原因,有学者认为是在司法过程中片面追求经济增长的地方保护主义,或者是因为有法不依、执法不严、违法不究、违法成本低等原因,加上普遍存在以罚代刑,即使是行政处罚也明显偏轻,导致新的刑事立法十多年来,对生态犯罪的惩治并不多见。这其中与打击生态犯罪的专门行业公安队伍——生态安全刑事执法力量的缺失有着重大关系,目前世界上一些发达国家建立了本国的生态警察或环境警察制度,对严重的环境污染、自然资源和能源的进一步破坏进行有针对性专门预防。

根据上述分析,我国生态安全刑事执法力量也与行政执法领域一样,存在多头执法、力量分散,造成打击生态犯罪不力,实务中执法取证能力低,即使目前地方公安机关承担部分生态犯罪的侦查取证工作,但由于地方公安面临的众多治安问题,无暇顾及相对而言对于社会正常秩序危害和影响较小的、比较隐蔽的生态犯罪的侦控,进而面对生态犯罪也常显力不从心。因此,由专业公安队伍——

生态安全刑事力量承担控制生态犯罪的职能已经势在必行,其对于犯罪的打击、威慑、预防有着重要意义。

一、专业公安承担生态犯罪刑事执法权的理论探讨

环境是指人类赖以生存的地球自然环境,包括陆地、水域、空气三维环境以及其中的生物环境,即与人类共存的动植物环境。环境保护就涵盖以下4个层面,即土环境保护、水环境保护、气环境保护以及生物环境保护。

目前全球范围内的土环境保护,关键是在森林保护,因为森林是保护土壤,防止沙漠化的天然植被,同时森林又是保持空气中新鲜氧气不断生成的源泉,因而成为气环境保护极其重要的天然屏障。从动态的环境链角度看,土壤、水分和空气的三维环境是相辅相成,其中,森林是关键,尤其需要加强保护。生物环境是自然界生态平衡的必要条件,由于环境的恶化,导致很多生物绝种,最终影响生态平衡。为此,国际上已有相关保护公约,如珍稀鸟类(1950年《国际鸟类保护公约》)、北极熊(1973年《保护北极熊协定》)等。1992年第一次"地球峰会"通过了《生物多样性公约》,生物多样性保护中,尤其要保护一些特定的动物物种。

我国环境保护中,破坏土环境与生物环境的犯罪案件,主要由森林公安管辖,森林公安机关是打击破坏森林资源与野生动植物资源、具有武装性质的重要行政与刑事执法力量。无论从队伍的素质、打击能力,还是技术手段、知识构成方面,森林公安都具备了从事控制环境犯罪的专业水平。因此,森林公安完全可以在目前承担打击破坏森林资源与野生动植物资源的基础上,担负起打击破坏水环境和气环境犯罪的任务。

另外,从综合生态系统管理角度,森林公安参与打击环境犯罪也具有重要意义。综合生态系统管理要求在制定国家土地退化防治规划时,要从生态环境的整体性上去综合考虑,权衡各种因素间的相互关系,将跨部门、行业和区域参与到自然资源管理中,积极探索优化资源配置、创新管理体制、完善运行机制,进而从源头上防治土地退化的综合措施。

二、专业公安承担生态犯罪刑事执法权的可行性分析

森林公安机关是打击破坏生态环境犯罪的重要力量。20世纪中期,森林公安队伍从无到有、从小到大,在恶劣的自然条件和艰苦的工作环境下,忠诚履行职责,与各类违法犯罪分子顽强抗争,在防范和打击破坏森林和野生动植物资源的违法犯罪活动、保护生态环境、维护国土生态安全和维护林区社会稳定、保障

林业改革建设等方面开展了大量卓有成效的工作,发挥了不可替代的作用。

根据 1998 年《公安机关办理刑事案件程序规定》规定,林业系统的公安机关负责其辖区内的盗伐、滥伐林木、危害陆生野生动物和珍稀植物刑事案件的侦查;大面积林区的林业公安机关还负责辖区内其他刑事案件的侦查。《刑法》《森林法》《野生植物保护条例》《野生动物保护法》《陆生野生动物保护实施条例》以及《最高人民法院关于审理破坏森林资源刑事案件具体应用法律若干问题的解释》《最高人民法院关于审理破坏野生动物资源刑事案件具体应用法律若干问题的解释》《最高人民法院关于审理破坏林地资源刑事案件具体应用法律若干问题的解释》等一系列法律法规,为森林公安刑事执法活动提供了具体的法律依据。

30 年来,全国森林公安机关深入贯彻落实中央有关生态文明建设和林业工作的大政方针,始终把维护国土生态安全和林区社会稳定、保障林业健康快速发展摆在重要位置,与海关、工商、国土、民航等部门紧密协作,针对不同时期、不同地方违法犯罪活动的特点,相继开展了春雷行动、绿盾系列行动、飞鹰行动、春季行动、亮剑行动等 30 余次专项严打整治行动,积极回应和解决领导关注、媒体热议、公众关心的涉林犯罪热点问题,严厉打击了乱砍滥伐林木、乱采滥挖野生植物、乱捕滥猎野生动物、乱批滥占林地等"四乱四滥"行为。通过长期不懈的严格执法和大力保护,在经济高速增长、人口不断增多的巨大压力下,我国森林资源实现了持续快速增长,林地资源得到了有效保护,一些濒危野生动植物资源开始恢复和增长,生态安全逐步好转。

据统计,1984 年至 2014 年,全国森林公安共查处破坏森林和野生动物资源案件 456.8 万起,打击处理违法犯罪人员 667.3 万人(次),收缴林木树木 1416.3 万立方米、野生动物 7286.4 万头(只),涉案金额高达 672.7 亿元。森林公安执法成果受到各级领导和社会各界的充分肯定,荣获克拉克·巴文野生生物执法奖、斯巴鲁生态保护奖、"CITES 秘书长表彰证书""中国边境野生生物卫士奖"、全国"追逃"先进基层单位等殊荣,受到中央政府网、新华网、人民网、中央电视台、香港大公报、星岛日报、中国时报等境内外媒体广泛报道。国家林业局森林公安局成立后,在打击破坏森林和野生动植物资源犯罪领域,不断加深与非政府组织、政府间国际组织、区域性执法组织及有关国家和周边地区的联系与合作;会同国际野生物贸易研究组织、国际爱护动物基金会、国际野生生物保护学会等非政府组织,开展了执法培训、市场监测、信息交流、执法评估、宣传表彰等工作;会同国际刑警组织,开展了"老虎行动""旋梯行动""眼镜蛇行动"等专项行动,严厉打击了盗猎、非法贸易老虎、两栖爬行类动物等违法犯罪；参与承办了国际刑警组织打击野生动植物犯罪工作组有关会议，主动承担与我国发展水平相适应的强化边境执法、保护全球生态环境的国际义务，充分展现了我国政府打击破坏森林和野生动植物资源犯罪的坚定立场和丰硕成果，为提升我国林业国际话语权、维护国家权益作出了贡献。

可见，无论是探究其历史还是考查其现状，也无论是分析其理论还是判断其实践，森林公安作为一支与生态安全联系最为紧密的执法部门，是打击破坏生态环境的重要力量，各地应在现有森林公安的基础上，应当积极作为，乘势而上，逐步转型为生态环境领域的刑事执法主体，由森林公安或者以森林公安为基础组建专业公安来全面查处生态领域的违法行为，打击破坏生态安全的犯罪活动。

根据我国生态文明体制改革的新进展，必须有一个强力队伍来承担"山水林田湖草"等生态领域的刑事执法职责，避免生态领域存在的交叉执法和多头执法。

森林公安与生态保护有着天然的联系，现有的林业行政处罚职能与生态领域的行政处罚职能相通相近，实现转轨变型不会大费周章。森林是陆地生态系统的主体。森林公安恢复组建30多年来，始终保持对涉林违法犯罪活动的高压打击态势。2014—2019年，在全国相继开展了"亮剑""情网""天网""利剑"等一系列严打专项行动，特别是2016年严厉打击非法占用林地等涉林违法犯罪专项行动声势大、力度大，社会反响效果好，有力地捍卫了生态文明建设的成果。2012年以来，全国共受理涉林案件120余万起，打击处理违法犯罪人员236万人次，涉案总金额129亿元。森林公安先后荣获"克拉克·巴文奖""福特环保奖""斯巴鲁生态保护奖""中华宝钢环境奖""中国边境野生生物卫士奖"等奖励。

此外，森林公安机关机构健全、装备优良、训练有素，完全能够胜任生态领域综合行政执法的艰巨任务。森林公安在建制上自成体系，有着独立的治安、刑侦、法制、政工、保障、技术等部门，基层广布派出所（森林警察大队），配有独立的业务用房和规范的执法办案场所，加之编制统一，执法制度配套，这几年又推进了警务信息化建设，办案理念先进，执法经验丰富，已具备承担生态安全保卫职责的基础和条件。而且，这几年江西等地试点了以森林公安为主的生态综合执法，取得了良好的社会效果，已凸显了森林公安在生态领域综合行政执法的优势，争取与承担的执法任务相匹配的执法主体资格地位，或许可成为这些地方今后努力的方向。

三、专业公安承担生态犯罪刑事执法实践

从实务上看，以森林公安为主体承担生态安全执法职能的成功实践，是防控

生态环境违法犯罪的重要力量,其中,部分地区以森林公安为基础构建生态综合行政执法以及成立生态安全警察有效探索就是例证。

(一) 广西钦州市浦北县公安局生态安全警察大队

2017年11月2日,浦北县公安局生态安全警察大队和浦北县生态安全综合执法大队正式挂牌成立。浦北县总结多年以来守护绿水青山的经验,成立了浦北县公安局生态安全警察大队、浦北县生态安全综合执法大队,并挂牌在浦北县森林公安局。大队领导由浦北县森林公安局领导兼任。实行"三块牌子,一套人马"的管理体制。生态安全警察大队除履行森林公安局原有工作职责外,集中办理破坏生态环境资源保护类的刑事案件,受理农业、林业、水利、国土、环保、畜牧等部门或生态综合执法大队移交的刑事案件。生态安全综合执法大队则主要承担生态领域疑难或重大行政处罚案件的查处,与相关部门开展行政联合执法。

2017年11月14日,浦北县公安局生态安全警察大队、浦北县生态安全综合执法大队在全县范围内开展生态安全综合执法整治专项行动,有效打击和震慑破坏浦北县生态安全违法犯罪活动。此次行动对涉及农、林、水、土、环保、畜牧等领域的生态安全违法犯罪行为进行了强力整治,切实担负起新时代赋予生态警察的使命和责任。据了解,生态安全警察组建不久,查处破坏生态安全领域违法犯罪案件15起,责令关停、制止50多处非法采砂、采矿、占用耕地林地行为。其中,立刑事案件3起、治安案件1起、行政案件11起、行政拘留违反环境保护法嫌疑人1名。通过生态安全综合执法整治,有效打击和震慑了破坏生态安全的违法犯罪活动,为浦北县良好的生态环境提供了强有力的法治保障。

浦北县生态安全综合执法队伍自组建以来,切实担负起新时代赋予生态警察的历史使命和重大责任,在全县范围内先后开展了"非法占用林地清理排查""卫拍执法专项行动""国门利剑2018""绿网·飓风2018""神剑·绿盾1号""非法采砂集中整治""南流江流域水环境综合治理""小散乱污企业集中整治"等生态领域保护专项行动70多次,严厉打击破坏生态安全的违法犯罪行为,有效维护了生态领域的良好秩序。特别是环保类治安案件及刑事案件均有了零的突破,治安拘留多人,追究刑事责任多人,打击多起水域犯罪案件。到目前为止,共受理或指导办理破坏生态安全领域违法犯罪案件1089起,其中,立刑事案件106起,立行政案件276起;追究刑事责任82人,行政处罚298人,治安拘留12人;责令关停非法采砂、占用耕地、林地700多处,参与铲除小散乱点267个;罚没款273.5798万元,为国家挽回损失5000多万元。通过这支生态"铁军"介入生态安全综合执法专项整治后,浦北县的生态优势更凸显,有效地维护了浦北县的绿水青山。

(二) 福建生态环保警察

1. 泰宁县生态环保警察

为深化生态环境综合执法体制改革,有效破解生态环境执法领域职能交叉、多头执法、衔接不力等问题,泰宁县启动生态领域执法体制改革工作,于2018年1月10日挂牌成立泰宁县公安局生态分局。

创新生态综合执法机制,是加大生态执法力度,保障生态环境安全,加快推进生态文明建设的重要举措。森林公安作为森林资源保护的主力军,如何在生态文明建设中寻求更大的发展空间,向外拓展更多的执法职能,这是亟须解决的。近年来,广西浦北、江西安远、福建永安、福建沙县等地森林公安积极探索,相继成立生态综合执法大队或生态分局。泰宁县于2018年1月10日挂牌成立泰宁县公安局生态分局和生态综合执法大队。公安生态分局作为生态环境领域执法机关,在森林分局原有案件管辖范围基础上,扩大职能范围,依法侦办泰宁县境内涉及破坏生态环境、妨害生态资源管理的公安行政案件,以及污染环境、擅自进口固体废物、非法捕捞水产品、非法采矿、破坏性采矿、非法占用农用地等破坏环境资源刑事案件。泰宁生态综合执法实现了从多头执法向集中执法转变、从形式执法向专业执法转变、从单一执法向综合执法转变、从探索路子向扩大职能转变,从林业领域执法扩展到生态领域,有效破解生态环境执法领域职能交叉、多头执法、衔接不力等问题,为今后森林公安体制机制改革探路先行打下基础。在生态执法过程中,泰宁生态公安(森林公安)坚持山、水、林、田、湖、草"六元共连",采取严格管山、依法治水、全面育林、"红线"护田、综合控湖、平安景区等一系列有效措施,严厉打击各类破坏生态环境的违法犯罪行为。

泰宁全面落实"河长制",建立"河长+河道警长"模式。围绕"河畅、水清、岸绿、景美"目标,在全县9条河流选派出18名民警任"河道警长",开展河道巡查,协助"河长"开展工作,重点严厉打击非法采砂采矿、电鱼毒鱼、乱排乱放等破坏生态环境资源违法行为。2018年1~8月,生态分局成功破获非法采砂刑事案件2起、行政案件5起;协同水利部门制止、查处6起非法采砂案件;协同国土部门责令5家不规范采矿的矿企停产整顿;协同环保局开展环境检查7次;抓获3起非法电鱼案件,并及时移送农业部门处理。2018年6月,泰宁县生态分局成功破获一起非法采砂刑事案件,犯罪嫌疑人雷某在2017年7月的至2018年6月,在未办理的河道采砂许可证的情况下,擅自安排工人在泰宁县大龙乡附近河段非法捞河砂共12船,约2400立方米,非法获利约16.7万元,被依法起诉。

2. 永安市生态环保警察

2017年4月25日，经永安市委常委会议研究决定，永安市在全省率先成立生态环保警察队伍，这支队伍在永安市公安局森林分局内组建，旨在创新生态领域执法体制，推动永安市生态文明建设和环境保护，为永安生态建设和环境保护添翼。

在福建成为首个国家生态文明实验区的大背景下，永安这一森林覆盖率高达76.25%的重要生态区域，全国集体林区改革先行区域，永安市委、市政府主动融入生态文明实验区建设，大胆探索建立环境资源保护行政执法与刑事司法衔接的有效机制。在新一轮的生态文明建设改革中，永安市加大步伐，把解决群众感受最直观、反映最强烈的生态环境问题作为突破口，积极探索在生态环境领域中建立生态环境跨流域及跨行政区域的协同保护、立体保护、全方位保护制度，健全完善林业、环保、国土、农业、水利等行政执法协调制度。永安市于2011年4月成立永安市人民法院生态资源审判庭，2014年7月成立永安市检察院生态资源科，2016年起永安市环保局与市法院、检察院、公安等建立生态环境保护联席会议制度，每季度召开一次会议，形成生态保护联合执法机制，并于尼葛开发区等重点区域成立相应联席会议制度，将生态保护执法延伸到最底端。

永安市生态环保警察队伍整合森林公安、治安、刑侦等执法力量，加大森林、大气、水、土壤、海洋、矿产等领域的各类环境资源刑事案件侦办力度，扩大职能范围，依法侦办永安境内破坏环境资源保护类的污染环境等10种刑事案件，以及涉及破坏生态环境、妨害生态资源管理的公安行政案件。在整合生态执法资源过程中，永安市还因地制宜，充分发挥永安市森林巡防大队的作用，利用现有森林巡防大队的"巡防网"，进行多方位的现场巡防、实时监控，以提高生态执法实效。2013年以来，永安市委、市政府针对环保领域重点问题，着力开展生态文明"1+5"活动。创建国家生态市和环保模范城市，加大水环境综合整治、矿山修复整治、规模畜禽养殖污染整治、盗伐林木专项整治、集镇环境综合整治。"五项整治"工作成绩明显，共实施废弃矿山治理900亩，关闭取缔非法开采矿点23个，关闭拆除畜禽养殖场（户）136家，减少畜禽养殖近10万头（只），查处各类涉林案件476起，使这里的绿水更清、青山更绿。

（三）江西省共青城市、安远县、会昌县、宜黄县和大余县试点以森林公安为主的涉及生态领域的跨部门综合执法体制改革

1. 组建机构

2015年8月，共青城市委办公室、市政府办公室印发《共青城市森林公安局主要职责内设机构和人员编制规定》的通知，从推行综合行政执法体制改革出发，在主要职责中，明确共青城市森林公安局贯彻执行林业、农业、水利、渔业等生态管理保护法律法规，行使林业、农业、水利、渔业行政案件处罚等职权。

2016年4月1日，中共安远县委办公室、安远县人民政府办公室印发《安远县生态综合执法大队组建方案》，决定成立安远县生态综合执法大队，作为县政府生态环境领域综合行政执法机关，与县森林公安局共同构建组成生态综合执法联合体，实行合署办公、两块牌子、一套人马，由县森林公安局主要负责人担任队长，具体负责开展生态环境综合整治工作，实施相对集中行政处罚权[97]。

2017年3月13日，中共会昌县委办公室、会昌县人民政府办公室印发《关于成立会昌县生态环境综合执法大队的实施方案》，决定成立会昌县生态环境综合执法大队，为县政府生态环境领域综合行政执法正科级单位，与县森林公安局共同构建成一个生态环境综合执法联合体，实行两块牌子合署办公[98]。

2017年3月15日，中共宜黄县委办公室、宜黄县人民政府办公室印发《宜黄县生态综合执法大队组建方案》，决定成立宜黄县生态综合执法大队，作为县生态文明建设工作领导小组办公室领导下的生态环境领域综合行政执法机关，由县森林公安局局长担任大队长，政委担任教导员。大队具体负责开展生态环境综合整治工作，实施相对集中行政处罚权[99]。

2. 取得成效

大队组建以来，切实强化队伍内部管理，积极开展日常监督巡查，严厉打击破坏生态环境违法犯罪活动，在社会上引起了强烈反响，树立了全新的执法形象，安远县生态综合执法工作取得了初步成效。

（1）行政执法体制改革取得初步成效。安远县生态综合执法大队作为县政府生态环境领域综合行政执法机关，与县森林公安局共同构建成一个生态综合执

---

[97] 参见《中共安远县委办公室、安远县人民政府办公室印发<安远县生态综合执法大队组建方案>的通知》（安办字〔2016〕38号）。

[98] 参见《中共会昌县委办公室、会昌县人民政府办公室印发<关于成立会昌县生态环境综合执法大队的实施方案>的通知》（会办字〔2017〕37号）。

[99] 参见《中共宜黄县委办公室、宜黄县人民政府办公室印发<宜黄县生态综合执法大队组建方案>的通知》（宜办字〔2017〕28号）。

法联合体，由县森林公安局主要负责人担任队长，采取"集中办公、统一指挥、统一行政、统一管理、综合执法"的运行机制，实行合署办公，两块牌子，一套人马。工作人员严格按照"素质高、能力强、业务熟、服务优"的总体要求，分别从水利、环保、林业、国土、矿管、农粮、市场监督管理、森林公安等8个部门单位抽调23名具备行政执法资格的在编干部组成；同时，从县公安局选调4名民警到县森林公安局，以加强生态综合执法力量。大队具体负责在全县范围内开展生态环境综合整治工作，以国土空间生态环境执法为重点，承担生态领域重大、疑难行政处罚案件。行使森林采伐、水污染防治、河道管理、渔业保护、畜禽养殖、水土保持、土地管理、矿产资源开采等8个方面法律法规、规章规定的行政处罚权，并协助森林公安局查办上述行政执法过程中发现的污染环境、非法处置进口的固体废物、擅自进口固体废物、非法捕捞水产品、非法采矿、破坏性采矿、非法占用农用地等7类破坏环境资源犯罪案件。同时，大队还负责开展"三百山"赣南脐橙早采早购、催熟染色、使用甜蜜素等违禁药物等行为联合执法，对违反相关法律法规的企业、单位及个人依法进行查处。相对集中行政处罚权由各行政主管部门（单位）依法委托县生态综合执法大队实施，相对集中破坏环境资源保护案件刑事管辖权由县公安局指定县公安局森林警察大队（森林公安局）行使。从而进一步完善了行政执法和刑事司法的衔接机制，实现了行政执法和刑事司法的无缝对接。大队成立以来，得到了上级领导的关心支持和社会各界的广泛关注，省、市、县各级有关领导亲临大队调研指导工作，中央、省、市多家媒体记者纷至沓来采访报道安远县生态综合执法工作，云南省文山市、黑龙江省杜尔伯特县来函来电咨询了解大队运行情况，河南省泌阳县、福建省泰宁县、沙县等省外相关部门单位以及江西省多个兄弟县（市）单位派员前来开展实地考察、学习与交流。

（2）生态环境保护建设得到全面加强。大队组建以来，累计开展执法巡查352车/次，制止破坏生态环境行为289起，受理、查处行政案件27起，行政处罚30人，刑事立案2起，取保候审2人，移送起诉1起，有效扼制了各类破坏生态环境事件的发生。

一是切实保护河流水质环境。为确保安远县河流水质安全，大队将日常执法巡查与河长制工作相结合，把全县主要河流及其支流列为执法巡查重点区域，根据河段划定责任区，实行全天候、无死角的巡查机制，严厉打击非法采砂洗砂、非法侵占河道等各类破坏河道违法犯罪活动以及非法电、毒、炸、网鱼等破坏渔业资源行为。累计制止破坏水质环境行为99起（非法采砂洗砂18起，侵占河道9起，电鱼53起，毒鱼3起，网鱼16起），查处行政案件20起（非法采砂洗砂案件6起，非法侵占河道案件2起，非法电鱼案件10起，非法毒鱼案件2起），责令恢复河道 216 米，收缴渔网 16 张，没收电瓶、电鱼竿和捞鱼竿 49 套，移交森林公安局刑事立案 1 起（非法捕捞水产品），有效保护了安远县水生物种资源多样性和河流水质安全。

二是依法规范矿产资源开采。2013 年全县开展稀土矿产资源专项整治工作，并对 104 个非法稀土开采点实施了生态恢复治理。为进一步巩固生态恢复治理成效，维护矿产资源开发秩序，防止非法开采现象死灰复燃，大队采取责任到人、定点巡查的工作机制，及时开展稀土矿区执法巡查工作。累计制止、查处利用废旧稀土矿点非法收取尾水行为 30 起，现场拆除取水管道 120 余米，破除塑料膜 90 余平方米，捣毁沉矿池、取液池 47 个，扣押皮卡车 1 辆、摩托车 6 辆，现场摧毁微型面包车 1 辆、摩托车 13 辆，收缴稀土原矿 360 余公斤。与此同时，大队进一步加大了全县各类矿产资源保护和执法巡查力度，查处非法采矿政案件 2 起（非法开采花岗岩矿石 1 起，越界开采红砂岩 1 起），严厉打击了破坏矿产资源违法犯罪活动，有效保护了县矿产资源。

三是严格控制土地开发利用。近年来，猪肉市场价格大幅上涨，受利益驱动，北片乡（镇）村民未经批准擅自开挖林地、农用地建设养猪场所的现象日趋严重。针对这一情况，县政府出台了《安远县畜禽养殖污染综合整治工作实施方案》，大队在开展畜禽养殖污染综合整治过程中，将查处违建畜禽养殖场所与全县违法用地、违法建设"两违"整治工作相结合，进一步加大日常执法巡查力度，发现违规建设畜禽养殖场所行为立即予以制止，并将相关情况及时反馈至乡（镇）政府、主管部门，同时积极配合乡（镇）政府以及相关行政主管部门做好后续监管和清理整治工作。累计制止非法占用林地、农用地建设畜禽养殖场所行为 69 起，移交森林公安局刑事立案 1 起，协助乡（镇）政府强制拆除违法建筑 9 处。

四是全面扼制环境污染行为。大队坚持"预防为主，打防并举"的原则，以开展日常执法巡查为抓手，切实加大对耗能企业、排污企业的监管力度，严厉查处各类生态环境污染行为。累计制止、查处企业和个人造成生态环境污染行为 49 起（畜禽养殖污染 35 起，塑料加工污染 8 起，金属电镀污染 2 起，废旧轮胎加工污染 1 起，造成水土流失 3 起），受理和协办环境污染行政案件 5 起（金属电镀污染案件 2 起，水土流失案件 3 起）。

五是积极开展联合执法行动。大队会同林业局、森林公安局、市场监督管理局联合开展了代号为"雷霆""绿盾""清网"等野生动物保护专项行动，制止非法出售野生动物行为 31 起，扣留非法贩卖野生动物人员 5 名，缴获短耳鸮、环颈雉、长脚秧鸡、红嘴蓝鹊、斑鸠、画眉、喜鹊、中华竹鼠、野兔等野生动物活体 94 只、死体 9 只；会同县林业局、森林公安局在全县范围内开展毁林种果违法行为集中整治行动，严厉打击涉林违法犯罪。累计开展联合执法行动8次，出动执法巡查车辆36车次，抽派执法人员98人次，查处行政案件8起，行政处罚13人，刑事立案6起，刑事拘留2人，取保候审7人；会同鹤子镇政府、县果业局联合开展了"三无"苗木执法行动，清除1处非法育苗基地，销毁"三无"苗木4.5亩，在市场收缴"三无"苗木3万余株；会同果业局开展"三百山"赣南脐橙早采早购、催熟染色、使用甜蜜素等违禁药物等行为联合执法行动，制止果农早采青果行为3起，查处脐橙加工企业收购、催熟青果行为2起；会同果业局、市监局开展"打击假冒赣南脐橙品牌"联合执法行动，查处企业虚假宣传行政案件1起。

（3）生态综合执法工作树立全新形象。作为县政府生态环境领域综合行政执法机关，大队在提高生态综合执法水平，快速打击生态违法行为等方面发挥了不可替代的重要作用，在社会上引起了强烈反响，树立了全新的执法形象。大队严格按照"理顺执法体制，明确执法责任，加强队伍建设"的建队方针，全面贯彻"执法为基，服务为本，生态为重，创新为魂"工作理念，切实强化队伍内部管理，积极开展日常监督巡查，坚决守住生态保护红线，重拳出击，绝不手软，始终保持打击破坏生态环境违法行为的高压态势。同时，在不影响生态环境的前提下，大队注重采取开展法制宣传教育的方式，做到提前介入，靠前服务，加强对相关企业经营管理和农民产业发展进行政策引导和服务，避免对周边环境的影响，减小投资风险，这一举措得到了企业和群众的普遍认可，在社会上树立了生态行政综合执法良好形象。

改革开放以来，特别是进入新世纪，在党中央、国务院的高度重视下，中央统一核定了全国森林公安政法专项编制，经费逐步纳入各级财政预算予以保障，森林公安由"杂牌军"成为"正规军"，由吃"杂粮"变为吃"皇粮"，队伍生存发展问题得到有效解决。在此期间，森林公安机关和广大民警围绕中心、服务大局、解放思想、与时俱进，积极探索警务体制机制改革，不断创新工作思路方法，森林公安工作和队伍建设取得长足进步。按照中央"四个全面"战略布局对森林公安工作提出的新要求，遵循国家司法体制改革、生态文明体制改革、公安改革、国有林场国有林区改革有关精神，统筹当前需要解决的突出问题和长远发展目标之间的关系，系统提出深化森林公安改革的一系列思路和举措，确保了改革方向与中央的有关决策部署精神相一致，改革内容与林业、公安等领域改革政策相衔接和配套，涉及森林公安工作和队伍建设方方面面工作，而维护国家的生态安全，无疑成为森林公安机关一个重要改革发展方向。

十九大报告第九部分内容指出"加快生态文明体制改革，建设美丽中国"，着力强调了"推动绿色发展,着力解决突出环境问题,加大生态系统保护力度,改革生态环境监管体制"4个方面的内容。"保护优先""坚决制止和惩处破坏生态环境行为"直指森林公安使命。新时代中国特色社会主义赋予森林公安更为神圣的使命、更加艰巨的任务,也给森林公安机关带来了新的机遇和挑战,森林公安机关充分发挥自身优势和作用,大胆创新,拓展执法职能,打击各类破坏生态违法犯罪,切实保护好生态资源,还生态以宁静、和谐、美丽。森林公安是我国公安机关的重要组成部分,是具有武装性质的兼有刑事执法和行政执法职能的专门保护森林和野生动植物资源、保护生态安全、维护林区社会治安秩序的重要力量。在保护生态环境、建设生态文明和实现美丽中国中,森林公安发挥着不可替代的作用。

正如一线森林公安机关民警所描述的:森林公安的工作空间就是广袤的森林,山水林田湖草共生共长,森林资源保护是生态保护的立足点和重中之重。森林公安转隶后,生态文明保护将成为公安新的使命和担当。森林公安是政府公共安全的守护者。森林防火、松材线虫病防控是政府的重要工作。无论是防火还是防虫,森林公安都起着举足轻重的作用,只有封好山、管住人、管好火,就会大大减少失火因素,严查火灾,依法追究,打击震慑,才会广泛教育广大群众。森林公安是国际公约的维护者。野生动物保护好多涉及国际公约,森林公安承担的野生动物保护,不仅仅是对野生动物保护本身,更重要的是涉及国家和城市的国际形象。森林公安义不容辞要维护好这一形象。森林公安是公安各警种的情报收集者。随着天网工程的完善,违法犯罪及影响社会稳定的不安定因素更多地转移和隐蔽到山林之中。森林公安凭借森林保护的优势,全业态管控林区,所有违法犯罪嫌疑和不安定因素,第一时间介入,第一时间掌控,为其他诸警种提供信息源,补上天网工程的林区"缺口"。森林公安是旅游管理的辅助者。重点风景名胜区、旅游区基本都在林地范围内经营,旅游秩序管理日益成为新的社会稳定和舆情焦点。

实践证明专业公安——森林公安机关是打击破坏森林资源与野生动植物资源、具有武装性质的重要行政与刑事执法力量。无论从队伍的素质、打击能力还是技术手段、知识构成方面,森林公安都具备了从事控制生态违法犯罪的专业水平。因此,森林公安可以在目前承担打击破坏森林资源与野生动植物资源违法犯罪的基础上,积极探索承担打击破坏自然资源保护和惩治环境污染犯罪的生态安全保护任务。

2019年2月27日,中办、国办印发《公安部职能配置、内设机构和人员编制规定》,决定撤销国家林业和草原局森林公安局,组建公安部食品药品犯罪侦查局,承担食品药品、知识产权、生态环境、森林草原、生物安全案件侦查职能，即掌握食品药品、知识产权、生态环境、森林草原、生物安全等领域犯罪的动态，拟定预防、打击对策，组织、指导、监督公安机关开展对食品药品、知识产权、生态环境、森林草原、生物安全等领域犯罪案件和制售伪劣商品犯罪案件的侦查工作。森林公安队伍成建制划转省级公安厅（局），当前，各地森林公安队伍正处于转隶进程中。未来，专业公安—食品药品犯罪侦查机关将统一履行打击与预防生态环境犯罪的职能。新征程的号角已经吹响，新篇章的帷幕已经拉开。专业公安—食品药品犯罪侦查机关必将在履行保护生态环境职责、为实现中华民族伟大复兴的中国梦作出新的更大贡献。

  目前，我国经济社会得到快速发展，但资源约束趋紧、环境污染严重、生态系统退化的形势日益严峻，生态安全问题已经成为关系人民福祉和民族未来的大事。习近平总书记指出，既重视传统安全，又重视非传统安全，构建集政治安全、国土安全、军事安全、经济安全、文化安全、社会安全、生态安全、核安全等于一体的国家安全体系，明确将生态安全纳入国家安全体系之中。这是在准确把握国家安全形势变化新特点、新趋势基础上作出的重大战略部署，对于提升生态安全重要性认识、破解生态安全威胁，意义重大。党的十八届五中全会进一步明确提出，坚持绿色发展，有度、有序利用自然，构建科学合理的生态安全格局。

  我国政府采取按生态和资源要素分工的部门管理模式，生态安全管理职能分散在各个部门，在国家层面缺乏统一决策、统一监督管理的体制和机制，造成国家公共利益和部门行业利益的冲突，不利于国家对生态安全的宏观调控。生态安全保护是一项庞大的系统工程，将生态安全纳入国家安全管理框架，有利于整合资源开发利用、环境管理、生态保护等众多领域，协调各主管部门职责与利益，建立起分工明确、协调统一的国家生态治理体系，促进生态治理现代化。面对新的形势和问题，我们不是在迷惘中等待，而是以自身的勇气、智慧和探索精神，通过理念重建和制度设计，约束人类的不理性行为，寻求人与自然的和谐发展之道，维护生态安全。我们以"问题意识"为导向，对全国各地进行了调研，生态环境刑事司法专门化，积极回应了生态安全执法实务中存在的问题，提出了解决问题的方案与路径。

参考文献

蔡守秋. 新编环境资源法学 [M]. 北京：北京师范大学出版社, 2009.

常纪文. 环境法前沿问题 [M]. 北京：中国政法大学法学院, 2011.

钞晓鸿. 环境史研究的理论与实践 [M]. 北京：人民出版社, 2016.

陈泉生. 环境权之辨析 [J]. 中国法学, 1997, (2)：61-69.

包茂红. 环境史学的起源和发展 [M]. 北京大学出版社, 2012.

卞莉. 论环境工程与可持续性发展 [J]. 绿色科技, 2018, (20)：163-164.

冯阳雪, 徐鲲. 农村生态环境治理的政府责任：框架分析与制度回应 [J]. 广西社会科学, 2017, (5)：125-129.

付成双. 美国现代化中的环境问题研究 [M]. 北京：高等教育出版社, 2018.

付立忠. 环境刑法学 [M]. 北京：中国方正出版社, 2001.

郭建安, 张桂荣. 环境犯罪与环境刑法 [M]. 北京：群众出版社, 2006.

侯艳芳. 环境犯罪构成研究 [D]. 山东：山东大学法学院, 2009：37-43.

化勇鹏, 钟崇林. 城市饮用水源地生态系统健康评价与保护对策研究 [J]. 环境科学与管理, 2017, 42（01）：153-157.

郇庆治, 李宏伟. 生态文明建设十讲 [M]. 北京：商务印书馆出版社, 2017.

姜俊山. 风险社会语境下的环境犯罪立法研究 [D]. 吉林：吉林大学法学院, 2010.

蒋兰香. 环境犯罪基本理论研究 [M]. 北京：知识产权出版社, 2008.

李蕾, 王铁宇, 王晓军, 等. 水源地土壤环境保护优先区划分方法与实例研究 [J]. 环境科学, 2016, 37（04）：1584-1592.

李丽. 我国环境保护规划的分析和展望 [J]. 花卉, 2017, (10)：146-147.

林晓东. 环境保护的刑事立法 [J]. 法学论坛, 1996, (4)：133-139.

刘翠溶, 毕以迪. 东亚环境、现代化与发展：环境史的视野 [M]. 刘翠溶, 译. 台北：允成文化, 2018.

刘新颖. 关于如何做好环境保护规划的思考 [J]. 中国高新技术企业, 2015, (1)：103-104.

吕忠梅, 张忠民. 环境公众参与制度完善的路径思考 [J]. 环境保护, 2013, (23)：20-22.

吕忠梅. 论公民环境权 [J]. 法学研究, 1995, (6)：60-67.

吕忠梅, 李云鹤, 张忠民, 等. 环境司法专门化现状调查与制度重构 [M]. 北京：法律出版社, 2017.

梅雪芹. 环境史学与环境问题 [M]. 北京：人民出版社, 2004.

梅雪芹. 环境史研究叙论 [M]. 北京：中国环境出版社, 2011.

孟伟. 人类中心视野中的环境刑法 [D]. 北京：中国政法大学法学院, 2006.

齐煜蒙. 探究土壤污染与我国农业环境保护[J]. 农业与技术, 2017, 37（11）：36-37.

秦鑫, 陈洪凯. 矿山地质环境保护研究综述[J]. 人民长江, 2017, 48（21）：74-79.

全国干部培训教材编审指导委员会. 推进生态文明建设美丽中国[M]. 北京：人民出版社, 2019.

水源地保护区生态补偿利益相关者行为选择机理分析[J]. 中国农业资源与区划, 2015, 36（05）：16-22.

王建设. 浅析新农村建设中的农村生态环境保护与治理[J]. 农业经济, 2017, (10)：32-33.

王敬波. 相对集中行政处罚权改革研究[J]. 中国法学, 2015, 4：143-162.

王莉. 中国环境法律制度研究[M]. 北京：中国政法大学法学院, 2018.

王秀梅. 破坏环境资源保护罪[M]. 北京：中国人民公安大学出版社, 2003.

吴大华. 贵州法治发展报告[M]. 北京：社会科学文献出版社, 2014.

吴献萍. 环境犯罪与环境刑法[M]. 北京：知识产权出版社, 2010.

谢大伟, 龚新蜀. 完善我国城市水源地保护财税政策的思考——探析推进城镇化进程中的环境保护问题[J]. 价格理论与实践, 2015, (02)：100-102.

徐继敏. 集中行政处罚权的价值与路径选择分析[J]. 学术论坛, 2016, 39（3）：77-81.

杨春洗, 向泽选, 刘生荣. 危害环境罪的理论与实务[M]. 北京：高等教育出版社, 1999.

杨晶晶. 生态环境保护与长江流域经济可持续发展研究[J]. 绿色科技, 2017, (23)：21-22.

张利兆. 综合行政执法论纲[J]. 法治研究, 2016, 1：26-27.

张杨. 四川林业综合行政执法改革破题[N]. 中国绿色时报, 2017-03-03（1-2）.

张宇, 朱立志. 农业农村生态环境治理——以浙江实践为例[J]. 环境与可持续发展, 2016, (3)：143-147.

张梓太. 环境与资源保护法学[M]. 北京：北京大学出版社, 2007.

赵秉志, 王秀梅, 杜澎. 环境犯罪比较研究[M]. 北京：法律出版社, 2004.

赵秉志. 环境犯罪及其立法完善研究——从比较法的角度[M]. 北京：北京师范大学出版社, 2011.

朱鹏锦, 谭奕为, 冯春梅, 等. 我国生态环境现状与科学保护研究[J]. 绿色科技, 2013, (6)：1185-187.

竺效. 论生态文明法治建设的六大环节和重点[J]. 环境保护, 2013, 41（13）：45-46.

竺效. 论中国环境法基本原则的立法发展与再发展[J]. 华东政法大学学报, 2014, 17（3）：4-16.

竺效. 生态损害综合预防和救济法律机制研究[M]. 北京：法律出版社, 2016.

约阿希姆·拉德卡. 自然与权力：世界环境史[M]. 王国豫, 付天海, 译. 保定：河北大学出版社, 2004.

马立博. 中国环境史：从史前到现代[M]. 关永强, 高丽洁, 译. 北京：中国人民大学出版社, 2015.

亚当·罗姆. 乡村里的推土机——郊区住宅开发与美国环保主义的兴起[M]. 高国荣, 孙群郎，耿晓明，译. 北京：中国环境科学出版社，2011.

克莱夫·庞廷. 绿色世界史：环境与伟大文明的衰落［M］. 王毅，张学广，译. 上海：上海人民出版社，2002.

伊懋可. 大象的退却：一部中国环境史［M］. 梅雪芹，毛利霞，王玉山，译. 南京：江苏人民出版社，2014.

前田雅英. 刑法总论讲义［M］. 东京：东京大学出版会，1988.

藤木英雄. 公害犯罪［M］. 东京：东京大学出版会，1975.

原田尚彦. 环境法［M］. 于敏，译. 北京：法律出版社，1999.

曾根威彦. 刑法总论［M］. 东京：弘文堂，2000.

附 录

附录具体包括生态犯罪的具体罪名、生态犯罪的犯罪构成、生态犯罪刑事案件的证据指引等三个部分。附录是为便于一线执法的读者快速查阅、理解、适用生态环境犯罪相关刑事法律规范,增强本书的实用性。

附录一主要是现行《刑法》中有关生态犯罪的具体罪名列举,包括侵害的客体、主要侦查机关、具体法条等内容。

附录二主要是常见生态犯罪的犯罪构成具体分析,包括犯罪客观要件和犯罪的主观要件等内容。

附录三主要是常见生态犯罪刑事案件办理过程的证据指引,包括立案依据、立案标准、证据种类、证据能力、证据力等内容。

附录一 生态环境的具体罪名

附录一 A. 妨害社会管理秩序罪中破坏环境资源保护的罪名

序号	罪名	主要侦查部门	侵害的客体	刑法法条	司法解释
1	污染环境罪	食品药品犯罪侦查部门	国家对危险废物的安全管理制度	第三百三十八条 违反国家规定,排放、倾倒或者处置有放射性的废物、含传染病原体的废物、有毒物质或者其他有害物质,严重污染环境的,处三年以下有期徒刑或者拘役,并处或者单处罚金;后果特别严重的,处三年以上七年以下有期徒刑,并处罚金。	最高人民法院、最高人民检察院《关于办理环境污染刑事案件适用法律若干问题的解释》(2016年11月7日最高人民法院审判委员会第1698次会议、2016年12月8日最高人民检察院第十二届检察委员会第58次会议通过,自2017年1月1日起施行) 最高人民法院、最高人民检察院《关于办理妨害预防、控制突发传染病疫情等灾害的刑事案件具体应用法律若干问题的解释》(2003年5月15日起施行)
2	非法处置进口的固体废物罪	食品药品犯罪侦查部门	国家对进口固体废物的安全管理制度	第三百三十九条(第一款)违反国家规定,将境外的固体废物进境倾倒、堆放、处置的,处五年以下有期徒刑或者拘役,并处罚金;造成重大环境污染事故,致使公私财产遭受重大损失或者严重危害人体健康的,处五年以上十年以下有期徒刑,并处罚金;后果特别严重的,处十年以上有期徒刑,并处罚金。	最高人民法院、最高人民检察院《关于办理环境污染刑事案件适用法律若干问题的解释》(第二条的规定,具有下列情形之一的,应当认定为"致使公私财产遭受重大损失或者严重危害人体健康")

(续)

序号	罪名	主要侦查部门	侵害的客体	刑法法条	司法解释
3	擅自进口固体废物罪	海关缉私部门	国家对进口固体废物的安全管理制度	第三百三十九条（第二款）未经国务院有关主管部门许可，擅自进口固体废物用作原料，造成重大环境污染事故，致使公私财产遭受重大损失或者严重危害人体健康的，处五年以下有期徒刑或者拘役，并处罚金；后果特别严重的，处五年以上十年以下有期徒刑，并处罚金。以原料利用为名，进口不能用作原料的固体废物的，依照本法第一百五十五条的规定定罪处罚。	
4	非法捕捞水产品罪	食品药品犯罪侦查部门	国家对水产资源法规	第三百四十条 违反保护水产资源法规，在禁渔区、禁渔期或者使用禁用的工具、方法捕捞水产品，情节严重的，处三年以下有期徒刑、拘役、管制或者罚金。	
5	非法猎捕、杀害珍贵、濒危野生动物罪	食品药品犯罪侦查部门	国家对野生动物资源的管理秩序	第三百四十一条（第一款）非法猎捕、杀害国家重点保护的珍贵、濒危野生动物的，或者非法收购、运输、出售国家重点保护的珍贵、濒危野生动物及其制品的，处五年以下有期徒刑或者拘役，并处罚金；情节严重的，处五年以上十年以下有期徒刑，并处罚金；情节特别严重的，处十年以上有期徒刑，并处罚金或者没收财产。	最高人民法院《关于审理破坏野生动物资源刑事案件具体应用法律若干问题的解释》（2000年11月17日由最高人民法院审判委员会第1141次会议通过自2000年12月11日起施行法释〔2000〕37号
6	非法收购、运输、出售珍贵、濒危野生动物及其制品罪	食品药品犯罪侦查部门	国家对野生动物资源的管理秩序	第三百四十一条（第一款）非法猎捕、杀害国家重点保护的珍贵、濒危野生动物的，或者非法收购、运输、出售国家重点保护的珍贵、濒危野生动物及其制品的，处五年以下有期徒刑或者拘役，并处罚金；情节严重的，处五年以上十年以下有期徒刑，并处罚金；情节特别严重的，处十年以上有期徒刑，并处罚金或者没收财产。	最高人民法院《关于审理破坏野生动物资源刑事案件具体应用法律若干问题的解释》（法释〔2000〕37号）

（续）

序号	罪名	主要侦查部门	侵害的客体	刑法法条	司法解释
7	非法狩猎罪	食品药品犯罪侦查部门	国家对野生动物资源的管理秩序	第三百四十一条（第二款） 违反狩猎法规，在禁猎区、禁猎期或者使用禁用的工具、方法进行狩猎，破坏野生动物资源，情节严重的，处三年以下有期徒刑、拘役、管制或者单处罚金。	最高人民法院《关于审理破坏野生动物资源刑事案件具体应用法律若干问题的解释》（法释 [2000] 37号）
8	非法占用农用地罪	食品药品犯罪侦查部门	国家对土地的管理秩序	第三百四十二条 违反土地管理法规，非法占用耕地、林地等农用地，改变被占用土地用途，数量较大，造成耕地、林地等农用地大量毁坏的，处五年以下有期徒刑或者拘役，并处或者单处罚金。	最高人民法院《关于审理破坏土地资源刑事案件具体应用法律若干问题的解释》（2000年6月19日法释 [2000] 14号）
9	非法采伐、毁坏国家重点保护植物罪	食品药品犯罪侦查部门	国家对林业资源的管理秩序	第三百四十四条 违反森林法的规定，非法采伐、毁坏国家重点保护的其他植物的，或非法收购、运输、加工、出售国家重点保护的其他植物或其他植物制品的，处三年以下有期徒刑、拘役或者管制，并处罚金；情节严重的，处三年以上七年以下有期徒刑，并处罚金。	最高人民法院《关于审理破坏森林资源刑事案件具体应用法律若干问题的解释》（2000年11月22日法释 [2000] 36号）
10	非法收购、运输、加工、出售国家重点保护植物、国家重点保护植物制品罪	食品药品犯罪侦查部门	国家对林业资源的管理秩序	第三百四十四条 违反森林法的规定，非法采伐、毁坏国家重点保护的其他植物的，或非法收购、运输、加工、出售国家重点保护的其他植物或其他植物制品的，处三年以下有期徒刑、拘役或者管制，并处罚金；情节严重的，处三年以上七年以下有期徒刑，并处罚金。	最高人民法院《关于审理破坏森林资源刑事案件具体应用法律若干问题的解释》（2000年11月22日法释 [2000] 36号）

(续)

序号	罪名	主要侦查部门	侵害的客体	刑法法条	司法解释
11	非法采矿罪	食品药品犯罪侦查部门	国家对矿产资源的管理秩序	第三百四十三条（第一款） 违反矿产资源法的规定，未取得采矿许可证擅自采矿的，擅自进入国家规划矿区、对国民经济具有重要价值的矿区和他人矿区范围采矿的，擅自开采国家规定实行保护性开采的特定矿种，经责令停止开采后拒不停止开采，造成矿产资源破坏的，处三年以下有期徒刑、拘役或者管制，并处或者单处罚金；造成矿产资源严重破坏的，处三年以上七年以下有期徒刑，并处罚金。	最高人民法院、最高人民检察院《关于办理非法采矿、破坏性采矿刑事案件适用法律若干问题的解释》
12	破坏性采矿罪	食品药品犯罪侦查部门	国家对矿产资源的管理秩序	第三百四十三条（第二款） 违反矿产资源法的规定，采取破坏性的开采方法开采矿产资源，造成矿产资源严重破坏的，处五年以下有期徒刑或者拘役，并处罚金。	最高人民法院、最高人民检察院《关于办理盗窃油气、破坏油气设备等刑事案件具体应用法律若干问题的解释》（2016年9月26日最高人民法院审判委员会第1694次会议、2016年11月4日最高人民检察院第十二届检察委员会第57次会议通过，自2016年12月1日起施行）
13	盗伐林木罪	食品药品犯罪侦查部门	国家对林业资源的管理秩序	第三百四十五条（第一款） 盗伐森林或者其他林木，数量较大的，处三年以下有期徒刑、拘役或者管制，并处或者单处罚金；数量巨大的，处三年以上七年以下有期徒刑，并处罚金；数量特别巨大的，处七年以上有期徒刑，并处罚金。	最高人民法院《关于审理破坏森林资源刑事案件具体应用法律若干问题的解释》

176

(续)

序号	罪名	主要侦查部门	侵害的客体	刑法法条	司法解释
14	滥伐林木罪	食品药品犯罪侦查部门	国家对林业资源的管理秩序	第三百四十五条（第二款）违反森林法的规定，滥伐森林或者其他林木，数量较大的，处三年以下有期徒刑、拘役或者管制，并处或者单处罚金；数量巨大的，处三年以上七年以下有期徒刑，并处罚金。	最高人民法院《关于审理破坏森林资源刑事案件具体应用法律若干问题的解释》（2000年11月22日法释〔2000〕36号）
15	非法收购、运输盗伐、滥伐的林木罪	食品药品犯罪侦查部门	国家对林业资源的管理秩序	第三百四十五条（第三款）以牟利为目的，非法收购明知是盗伐、滥伐的林木，情节严重的，处三年以下有期徒刑、拘役或者管制，并处或者单处罚金；情节特别严重的，处三年以上七年以下有期徒刑，并处罚金。	最高人民法院《关于审理破坏森林资源刑事案件具体应用法律若干问题的解释》

附录一　B. 危害公共安全犯罪中涉及自然资源和生态环境方面的罪名

序号	罪名	主要侦查部门	侵害的客体	刑法法条	司法解释
1	放火罪	食品药品犯罪侦查部门（放火烧毁森林）	社会公共安全	第一百一十五条　放火、决水、爆炸、投毒或者以其他危险方法致人重伤、死亡或者使公私财产遭受重大损失的，处十年以上有期徒刑、无期徒刑或者死刑。过失犯前款罪的，处三年以上七年以下有期徒刑；情节较轻的，处三年以下有期徒刑或者拘役。	最高人民法院、最高人民检察院《关于办理组织和利用邪教组织犯罪案件具体应用法律若干问题的解释》
2	失火罪	食品药品犯罪侦查部门（失火烧毁森林）	社会公共安全	第一百一十五条　放火、决水、爆炸以及投放毒性、放射性、传染病原体等物质受重人重伤、死亡或者使公私财产遭受重大损失的，处十年以上有期徒刑、无期徒刑或者死刑。过失犯前款罪的，处三年以上七年以下有期徒刑；情节较轻的，处三年以下有期徒刑或者拘役。	
3	决水罪	刑事侦查部门	社会公共安全	第一百一十五条　放火、决水、爆炸、投毒或者以其他危险方法致人重伤、死亡或者使公私财产遭受重大损失的，处十年以上有期徒刑、无期徒刑或者死刑。过失犯前款罪的，处三年以上七年以下有期徒刑；情节较轻的，处三年以下有期徒刑或者拘役。	
4	过失决水罪	刑事侦查部门	社会公共安全	第一百一十五条　放火、决水、爆炸、投毒或者以其他危险方法致人重伤、死亡或者使公私财产遭受重大损失的，处十年以上有期徒刑、无期徒刑或者死刑。过失犯前款罪的，处三年以上七年以下有期徒刑；情节较轻的，处三年以下有期徒刑或者拘役。	

附录一 生态环境的具体罪名

(续)

序号	罪名	主要侦查部门	侵害的客体	刑法法条	司法解释
5	爆炸罪	刑事侦查部门	社会公共安全	第一百一十五条 放火、决水、爆炸、投毒或者以其他危险方法致人重伤、死亡或者使公私财产遭受重大损失的,处十年以上有期徒刑、无期徒刑或者死刑。过失犯前款罪的,处三年以上七年以下有期徒刑;情节较轻的,处三年以下有期徒刑或者拘役。	最高人民法院《关于审理破坏野生动物资源刑事案件具体应用法律若干问题的解释》最高人民法院、最高人民检察院《关于办理组织和利用邪教组织犯罪案件具体应用法律若干问题的解释》
6	过失爆炸罪	刑事侦查部门	社会公共安全	第一百一十五条 放火、决水、爆炸、投毒或者以其他危险方法致人重伤、死亡或者使公私财产遭受重大损失的,处十年以上有期徒刑、无期徒刑或者死刑。过失犯前款罪的,处三年以上七年以下有期徒刑;情节较轻的,处三年以下有期徒刑或者拘役。	
7	投放危险物质罪	刑事侦查部门	社会公共安全	第一百一十五条 放火、决水、爆炸、投毒或者以其他危险方法致人重伤、死亡或者使公私财产遭受重大损失的,处十年以上有期徒刑、无期徒刑或者死刑。过失犯前款罪的,处三年以上七年以下有期徒刑;情节较轻的,处三年以下有期徒刑或者拘役。	最高人民法院《关于审理破坏野生动物资源刑事案件具体应用法律若干问题的解释》最高人民法院《关于办理环境污染刑事案件适用法律若干问题的解释》
8	过失投放危险物质罪	刑事侦查部门	社会公共安全	第一百一十五条 放火、决水、爆炸、投毒或者以其他危险方法致人重伤、死亡或者使公私财产遭受重大损失的,处十年以上有期徒刑、无期徒刑或者死刑。过失犯前款罪的,处三年以上七年以下有期徒刑;情节较轻的,处三年以下有期徒刑或者拘役。	

(续)

序号	罪名	主要侦查部门	侵害的客体	刑法法条	司法解释
9	以危险方法危害公共安全罪	刑事侦查部门	社会公共安全	第一百一十五条 放火、决水、爆炸以及投毒性、放射性、传染病原体等物质或者以其他危险方法致人重伤、死亡或者使公私财产遭受重大损失的，处十年以上有期徒刑、无期徒刑或者死刑。过失犯前款罪的，处三年以上七年以下有期徒刑；情节较轻的，处三年以下有期徒刑或者拘役。	最高人民法院、最高人民检察院《关于办理组织利用邪教组织犯罪案件具体应用法律若干问题的解释》（二）最高人民法院《关于审理破坏野生动物资源刑事案件具体应用法律若干问题的解释》最高人民法院、最高人民检察院《关于办理妨害预防、控制突发传染病疫情等灾害的刑事案件具体应用法律若干问题的解释》最高人民法院、最高人民检察院《关于办理危害药品安全刑事案件适用法律若干问题的解释》
10	过失以危险方法危害公共安全罪	刑事侦查部门	社会公共安全	第一百一十五条 放火、决水、爆炸以及投毒性、放射性、传染病原体等物质或者以其他危险方法致人重伤、死亡或者使公私财产遭受重大损失的，处十年以上有期徒刑、无期徒刑或者死刑。过失犯前款罪的，处三年以上七年以下有期徒刑；情节较轻的，处三年以下有期徒刑或者拘役。	最高人民法院、最高人民检察院《关于办理妨害预防、控制突发病疫情等灾害的刑事案件具体应用法律若干问题的解释》
11	消防责任事故罪	消防部门	消防管理制度	第一百三十九条 违反消防管理法规，经消防监督机构通知采取改正措施而拒绝执行，造成严重后果的，对直接责任人员，处三年以下有期徒刑或者拘役；后果特别严重的，处三年以上七年以下有期徒刑。	最高人民法院《关于审理危害生产安全刑事案件适用法律若干问题的解释》
12	重大责任事故罪	治安管理部门	生产、作业的安全	第一百三十四条 在生产、作业中违反有关安全管理的规定，因而发生重大伤亡事故或者造成其他严重后果的，处三年以下有期徒刑或者拘役；情节特别恶劣的，处三年以上七年以下有期徒刑。	最高人民法院《关于审理危害生产安全刑事案件适用法律若干问题的解释》《最高人民法院关于审理交通肇事刑事案件具体应用法律若干问题的解释》

附录一　生态环境的具体罪名

附录一　C. 破坏社会主义市场经济秩序犯罪中涉及自然资源和生态环境方面的犯罪

序号	罪名	主要侦查部门	侵害的客体	刑法法条	司法解释
1	走私珍贵动物及其制品罪	食品药品犯罪侦查部门	国家海关监管制度和国家野生动物保护制度	第一百五十一条（第二款）　走私国家禁止出口的文物、黄金、白银和其他贵重金属或者国家禁止进出口的珍贵动物及其制品的，处五年以上有期徒刑，并处罚金。走私国家禁止进出口的珍稀植物及其制品的，处五年以下有期徒刑或者单处罚金；情节严重的，处五年以上有期徒刑，并处罚金。	最高人民法院、最高人民检察院《关于办理走私刑事案件适用法律若干问题的解释》
2	走私国家禁止进出口的货物、物品罪	海关缉私部门	国家海关监管制度	第一百五十一条（第二款）　走私国家禁止出口的文物、黄金、白银和其他贵重金属或者国家禁止进出口的珍贵动物及其制品的，处五年以上有期徒刑，并处罚金。	最高人民法院、最高人民检察院《关于办理走私刑事案件适用法律若干问题的解释》
3	走私废物罪	海关缉私部门	国家海关监管制度和国家废物管理制度	第一百五十五条　下列行为，以走私罪论处，依照本节的有关规定处罚：逃避海关监管将境外固体废物运输进境的。	最高人民法院、最高人民检察院《关于办理走私刑事案件适用法律若干问题的解释》
4	走私核材料罪	海关缉私部门	国家关于核材料进出国（边）境的理制度	第一百五十一条　走私武器、弹药、核材料或者伪造的货币的，处七年以上有期徒刑，并处罚金或者没收财产；情节较轻的，处三年以上七年以下有期徒刑，并处罚金。	

181

序号	罪名	主要侦查部门	侵害的客体	刑法法条	司法解释
5	非法经营罪	治安管理部门、经济犯罪侦查部门 食品药品犯罪侦查部门	市场管理秩序	第二百二十五条 违反国家规定，有下列非法经营行为之一，扰乱市场秩序，情节严重的，处五年以下有期徒刑或者拘役，并处或者单处违法所得一倍以上五倍以下罚金；情节特别严重的，处五年以上有期徒刑，并处违法所得一倍以上五倍以下罚金或者没收财产：（一）未经许可经营法律、行政法规规定的专营、专卖物品或者其他限制买卖的物品的；（二）买卖进出口许可证、进出口原产地证明以及其他法律、行政法规规定的经营许可证或者批准文件的；（三）其他严重扰乱市场秩序的非法经营行为。	最高人民法院《关于审理骗购外汇、非法买卖外汇刑事案件具体应用法律若干问题的解释》 最高人民法院、最高人民检察院《关于办理非法生产、销售烟草专卖品等刑事案件具体应用法律若干问题的解释》 最高人民法院、最高人民检察院《关于办理妨害信用卡管理刑事案件具体应用法律若干问题的解释》 最高人民法院《关于审理破坏野生动物资源刑事案件具体应用法律若干问题的解释》 最高人民法院《关于审理破坏森林资源刑事案件具体应用法律若干问题的解释》 最高人民法院、最高人民检察院《关于审理扰乱电信市场管理秩序案件具体应用法律若干问题的解释》 最高人民法院、最高人民检察院《关于办理妨害食盐刑事案件具体应用法律若干问题的解释》 《关于办理妨害预防、控制突发传染病疫情等灾害的刑事案件具体应用法律若干问题的解释》

(续)

序号	罪名	主要侦查部门	侵害的客体	刑法法条	司法解释
					最高人民法院、最高人民检察院《关于办理非法生产、销售、使用禁止在饲料和动物饮用水中使用的药品等刑事案件具体应用法律若干问题的解释》
					最高人民法院、最高人民检察院《关于办理危害食品安全刑事案件适用法律若干问题的解释》
					最高人民法院、最高人民检察院《关于办理危害药品安全刑事案件适用法律若干问题的解释》
					最高人民法院、最高人民检察院《关于办理利用信息网络实施诽谤等刑事案件适用法律若干问题的解释》
					最高人民法院、最高人民检察院《关于办理赌博刑事案件具体应用法律若干问题的解释》
					最高人民法院、最高人民检察院《关于办理扰乱无线电通讯管理秩序等刑事案件适用法律若干问题的解释》

(续)

序号	罪名	主要侦查部门	侵害的客体	刑法法条	司法解释
6	非法转让、倒卖土地使用权罪	经济犯罪侦查部门	国家的土地管理秩序和土地使用权	第二百二十八条 以牟利为目的,违反土地管理法规,非法转让、倒卖土地使用权,情节严重的,处三年以下有期徒刑或者拘役,并处或者单处非法转让、倒卖土地使用权价额百分之五以上百分之二十以下罚金;情节特别严重的,处三年以上七年以下有期徒刑,并处非法转让、倒卖土地使用权价额百分之五以上百分之二十以下罚金。	最高人民法院《关于审理破坏土地资源刑事案件具体应用法律若干问题的解释》
7	走私珍稀植物、珍稀植物制品罪	食品药品犯罪侦查部门	国家海关监管制度和国家野生动物保护制度	第一百五十一条(第三款) 走私国家禁止进出口的珍稀植物及其制品的,处五年以下有期徒刑,并处罚金;情节严重的,处五年以上有期徒刑,并处罚金。	最高人民法院、最高人民检察院《关于办理走私刑事案件适用法律若干问题的解释》

附录一 D. 侵犯财产犯罪中涉及自然资源和生态环境方面的犯罪

序号	罪名	主要侦查部门	侵害的客体	刑法法条	司法解释
1	盗窃罪	刑事侦查部门 食品药品侦查部门	公私财产的占有权	第二百六十四条 盗窃公私财物，数额较大的，或者多次盗窃、入户盗窃、携带凶器盗窃、扒窃的，处三年以下有期徒刑、拘役或者管制，并处或者单处罚金；数额巨大或者有其他严重情节的，处三年以上十年以下有期徒刑，并处罚金；数额特别巨大或者有其他特别严重情节的，处十年以上有期徒刑或者无期徒刑，并处罚金或者没收财产；有下列情形之一的，处无期徒刑或者死刑，并处没收财产：（一）盗窃金融机构，数额特别巨大的；（二）盗窃珍贵文物，情节严重的。	最高人民法院、最高人民检察院《关于办理盗窃刑事案件适用法律若干问题的解释》 最高人民法院、最高人民检察院《关于办理盗窃、抢劫、诈骗、抢夺机动车相关刑事案件具体应用法律若干问题的解释》 最高人民法院、最高人民检察院《关于办理盗窃油气、破坏油气设备等刑事案件具体应用法律若干问题的解释》 最高人民法院《关于审理未成年人刑事案件具体应用法律若干问题的解释》 最高人民法院《关于审理破坏电力设备刑事案件具体应用法律若干问题的解释》 最高人民法院《关于审理破坏森林资源刑事案件具体应用法律若干问题的解释》 最高人民法院《关于审理适用刑事案件具体应用法律若干问题的解释》 最高人民法院《关于审理掩饰、隐瞒犯罪所得、犯罪所得收益刑事案件适用法律若干问题的解释》 最高人民法院《关于办理妨害文物管理等刑事案件适用法律若干问题的解释》

(续)

序号	罪名	主要侦查部门	侵害的客体	刑法法条	司法解释
2	抢劫罪	刑事侦查部门 食品药品犯罪侦查部门	公私财产的所有权、被害人的人身权利	第二百六十三条 以暴力、胁迫或者其他方法抢劫公私财物的，处三年以上十年以下有期徒刑，并处罚金；有下列情形之一的，处十年以上有期徒刑、无期徒刑或者死刑，并处罚金或者没收财产： （一）入户抢劫的； （二）在公共交通工具上抢劫的； （三）抢劫银行或者其他金融机构的； （四）多次抢劫或者抢劫数额巨大的； （五）抢劫致人重伤、死亡的； （六）冒充军警人员抢劫的； （七）持枪抢劫的； （八）抢劫军用物资或抢险、救灾、救济物资的。	最高人民法院、最高人民检察院《关于审理抢劫刑事案件适用法律若干问题的解释》 最高人民法院《关于审理掩饰、隐瞒犯罪所得、犯罪所得收益刑事案件适用法律若干问题的解释》 最高人民法院《关于办理抢夺刑事案件适用法律若干问题的解释》 最高人民法院、最高人民检察院《关于办理抢劫、抢夺机动车相关刑事案件具体应用法律若干问题的解释》 最高人民法院《关于审理未成年人刑事案件具体应用法律若干问题的解释》 最高人民法院、最高人民检察院《关于办理妨害预防、控制突发传染病疫情等灾害的刑事案件具体应用法律若干问题的解释》

(续)

序号	罪名	主要侦查部门	侵害的客体	刑法法条	司法解释
3	抢夺罪	刑事侦查部门、食品药品犯罪侦查部门	公私财产的所有权	第二百六十七条 抢夺公私财物，数额较大的，处三年以下有期徒刑、拘役或者管制，并处或者单处罚金；数额巨大或者有其他严重情节的，处三年以上十年以下有期徒刑，并处罚金；数额特别巨大或者有其他特别严重情节的，处十年以上有期徒刑或者无期徒刑，并处罚金或者没收财产。携带凶器抢夺的，依照本法第二百六十三条的规定处罚。	最高人民法院、最高人民检察院《关于办理抢夺刑事案件适用法律若干问题的解释》最高人民法院、最高人民检察院《关于办理抢劫、抢夺机动车相关刑事案件具体应用法律若干问题的解释》最高人民法院《关于审理掩饰、隐瞒犯罪所得、犯罪所得收益刑事案件适用法律若干问题的解释》最高人民法院《关于办理醉滋事刑事案件具体应用法律若干问题的解释》最高人民法院《关于办理未成年人刑事案件具体应用法律若干问题的解释》
4	聚众哄抢罪	刑事侦查部门、食品药品犯罪侦查部门	公私财产的所有权、社会正常管理秩序	第二百六十八条 聚众哄抢公私财物，数额较大或者有其他严重情节的，对首要分子和积极参加的，处三年以下有期徒刑、拘役或者管制，并处罚金；数额巨大或者有其他特别严重情节的，处三年以上十年以下有期徒刑，并处罚金。	最高人民法院《关于审理破坏森林资源刑事案件具体应用法律若干问题的解释》

(续)

序号	罪名	主要侦查部门	侵害的客体	刑法法条	司法解释
5	故意毁坏财物罪	刑事侦查部门	公私财产的所有权	第二百七十五条 故意毁坏公私财物,数额较大或者有其他严重情节的,处三年以下有期徒刑、拘役或者罚金;数额巨大或者有其他特别严重情节的,处三年以上七年以下有期徒刑。	最高人民法院、最高人民检察院《关于办理寻衅滋事刑事案件适用法律若干问题的解释》最高人民法院《关于审理破坏广播电视设施等刑事案件具体应用法律若干问题的解释》最高人民法院《关于审理破坏公用电信设施刑事案件具体应用法律若干问题的解释》最高人民法院、最高人民检察院《关于办理盗窃刑事案件适用法律若干问题的解释》
6	破坏生产经营罪	刑事侦查部门 食品药品犯罪侦查部门	国家、集体或个人生产经营的正常活动和公私财产利益	第二百七十六条 由于泄愤报复或者其他个人目的,毁坏机器设备,残害耕畜或者以其他方法破坏生产经营的,处三年以下有期徒刑、拘役或者管制;情节严重的,处三年以上七年以下有期徒刑。	

附录一 E. 妨害社会管理秩序犯罪中涉及自然资源和生态环境方面的犯罪

序号	罪名	主要侦查部门	侵害的客体	刑法法条	司法解释
1	伪造、变造、买卖国家机关公文、证件、印章罪	刑事侦查部门 食品药品侦查部门	国家对公文、证件、印章的正常管理活动及其信誉	第二百八十条 伪造、变造、买卖或者盗窃、抢夺、毁灭国家机关的公文、证件、印章的,处三年以下有期徒刑、拘役、管制或者剥夺政治权利;情节严重的,处三年以上十年以下有期徒刑,并处罚金。伪造公司、企业、事业单位、人民团体的印章的,处三年以下有期徒刑、拘役、管制或者剥夺政治权利,并处罚金。	最高人民检察院《关于办理与盗窃、抢劫、诈骗、抢夺机动车相关刑事案件具体应用法律若干问题的解释》 最高人民法院《关于审理骗购外汇、非法买卖外汇刑事案件具体应用法律若干问题的解释》 最高人民法院《关于审理破坏森林资源刑事案件具体应用法律若干问题的解释》 最高人民法院《关于审理破坏野生动物资源刑事案件具体应用法律若干问题的解释》
2	掩饰、隐瞒犯罪所得、犯罪所得收益罪	刑事侦查部门 食品药品侦查部门	司法机关对刑事犯罪进行追究的活动	第三百一十二条 明知是犯罪所得及其产生的收益而予以窝藏、转移、收购、代为销售或者以其他方法掩饰、隐瞒的,处三年以下有期徒刑、拘役或者管制,并处或者单处罚金。	最高人民法院《关于办理掩饰、隐瞒犯罪所得收益刑事案件适用法律若干问题的解释》 全国人民代表大会常务委员会关于《中华人民共和国刑法》第三百四十一条、第三百一十二条的解释 最高人民法院《关于审理洗钱等刑事案件具体应用法律若干问题的解释》 最高人民法院《关于危害计算机信息系统安全刑事案件应用法律若干问题的解释》 最高人民检察院《关于办理与盗窃、抢劫、诈骗、抢夺机动车相关刑事案件具体应用法律若干问题的解释》 最高人民法院《关于办理盗窃油气、破坏油气设备等刑事案件具体应用法律若干问题的解释》 最高人民法院《关于办理非法采矿、破坏性采矿刑事案件适用法律的解释》

（续）

序号	罪名	主要侦查部门	侵害的客体	刑法法条	司法解释
3	盗掘古人类化石、古脊椎动物化石罪	刑事侦查部门	国家对具有科学价值的古人类化石和古脊椎动物化石的管理制度	第三百二十八条 盗掘具有历史、艺术、科学价值的古文化遗址、古墓葬的，处三年以上十年以下有期徒刑，并处罚金；情节较轻的，处三年以下有期徒刑、拘役或者管制，并处罚金；有下列情形之一的，并处罚金或者没收财产，无期徒刑或者死刑： （一）盗掘确定为全国重点文物保护单位和省级文物保护单位的古文化遗址、古墓葬的； （二）盗掘古文化遗址、古墓葬集团的首要分子； （三）多次盗掘古文化遗址、古墓葬的； （四）盗掘造成珍贵文物严重破坏的。 盗掘国家保护的具有科学价值的古人类化石和古脊椎动物化石的，依照前款的规定处罚。	
4	妨害动植物防疫、检疫罪	治安管理部门	国家对动植物防疫、检疫的制度	第三百三十七条 违反有关动植物防疫、检疫的国家规定，引起重大动植物疫情危险，或者有引起重大动植物疫情危险，情节严重的，处三年以下有期徒刑或者拘役，并处或者单处罚金。	

190

（续）

序号	罪名	主要侦查部门	侵害的客体	刑法法条	司法解释
5	非法种植毒品原植物罪	禁毒部门	国家对毒品原植物的管理秩序	第三百五十一条 非法种植罂粟、大麻等毒品原植物的，一律强制铲除。有下列情形之一的，处五年以下有期徒刑、拘役或者管制，并处罚金： （一）种植罂粟五百株以上不满三千株或者其他毒品原植物数量较大的； （二）经公安机关处理后又种植的； （三）抗拒铲除的。 非法种植罂粟三千株以上或者其他毒品原植物数量大的，处五年以上有期徒刑，并处罚金或者没收财产。 非法种植罂粟或者其他毒品原植物，在收获前自动铲除的，可以免除处罚。	最高人民法院《关于审理毒品犯罪案件适用法律若干问题的解释》

附录二 生态犯罪的犯罪构成

一、污染环境罪的犯罪构成

（一）客观构成要件

行为 违反国家规定，向土地、水体和大气排放危险废物，造成环境污染，致使公私财产遭受重大损失或者人身伤亡的严重后果的行为，具体表现：一是实施本罪必须违反国家规定，是指违反全国人大及其常务委员会制定的有关环境保护方面的法律，以及国务院制定的相关行政法规、行政措施、发布的决定或命令。这些法律法规主要包括《中华人民共和国环境保护法》《中华人民共和国大气污染防治法》《中华人民共和国水污染防治法》《中华人民共和国海洋环境保护法》《中华人民共和国固体废物污染环境防治法》等法律，以及《放射防护条例》《工业"三废"排放试行标准》等一系列专门法规。二是实施排放、倾倒和处置行为，其中，排放是指把各种危险废物排入土地、水体、大气的行为，包括泵出、溢出、泄出、喷出、倒出等；倾倒是指通过船舶、航空器、平台或者其他载运工具，向土地、水体、大气倾卸危险废物的行为；处置是指以焚烧、填埋或其他改变危险废物属性的方式处理危险废物或者将其置于特定场所或者设施并不再取回的行为。三是关于严重污染环境的规定，《刑法修正案（八）》已对本条做了修订。其行为并不要求造成重大环境污染事故，致使公私财产遭受重大损失或者人身伤亡的严重后果。只要严重污染环境就可成立此罪。

主体要件 本罪主体是一般主体，既可以是自然人，也可以是单位。

（二）主观构成要件

罪过形式 本罪在主观方面表现为故意。《刑法修正案（八）》中对于原有规定作出修改，本罪从结果犯演变至情节犯，从过错责任原则到带有严格责任性质的过错推定原则，从过失犯到承认存在间接故意的主观方面。

责任能力 凡年满16周岁、具备刑事责任能力的人均可成为本罪的主体。

二、非法捕捞水产品罪的犯罪构成

(一) 客观构成要件

行为 本罪在客观方面表现为违反保护水产资源法规,在禁渔区、禁渔期或者使用禁用的工具、方法捕捞水产品的行为。为了保护水产资源,1979年2月10日国务院公布了《中华人民共和国水产资源繁殖保护条例》,明确规定了保护的对象,对捕捞的时间、水域、工具、方法等提出了具体要求,并作了一系列禁止性规定。1979年9月13日全国人大常务委员会通过试行的《中华人民共和国环境保护法(试行)》第十一条第二款规定,"保护、发展和合理利用水生生物,禁止灭绝性的捕捞和破坏。"1986年1月20日全国人大常委会通过并公布了《中华人民共和国渔业法》,对渔业生产的领导、管理、监督、养殖业和捕捞业的管理,渔业资源的增殖和保护以及法律责任等方面,都作了明确的规定。1987年10月14日,国务院批准发布的《渔业法实施细则》进一步具体划分了近海渔场与外海渔场,强调了国家对捕捞业实行捕捞许可证制度,规定了对非法捕捞水产品的具体处罚方法。

所谓禁渔区,是指由国家法令或者地方政府规定,对某些重要鱼、虾、蟹、贝、藻等,以及其他重要水生生物的产卵场、索饵场、越冬场和洄游通道,划定一定的范围,禁止所有渔业生产作业的区域,或者禁止某种渔业生产作业的区域。

所谓禁渔期,是指对某些重要水生生物的产卵场、索饵场、越冬场和洄游通道,规定禁止渔业生产作业或者限制作业的一定期限。

所谓禁用的工具,是指禁止使用的超过国家对不同捕捞对象所分别规定的最小网目尺寸的渔具。

所谓禁用的方法,是指禁止采用的损害水产资源正常繁殖、生长的方法,如炸鱼、毒鱼、电鱼等。在实践中,犯罪分子往往使用禁用的工具和方法,在禁渔区、禁渔期非法捕捞水产品,严重地破坏我国的水产资源。

故意非法捕捞水产品的行为必须达到情节严重的程度,才构成犯罪。所谓情节严重,主要是指非法捕捞水产品数量较大的,一次或多次非法捕捞水产品的,为首组织或聚众非法捕捞水产品的,采用炸鱼、毒鱼、滥用电力等方法滥捕水产品、严重破坏水产资源的,非法捕捞、抗拒渔政管理的,等等。

主体要件 本罪主体是一般主体,既可以是自然人,也可以是单位。

（二）主观构成要件

罪过形式　在主观方面表现为故意，至于是为了营利或者其他目的，均不影响本罪的成立。过失不构成本罪。

责任能力　凡年满 16 周岁、具备刑事责任能力的人均可成为本罪的主体。

三、非法采矿罪的犯罪构成

（一）客观构成要件

行为　本罪在客观上表现为违反矿产资源保护法的规定，非法采矿，矿产资源破坏的行为。非法采矿，即无证开采，是指未取得采矿许可证擅自采矿的，进入国家规划矿区、对国民经济具有重要价值的矿区和他人矿区范围采矿的，擅自开采国家规定实行保护性开采的特定矿种，或者虽有采矿许可证，但不按采矿许可证上采矿范围等要求的，造成矿产资源破坏的行为。

根据本条规定，非法采矿包括 4 种情形。

1. 无证采矿的行为

无证采矿的行为，即没有经过法定程序取得采矿许可证而擅自采矿的。根据矿产资源保护法的规定，不论是国营矿山企业，还是乡镇集体矿山企业和个体采矿，都必须经审查批准和颁发采矿许可证。根据《中华人民共和国矿产资源法》（以下简称《矿产资源法》）第十六条的规定，开采下列矿产资源的，由国务院地质矿产主管部门审批，并颁发采矿许可证：①国家规划矿区和对国民经济具有重要价值的矿区内的矿产资源；②前项规定矿区以外可供开采的矿产储量在大型以上的矿产资源；③国家规定实行保护性开采的特定矿种；④领海及中国管辖的其他海域的矿产资源；⑤国务院规定的其他矿产资源。开采石油、天然气、放射性矿产等特定矿种的，可以由国务院授权的有关主管部门审批，并颁发采矿许可证。开采第一、二款规定以外的矿产资源，其可供开采的矿产储量规划为中型的，由省、自治区、直辖市人民政府地质矿产主管部门审批和颁发采矿许可证。开采第一、二、三款规定以外的矿产资源的管理办法，由省、自治区、直辖市人民代表大会常务委员会依法制定。依照第三、四款的规定审批和颁发采矿许可证的，由省、自治区、直辖市人民政府地质矿产主管部门汇总向国务院地质矿产主管部门备案。矿产储量规模的大型、中型的划分标准，由国务院矿产储量审批机构规定。同时，《矿产资源法》规定，国家鼓励集体矿山企业开采国家指定范围内的矿产资源，允许个人采挖零星分散资源和只能用作普通建筑材料的砂、石、粘土以及生活自用采挖少量矿产。对开办乡镇集体矿山企业的审查批准、颁发采矿许可证的办法，个体采矿的管理办法，由省级权力机关制定。凡未经过上述合法程序取得采矿许可证的，均视为无证采矿行为。

2. 擅自在未批准矿区采矿的行为

擅自进入国家规划区、对国民经济具有重要价值的矿区、他人矿区采矿的行为。根据法律规定，国家对国有规划区、对国民经济具有重要价值的矿区，实行有计划开采，未经国务院有关主管部门批准，任何单位和个人不得开采；任何单位和个人不得进入他人已取得采矿权的矿山、企业矿区内采矿。

如《矿产资源法》第二十条的规定，"非经国务院授权的有关主管部门的同意，不得在下列地区开采矿产资源：①港口、机场、国防工程设施圈定地区以内；②重要工业区、大型水利工程设施、城镇市政工程设施附近一定距离以内；③铁路、重要公路两侧一定距离以内；④重要河流、堤坝两侧一定距离以内；⑤国家划定的自然保护区、重要风景区，国家重点保护的不能移动的历史文物和名胜古迹所在地；⑥国家规定不得开采矿产资源的其他地区。"凡违反上述规定擅自采矿的，即为非法采矿。所谓"国家规划区"，是指在一定时期内，根据国民经济建设长期的需要和资源分布情况，经国务院或国务院有关主管部门依法定程序审查、批准，确定列入国家矿产资源开发长期或中期规划的矿区以及作为老矿区后备资源基地的矿区。所谓"对国民经济具有重要价值的矿区"，是指以国民经济来说，经济价值重大或经济效益很高，对国家经济建设的全局性、战略性有重要影响的矿区。所谓"矿区范围"，是指矿井（露天采场）设计部门确定并依照法律程序批准的矿井四周边界的范围。

3. 擅自开采保护矿种

擅自开采国家规定实行保护性开采的特定矿种的行为。根据法律规定，国家对保护性开采的特定矿种实行有计划地开采，未经国务院有关部门批准，任何单位和个人不得开采。

所谓"保护性开采的特定矿种"，是指对国民经济建设、高科技发展具有特殊重要价值，资源严重稀缺，矿产品贵重或者在国际市场上占有明显优势等，在一定时期内由国家依法定程序确定的矿种，如1988年《国务院关于对黄金矿产实行保护性开采的通知》中指出，国务院决定将黄金矿产列为实施保护性开采的特定矿种，实行有计划地开采，未经国家黄金管理局批准，任何单位和个人不得开采。除黄金之外，我国还将钨、锡、锑、离子型稀土矿等矿种列为保护性开采的特定矿种。

4. "越界采矿"的行为

所谓"越界采矿",是指虽持有采矿许可证,但违反采矿许可证上所规定的采矿地点、范围和其他要求,擅自进入他人矿区,进行非法采矿的行为。根据《矿产资源法》规定,任何单位和个人不得进入他人依法设立的国有矿山企业和其他矿山企业矿区范围采矿。超越批准的矿区范围采矿的,责令退回本矿区范围内开采,赔偿损失,没收越界开采的矿产品和违法所得,可以并处罚款;拒不退回本矿区范围内开采,造成矿产资源严重破坏的,吊销采矿许可证,依照《刑法》(1979年)第一百五十六条的规定对直接责任人员追究刑事责任。

所谓"造成矿产资源破坏",是指在矿区乱采滥挖,使整个矿床及依据矿床设计的采矿方法受到破坏,造成矿产不能充分开采;在储存有共生、伴生有矿产的矿区采取采主矿弃副矿的采矿方法,对应综合开采、综合利用的矿产不采,使矿产不能充分合理利用;对暂不能综合开采或必须同时采出而暂时还不能综合利用的矿产以及含有有用成分的尾矿,不采取有效的保护措施,造成损失破坏;不按合理的顺序采矿,采富矿弃贫矿、采厚层矿弃薄层矿、采易采矿弃难采矿、采林矿体弃小矿体而失去大量矿产资源;不按合理的开采方法采矿,造成开采回采率低、采矿贫化率高,与设计指标相差甚多,造成资源浪费;不按合理的选矿工艺,造成选矿回收率低,与设计指标相差甚多,造成资源浪费;对一些特殊矿产,不按有关部门颁发的技术规范中规定的方法采矿,造成资源破坏、浪费等情况。

主体要件 本罪主体是一般主体,既可以是自然人,也可以是单位。

(二)主观构成要件

罪过形式 在主观方面表现为故意,至于是为了营利或者其他目的,均不影响本罪的成立。过失不构成本罪。

责任能力 凡年满16周岁、具备刑事责任能力的人均可成为本罪的主体。

四、破坏性采矿罪的犯罪构成

(一)客观构成要件

行为 本罪在客观方面表现为违反矿产资源法的规定,采取破坏性的开采方法开采矿产资源,造成矿产资源严重破坏的行为。所谓违反矿产资源法的规定,是指违反《矿产资源法》《矿业暂行条例》《矿主资源保护试行条例》《群众报矿奖励办法》《矿山安全条例》《矿山安全监察条例》《矿产资源勘查登记管理暂行办法》《全民所有制矿山企业采矿登记管理暂行办法》《矿产资源监督管理暂行办法》《放射性矿产资源勘查登记管理暂行办法》《放射性矿山企业采矿登记发证实施细则》《石油及天然气勘查、开采登记管理暂行办法》《中华人民共和国煤炭法》和《国务院关于对黄金矿产实行保护性开采的通知》等。这些有关矿产资源保护的法律规定，采取破坏性的开采方法开采矿产资源，是指违反矿产资源法的规定，使用不合理的开采顺序、开采方法和选矿工艺，致使矿产资源的开采回采率、采矿贫化率和选矿回收率达不到设计要求。根据《矿产资源法》第二十九条规定，"开采矿产资源，必须采取合理的开采顺序、开采方法和选矿工艺。矿山企业的开采回采率、采矿贫化率和选矿回收率应当达到设计要求。"第三十条规定，"在开采主要矿产的同时，对具有工业价值的共生和伴生矿产应当统一规划，综合开采，综合利用，防止浪费；对暂时不能综合开采或者必须同时采出而暂时还不能综合利用的矿产以及含有用组分的尾矿，应当采取有效的保护措施，防止损失破坏。"

综合开采，综合利用，防止浪费，是要求在地质工作和采矿过程等各个环节中，避免"单打一"和只顾眼前利益、局部利益的现象。只顾眼前利益和局部利益，采富矿弃贫矿，采大矿弃小矿，采厚矿弃薄矿，采易采矿丢难采矿，这都会对矿产资源造成严重浪费和破坏。

所谓"合理的开采顺序"，是指保证回采作业安全，资源合理回收和采矿效益好的开采顺序。"合理的开采方法"，是指生产安全、采矿强度高、矿产损失和贫化率低，矿产资源利用率好及经济效益高的开采方法。"选矿工艺"，是指用物理或化学方法，将矿物原料中的有用成分、无用矿物或有害矿物分开，或将多种有用成分分离开的工艺过程。如果开采顺序、开采方法和选矿工艺不当，将造成矿产资源的浪费和损失。

这些单一的、欠综合的和不符合开采程序的开采方法不仅给矿产资源造成了浪费。也对矿产资源造成了严重的破坏。如果未按上述操作规程和保护性采矿的规定精神开采矿物质的，则视为破坏性采矿行为。但该行为构成犯罪，还需要具有造成矿产资源严重破坏的结果。至于"严重破坏的结果"的标准，法律则没有明确的规定，实践中应当根据行为人破坏性开采的方法，矿床的大小、矿种的特性等来综合衡量。

主体要件 本罪主体是一般主体，既可以是自然人，也可以是单位。

（二）主观构成要件

罪过形式 本罪在主观方面表现为故意，过失不能构成本罪。这种故意具体是指行为人明知其行为会造成矿产资源严重破坏的结果而仍然实施，最终导致该种结果发生的心理态度。

责任能力　凡年满 16 周岁、具备刑事责任能力的人均可成为本罪的主体。

五、盗伐林木罪的犯罪构成

（一）客观构成要件

行为　违反保护森林法规，盗伐森林或者其他林木，数量较大的行为，具体表现：①擅自砍伐国家、集体、他人所有或者他人依法承包经营管理的森林或者其他林木的；②擅自砍伐本单位或者本人承包经营管理的森林或者其他林木的；③在林木采伐许可证规定的地点以外采伐国家、集体、他人所有或者他人承包经营管理的森林或者其他林木的。

行为方式为盗伐，即秘密砍伐他人的林木，此处的秘密具有以下的特征：①秘密的单方性。是行为人的单方行为，如果需要受害人配合的就不是秘密行为。②秘密的主观性、相对性。行为人采取自认为不为他人所知的行为。不以受害人或他人实际所知道为要件。③秘密的特定性。行为人针对财物所有人、经手人、保管人等在法律上和观念上为其控制的财物而暗中取走的行为。

主体　本罪主体是一般主体，既可以是自然人，也可以是单位。

对象　①本罪的对象为《森林法》规定的森林及其他林木，包括防护林、用材林、经济林、薪炭林、特种用途林等。不属于《森林法》调整范围的个人房前屋后种植的零星树木，不属于本罪的犯罪对象。个人承包全民所有和集体所有的宜林荒山荒地造林，承包后种植的树木归承包个人所有，但这些林木已构成国家林业资源的组成部分，这些林木同样可作为盗伐林木罪的犯罪对象。②本罪的对象必须是正在生长中的林木，即被盗伐的林木，必须是正在生长着，如果将他人已经砍伐下来的树木偷走，应以盗窃罪定。

结果　数量较大。根据最高人民法院 2000 年 11 月 22 日《关于审理破坏森林资源刑事案件具体应用法律若干问题的解释》盗伐林木"数量较大"，以 2~5 立方米或者幼树 100~200 株为起点；盗伐林木"数量巨大"，以 20~50 立方米或者幼树 1000~2000 株为起点；盗伐林木"数量特别巨大"，以 100~200 立方米或者幼树 5000~10000 株为起点。对于一年内多次盗伐、滥伐少量林木未经处罚的，累计其盗伐、滥伐林木的数量，构成犯罪的，依法追究刑事责任。

（二）主观构成要件

罪过形式　盗伐林木罪的罪过形式是故意的，并具有非法占有的目的。这里的故意是指，明知是国家、集体或者他人的林木而有意实施盗伐。

责任能力 凡年满16周岁、具备刑事责任能力的人均可成为本罪的主体。

六、滥伐林木罪的犯罪构成

（一）客观构成要件

行为 滥伐林木罪的行为是指违反《森林法》的规定，滥伐森林或者其他林木，具体表现为：

（1）未经林业行政主管部门及法律规定的其他主管部门批准并核发林木采伐许可证，或者虽持有林木采伐许可证，但违反林木采伐许可证规定的时间、数量、树种或者方式，任意采伐本单位所有或者本人所有的森林或者其他林木的：①林木所有者"无证滥伐"的行为。是指导"未经林业行政主管部门批准并核发采伐许可证而任意采伐的行为"，即所谓没有经有关林业行政管理部门，以及其他有权批准采伐的主管部门的批准，并核发采伐许可证，而擅自砍伐单位和本人所有或所管理的林木。②林木所有者"有证滥伐"的行为。是指"虽持有采伐许可证，但违背采伐许可证所规定时间、数量、树种、方式而任意采伐本单位或本人所有或管理的森林或者其他林木的行为"，即所谓虽有有关部门批准采伐并核发的采伐许可证，但违背了许可证上所规定的时间、数量、树种和方式等进行的采伐行为。需要明确的是，违背采伐许可证上规定的四项内容，一般来说，并不要求违背上述四项的全部，只要违背上述其中一项，即可视为滥伐林木的行为。《森林法》规定，防护林和特种用途林中的国防林、母树林、环境保护林、风景林，只准进行抚育和更新性质的采伐；成熟的用材林应当根据不同情况，分别采取择伐、皆伐和渐伐的方式；特种用途林的名胜古迹和革命纪念地的林木、自然保护区的森林，严禁采伐。凡违背采伐许可证上规定的方式采伐，即属滥伐林木的行为。

（2）超过林木采伐许可证规定的数量采伐他人所有的森林或者其他林木的。

（3）在林木采伐许可证规定的地点以外，采伐本单位所有或者本人所有的森林或者其他林木的。

（4）林木权属争议一方在林木权属确权之前，擅自砍伐森林或者其他林木，数量较大的，以滥伐林木罪论处。

主体 本罪主体是一般主体，既可以是自然人，也可以是单位。

对象 滥伐林木罪的对象指森林、林木。森林，包括乔木林和竹林；林木，包括树木和竹子。林木是组成森林的基本单元，因此，滥伐林木罪的具体对象就是林木（个人自留地及房前屋后种植的零星林木除外）。问题是，枯死木、火烧木等因意外灾害毁损的林木，是否属于本罪的对象呢？有观点认为，滥伐林木罪的对象只能是生长着的各类林木，砍伐枯死或火灾烧毁等自然原因死亡的林木，不能构成滥伐林木罪。理由有二：一是刑法设立滥伐林木罪的立法本意，应是打击那些破坏生长中的森林和林木的行为；二是枯死、烧毁木已不能发挥其生态效益。我们认为，虽然意外死亡木是否属于滥伐林木罪的对象，法律、法规以及有关司法解释尚没作出明确的规定，但也并没有作出排除性的规定。森林资源，包括森林、林木、林地以及依托森林、林木、林地生存的野生动物、植物和微生物。可以肯定的是，自然原因死亡木属于森林资源的组成部分已毫无疑问，那么就应该受到森林法的调整。国家林业局林函策字〔2003〕15号明确规定了未申请林木采伐许可证擅自采伐"火烧枯死木"等因自然灾害毁损的林木，应当依法分别定性为盗伐或者滥伐林木行为。

结果　行为人滥伐林木达到"数量较大"的标准，方可构成本罪。所谓"数量较大"，根据司法解释的规定，滥伐林木"数量较大"，以10~20立方米或者幼树500~1000株为起点；滥伐林木"数量巨大"，以50~100立方米或者幼树2500~5000株为起点。林木的数量，一般以立木材积计算，立木材积即立木蓄积，其计算方法是原木材积除以该树种的出材率，幼树是指导生长在幼龄阶段的树木。在森林资源调查中，树木胸径大5厘米以下的视为幼树，以"株"为单位进行统计。

（二）主观构成要件

罪过形式　滥伐林木罪的罪过形式是故意，但不要求非法占有的目的。这里的故意是指明知是滥伐林木的行为而有意实施的主观心理状态。故意的形式既可以是直接故意，也可以是间接故意，直接故意的内容表现为，明知滥伐行为会侵害国家的林业管理活动，却故意实施这种行为，以追求其行为对法律所保护的客体受到侵害结果的发生；间接故意的内容，主要是行为人明知自己的滥伐行为是违反《森林法》的有关规定，并发生破坏森林资源的结果，而对这种结果采取放任的态度。也就是说，行为人虽然不希望造成森林损害结果的发生，但是，又不设法防止，而采取听之任之，漠不关心的态度。但是，无论滥伐林木罪是直接故意，还是间接故意，都不包含非法占有林木的目的。如果由于过失违章错伐不应砍伐的林木，则不能构成本罪。出于过失的错伐主要是指滥伐林木的直接实施人，或者不懂得林业管理制度；或者主管人员没有交代采伐的要求，因而出现没有按照采伐许可证上批准的采伐区域、方式、树种等要求进行采伐，而导致乱砍滥伐的情况。对于这种过失心理支配下的错误行为，应由林业部门进行批评教育，或按《森林法》等有关森林保护的法律规定给予民事的或行政的处罚，一般不以滥伐林木处罚。如果情节比较恶劣，造成的后果特别严重，构成犯罪的，则应视为构成玩忽职守罪，而不构成本罪。至于行为人或者单位滥伐林木的目的是为了私人占有、营利图财、报复护林人，还是单位集体受益等，均不是本罪构成的因素。

责任能力 凡年满16周岁、具备刑事责任能力的人均可成为本罪的主体。

七、非法收购、运输盗伐、滥伐的林木罪的犯罪构成

(一) 客观构成要件

行为 非法收购、运输盗伐、滥伐的林木罪的行为包括非法收购和运输。非法收购，即没有合法的木材经营许可证，或者虽有合法的木材经营许可证但未得到有关部门允许而收购盗伐、滥伐的林木。非法运输，即盗伐、滥伐的林木非法地从一地转移到另一地。

主体 本罪主体是一般主体，既可以是自然人，也可以是单位。

对象 非法收购、运输的必须是他人盗伐、滥伐的林木。盗伐、滥伐林木者运输自己盗伐、滥伐的林木的，不能构成本罪，而应当以盗伐林木罪或者滥伐林木罪论处。如果明知是国家重点保护植物，而对其进行非法收购、运输的，则应当以非法收购、运输国家重点保护植物罪定罪处罚。

结果 本罪以非法收购、运输盗伐、滥伐林木的行为达到情节严重的程度为必要条件。根据最高人民法院《关于审理破坏森林资源刑事案件具体应用法律若干问题的解释》第十一条规定，具有下列情形之一的，属于在林区非法收购盗伐、滥伐的林木"情节严重"：①非法收购盗伐、滥伐的林木20立方米以上或者幼树1000株以上的；②非法收购盗伐、滥伐的珍贵树木2立方米以上或者5株以上的；③其他情节严重的情形。具有下列情形之一的，属于在林区非法收购盗伐、滥伐的林木"情节特别严重"：①非法收购盗伐、滥伐的林木100立方米以上或者幼树5000株以上的；②非法收购盗伐、滥伐的珍贵树木5立方米以上或者10株以上的；③其他情节特别严重的情形。结合1991年最高人民法院、最高人民检察院《关于盗伐、滥伐林木案件几个问题的解答》，其他"情节严重"的情形还包括非法收购、运输盗伐、滥伐林木造成较大面积的森林和林木遭到严重破坏的；以收购、运输盗伐、滥伐林木行为的过程中，对林木管理人员员实施暴力或以暴力相威胁的；为首组织或者聚众收购、运输盗伐、滥伐林木的；多次收购盗伐、滥伐的林木屡教不改等情形。

（二）主观构成要件

罪过形式 非法收购、运输盗伐、滥伐的林木罪的罪过形式是故意，即行为人明知是盗伐、滥伐的林木，而实施非法收购、运输的主观心理态度。要求行为人在主观上对其收购的对象是盗伐、滥伐林木，是明知的。不知道收购的是盗伐、滥伐来的林木，不构成本罪。根据《最高人民法院关于审理破坏森林资源刑事案件具体应用法律若干问题的解释》第十条规定，"非法收购明知是盗伐、滥伐的林木"中的"明知"，是指知道或者应当知道。具有下列情形之一的，可以视为应当知道，但是有证据证明确属被蒙骗的除外：①在非法的木材交易场所或者销售单位收购木材的；②收购以明显低于市场价格出售的木材的；③收购违反规定出售的木材的。

责任能力 凡年满16周岁、具备刑事责任能力的人均可成为本罪的主体。

八、非法占用农用地（林地）罪的犯罪构成

（一）客观构成要件

行为 非法占用农用地罪的行为是违反土地管理法规，非法占用耕地、林地等农用地，改变被占用土地用途。具体表现：①违反农用地（林地）管理法规和非法占用农地（林地）。②非法占用农地（林地）。其通常有三种形式，未经批准征、占用农用地（林地），即未经国家土地管理机关批准，而擅自占用耕地、林地等农用地；超过批准的数量占用农用地（林地），即少批多占等情形；采取不法手段获得批准占用耕地、林地等农用地，如通过欺骗的手段、或者通过盗用他人的名义等取得手续而占用耕地、林地等农用地。③改变被占用农用地（林地）用途。根据2005年最高人民法院《关于审理破坏林地资源刑事案件具体应用法律若干问题的解释》的规定，改变林地用途主要变现为以下几种方式：一是在非法占用的林地上实施建窑、建坟、建房、挖沙、采石、采矿、取土等；二是在非法占用的林地上种植农作物；三是在非法占用的林地上堆放或排泄废弃物等行为；四是在非法占用的林地上进行其他非林业生产、建设。

主体 本罪主体是一般主体，既可以是自然人，也可以是单位。

对象 非法占用农用地（林地）罪的犯罪对象是农用地。根据《中华人民共和国土地管理法》第四条规定，"国家编制土地利用总体规划，规定土地用途，将土地分为农用地、建设用地和未利用地。严格限制农用地转为建设用地，控制建设用地总量，对耕地实行特殊保护。农用地是指直接用于农业生产的土

地,包括耕地、林地、草地、农田水利用地、养殖水面等;建设用地是指建造建筑物、构筑物的土地,包括城乡住宅和公共设施用地、工矿用地、交通水利设施用地、旅游用地、军事设施用地等;未利用地是指农用地和建设用地以外的土地。"

1997年《刑法》将严重破坏耕地的行为规定为犯罪,罪名是非法占用耕地罪。进入21世纪,破坏耕地以外的土地的现象也十分严重,有必要用刑罚加以保护。为"惩治毁林开垦和乱占林地的犯罪,切实保护森林资源",2001年8月,全国人民代表大会常务委员会《关于刑法第228条、第342条、第410条的解释》,认为刑法第二百二十八条、第三百四十二条、第四百一十条规定的"违反土地管理法规是指违反土地管理法、森林法、草原法等法律以及有关行政法规中关于土地管理的规定"。这样,《刑法》第三百四十二条相应地被修改为"违反土地管理法规,非法占用耕地、林地等农用地,改变被占用土地用途,数量较大,造成耕地、林地等农用地大量毁坏的,处五年以下有期徒刑或者拘役,并处或者单处罚金。"《刑法》第三百四十二条规定的罪名相应改为非法占用农用地罪,具体包含的罪名为非法占用耕地罪、非法占用林地罪、非法占用草地罪。据此,破坏农用地的犯罪对象从最初的耕地,扩大到农用地,包括耕地、林地在内。

具体到非法占用林地行为的对象——林地。根据《森林实施条例》第二条规定,"林地,包括郁闭度0.2以上的乔木林地以及竹林地、灌木林地、疏林地、采伐迹地、火烧迹地、未成林造林地、苗圃地和县级以上人民政府规划的宜林地。"

结果 数量较大,并且造成农用地(林地)大量毁坏。根据2000年最高人民法院《关于审理破坏林地资源刑事案件具体应用法律若干问题的解释》的规定,违反土地管理法规,非法占用耕地改作他用,数量较大,造成耕地大量毁坏的,依照《刑法》第三百四十二条的规定,以非法占用耕地罪定罪处罚:①非法占用耕地"数量较大",是指非法占用基本农田5亩以上或者非法占用基本农田以外的耕地10亩以上。②非法占用耕地"造成耕地大量毁坏",是指行为人非法占用耕地建窑、建坟、建房、挖沙、采石、采矿、取土、堆放固体废弃物或者进行其他非农业建设,造成基本农田5亩以上或者基本农田以外的耕地10亩以上种植条件严重毁坏或者严重污染。2005年最高人民法院《关于审理破坏林地资源刑事案件具体应用法律若干问题的解释》的规定,造成林地的原有植被或林业种植条件严重毁坏或者严重污染,并具有下列情形之一的,属于《中华人民共和国刑法修正案(二)》规定的"数量较大,造成林地大量毁坏":①非法占用并毁坏防护林地、特种用途林地数量分别或者合计达到 5 亩以上；②非法占用并毁坏其他林地数量达到 10 亩以上；③非法占用并毁坏本条第①项、第②项规定的林地，数量分别达到相应规定的数量标准的 50% 以上；④非法占用并毁坏本条第①项、第②项规定的林地，其中一项数量达到相应规定的数量标准的 50% 以上，且两项数量合计达到该项规定的数量标准。

（二）主观构成要件

罪过形式 非法占用农用地罪的罪过形式是故意，即明知是非法占用农用地的行为而有意实施的主观心理态度。包括直接故意和间接故意，即对非法占用耕地、林地等农用地行为将会引起的危害社会结果，即土地资源等严重毁坏结果持希望或放任态度。过失不构成此罪。

责任能力 凡年满 16 周岁、具备刑事责任能力的人均可成为本罪的主体。

九、放火罪的犯罪构成

（一）客观构成要件

行为 放火罪的行为是纵火。这里的纵火，是指使用各种引火物点燃财物，制造火灾，危害公共安全。纵火的行为方式，可以是作为，即用各种引火物直接把公私财物点燃；也可以是不作为，即故意不履行自己防止火灾发生的义务，放任火灾的发生。例如，某电气维修工人，发现其负责维护的电气设备已经损坏，可能引起火灾，而他不加维修，放任火灾的发生。这就是以不作为的方式实施的放火行为。

以作为方式实施的放火行为，必须具备 3 个条件：一是要有火种；二是要有目的物，即要烧毁的财物；三是要让火种与目的物接触。在这 3 个条件已经具备的情况下，行为人使火种开始起火，就是放火行为的实行；目的物一旦着火，即使将火种撤离或者扑灭，目的物仍可独立继续燃烧，放火行为就被视为实行终了。

以不作为的方式实施的放火罪，行为人必须负有防止火灾发生的特定义务，而且能够履行这种特定义务而不履行，以致发生火灾。其特点，一是行为人必须是负有特定作为义务的人；二是根据主客观条件，行为人有能力履行这种特定的作为义务；三是行为人客观上必须有不履行这种特定作为义务的薄实。从义务的来源看，一是法律所规定的义务，二是职务或业务上所要求的义务，如油区防火员就负有消除火灾隐患、防止火灾发生的义务；三是行为人的先前行为所引起的义务，如行为人随手把烟头丢在窗帘上，引起窗帘着火，行为人就负有扑灭窗帘着火燃烧的义务。从司法实践来看，行为人的特定义务，主要是后两种情况。

有些放火案件，从表面上看，是燃烧衣物、家具、农具等价值较小的财物，实际上是以衣服、家具、农具等作为引火物，意图通过燃烧衣物、家具、农具等引起上述重大公私财物的燃烧。这种情况应以放火罪论处。因此，在认定放火罪时，要注意发火物、引火物和目的物即放火行为的侵害对象的区分。

放火行为必须足以危害公共安全。如果虽然实施了放火行为，但从放火焚烧的对象、时间、地点、环境等方面考察，确实不足以危害公共安全、不存在危害公共安全的危险性，不构成放火罪。如果情节严重，需要刑罚处罚的，构成什么罪就定什么罪。

主体 本罪主体是一般主体，单位不能成为放火罪的犯罪主体。

对象 本罪侵犯的对象，主要是财物和人身。实施的对象包括工厂、矿山、油田、港口、仓库、住宅、森林、农场、牧场、重要管道、公共建筑物或者其他公私财物。这里所说的其他公私财物是指上述公私财物以外的，但性质与其相似的，比较重大的公私财物，而不是指上述公私财物以外的一切公私财物。因为只有燃烧这些公私财物，才可能危及公共安全。如果放火行为侵害的只是某一较小的财物，例如，烧几件衣物、一件小家具、小农具等价值不大的公私财物，不构成放火罪。如果行为人放火烧毁自己或家庭所有的房屋或其他财物，足以引起火灾，危害公共安全的，也应以放火罪论处。但是，如果行为人放火焚毁自己的房屋或其他财物，确实不足以危害公共安全的，则不构成放火罪。

（二）主观构成要件

罪过形式 放火罪的罪过形式是故意，即明知自己的放火行为会引起火灾，危害公共安全，并且希望或者放任这种结果发生的心理态度。如果不是出于故意，不构成放火罪。放火的动机是多种多样的，如因个人的某种利益得不到满足而放火，因对批评、处分不满而放火，因泄愤报复而放火，为湮灭罪证、嫁祸于人而放火，因恋爱关系破裂而放火，因家庭矛盾激化而放火，等等。不论出于何种动机，都不影响放火罪的成立。但是，查明放火的动机，对于正确判断行为人的主观心理态度，是定罪量刑的关键。

责任能力 已满14周岁不满16周岁、具备刑事责任能力的人均可成为本罪的主体。

十、失火罪的犯罪构成

（一）客观构成要件

行为 失火罪的行为是过失引起火灾。失火一般发生在日常生活中，如吸烟入睡引起火灾，取暖做饭用火不慎引起火灾。做饭不照看炉火，安装炉灶、烟囱不合防火规则，在森林中乱烧荒，或者架柴做饭、取暖，不注意防火，以致酿成火灾，造成重大损失，就构成失火罪。如果在工作中严重不负责任或擅离职守；或者在生产申违章作业或强令他人违章作业而引起火灾，则分别构成玩忽职守罪或者重大责任事故罪。如果火灾不是由于行为人的失火行为引起的，而是由于自然原因引起的，不构成失火罪。

主体 本罪主体是一般主体，单位不能成为放火罪的犯罪主体。

对象 失火罪的对象是财物和人身。失火罪一般是引燃财物，会造成公私财产的损失，同时也会危及人身的安全，造成他人伤亡后果。

结果 行为人的行为必须造成严重后果，即致人重伤、死亡或者使公私财产遭受重大损失。仅有失火行为，未引起危害后果；或者危害后果不严重，不构成失火罪，而属一般失火行为。《国家林业局、公安部关于森林和陆生野生动物刑事案件管辖和立案标准》中规定，失火造成森林火灾；过火有林地面积 2 公顷以上，或者致人重伤、死亡的应当立案；过火有林地面积为 10 公顷以上，或者致人死亡，重伤 5 人以上的为重大案件；过火有林地面积 50 公顷以上，或者死亡 2 人以上的，为特别重大案件。

（二）主观构成要件

罪过形式 失火罪的罪过形式是过失。既可出于疏忽大意的过失，即行为人应当预见自己的行为可能引起火灾，因为疏忽大意而未预见，致使火灾发生；也可出于过于自信的过失，即行为人已经预见自己的行为可能引起火灾，由于轻信火灾能够避免，结果发生了火灾。这里疏忽大意、轻信能够避免，是指行为人对火灾危害结果的心理态度，而不是对导致火灾的行为的心理态度。实践中有的案件行为人对导致火灾的行为是明知故犯的，如明知在特定区域内禁止吸烟却禁而不止等，但对火灾危害结果既不希望，也不放任其发生。这种案件应定为失火罪。行为人对于火灾的发生，主观上具有犯罪的过失，是其负刑事责任的主观根据。如果查明火灾是由于人不可抗拒或不能预见的原因所引起，如雷击、地震等引起的火灾，则属于意外事故，不涉及犯罪问题。

责任能力 凡年满 16 周岁、具备刑事责任能力的人均可成为本罪的主体。

十一、非法采伐、毁坏国家重点保护植物罪的犯罪构成

(一) 客观构成要件

行为 非法采伐、毁坏国家重点保护植物罪的行为是违反国家规定，非法采伐、毁坏国家重点保护植物。

(1) 违反《森林法》及其他法规中有关采伐、毁坏国家重点保护植物的规定。《森林法》第二十三条规定，"禁止毁林开垦和毁林采石、采砂、采土以及其他毁林行为。禁止在幼林地和特种用途林内砍柴、放牧。"第二十四条规定，"国务院林业主管部门和省、自治区、直辖市人民政府，应当在不同自然地带的森林生态地区、珍贵动物和植物生长繁殖的林区、天然热带雨林的具有特殊保护价值的其他天然林区，划定自然保护区，加强保护管理。对自然保护区以外的国家重点保护植物和林区内具有特殊价值的植物资源，应当认真保护；未经省、自治区、直辖市林业主管部门批准，不得采伐和采集。"第四十条规定，"违反本法规定，非法采伐、毁坏国家重点保护植物的，依法追究刑事责任。"《森林法实施细则》第二十五条规定，"违反森林法规定，致使防护林、经济林、特种用途林、国家重点保护植物和自然保护区的森林资源遭受破坏的，除应当依法追究刑事责任的以外，按本细则第二十二条的规定从重处罚。"《野生植物保护条例》第十六条规定，"禁止采集国家一级保护野生植物。因科学研究、人工培育、文化交流等特殊需要，采集国家一级保护野生植物的，必须经采集地的省、自治区、直辖市人民政府野生植物行政主管部门签署意见后，向国务院野生植物行政主管部门或者其授权的机构申请采集证；采集国家二级保护野生植物的，必须经采集地的县级人民政府野生植物行政主管部门签署意见后，向省、自治区、直辖市人民政府野生植物行政主管部门或者其授权的机构申请采集证；采集城市园林或者风景名胜区内的国家一级或者二级保护野生植物的，须先征得城市园林或风景名胜区管理机构同意，分别依照前两款的规定申请采集证；采集珍贵野生树木或者林区内、草原上的野生植物时，依照森林法、草原法的规定办理。"违反上述法律、法规规定，非法采伐、毁坏国家重点保护植物的行为，则可构成本罪。

(2) 行为方式为非法采伐和毁坏。所谓"非法采伐"，是指违反森林资源保护的法律、法规的规定，未经允许擅自砍伐国家重点保护植物的行为。所谓"毁坏"，是指毁灭和损坏，亦即使国家重点保护植物的价值或使用价值部分丧失或者全部丧失的行为，如造成国家重点保护植物数量减少、濒于灭绝或者已经绝种

等。这两种行为方式可以单独实施，也可以兼并实施，只有行为中任意一种的，即可构成本罪。毁坏的方法是多种多样的，如果行为人采用放火、爆炸等方法破坏国家重点保护植物的，由于已危害到不特定公私财产的安全，应以危害公共安全罪中的具体犯罪论处。

主体 本罪主体是一般主体，既可以是自然人，也可以是单位。

对象 非法采伐、毁坏国家重点保护植物的对象是国家重点保护植物，包括珍贵树木及国家重点保护的其他植物。根据《野生植物保护条例》第二条规定，"本条例所保护的野生植物，是指原生地天然生长的珍贵植物和原生地天然生长并具有重要经济、科学研究、文化价值的濒危、稀有植物。药用野生植物和城市园林、自然保护区、风景名胜区内的野生植物的保护，同时适用有关法律、行政法规。"第十条规定，"野生植物分为国家重点保护野生植物和地方重点保护野生植物。国家重点保护野生植物分为国家一级保护野生植物和国家二级保护野生植物。"

（1）珍贵树木。根据最高人民法院《关于审理破坏森林资源刑事案件具体应用法律若干问题的解释》的第一条规定，"珍贵树木"，包括由省级以上林业主管部门或者其他部门确定的具有重大历史纪念意义、科学研究价值或者年代久远的古树名木；国家禁止、限制出口的珍贵树木列入国家重点保护野生植物名录的树木。

（2）国家重点保护的其他植物。目前为止，国家重点保护的其他植物并无明确的规定，但根据《野生植物保护条例》及其相关的法律法规规定，国家重点保护的其他植物包括列入《国家重点保护野生植物名录》中除珍贵林木以外的其他植物；列入《濒危野生动植物种贸易公约》中除珍贵林木以外的其他植物；国务院及其有关部门依据法律法规确定的其他国家重点保护植物。但地方保护重点保护植物不属于国家重点保护的其他植物的范围。

（二）主观构成要件

罪过形式 非法采伐、毁坏国家重点保护植物罪的罪过形式是故意，过失不构成本罪。关于非法采伐、毁坏国家重点保护植物以何为目的，在所不问。非法采伐、毁坏珍贵树木，有的是以营利为目的，有的仅仅是为了搭建住宅而用，有的是为了采集标本科学研究而用，但无论何种目的，只要行为人明知是国家重点保护植物，而予以采伐、毁坏的，主观上即存有故意。至于确实不知道树木是国家重点保护植物而采伐、毁坏的，不构成本罪。

责任能力 凡年满16周岁、具备刑事责任能力的人均可成为本罪的主体。

十二、非法收购、运输、加工、出售国家重点保护植物、国家重点保护植物制品罪的犯罪构成

(一) 客观构成要件

行为 非法收购、运输、加工、出售国家重点保护植物、国家重点保护植物制品罪的行为是违反国家规定,非法收购、运输、加工、出售珍贵树木、国家重点保护的其他植物及其制品。由此可见,本罪的行为具有以下四种情形:①非法收购。这里的收购,是指以营利、自用等为目的而购买。②非法运输。这里的运输,是指采用携带、邮寄、利用他人、使用交通工具等方法进行运送。③非法加工。这里的加工,是指以珍贵树木、国家重点保护的其他植物为原料,加工成制品。④非法出售。这里的出售,是指出卖。

主体 本罪主体是一般主体,既可以是自然人,也可以是单位。

对象 非法采伐、毁坏国家重点保护植物罪的对象是国家重点保护植物及其制品,包括珍贵树木、国家重点保护的其他植物及珍贵树木、国家重点保护的其他植物制品。

(1) 珍贵树木。根据最高人民法院《关于审理破坏森林资源刑事案件具体应用法律若干问题的解释》的第一条规定,"珍贵树木"包括由省级以上林业主管部门或者其他部门确定的具有重大历史纪念意义、科学研究价值或者年代久远的古树名木;国家禁止、限制出口的珍贵树木;列入国家重点保护野生植物名录的树木。

(2) 国家重点保护的其他植物。目前为止,国家重点保护的其他植物并无明确的规定,但根据《野生植物保护条例》及其相关的法律法规规定,国家重点保护的其他植物包括列入《国家重点保护野生植物名录》中除珍贵林木以外的其他植物;列入《濒危野生动植物种贸易公约》中除珍贵林木以外的其他植物;国务院及其有关部门依据法律法规确定的其他国家重点保护植物。但地方保护重点保护植物不属于国家重点保护的其他植物的范围。

(3) 珍贵树木、国家重点保护的其他植物制品。"珍贵树木、国家重点保护的其他植物制品",指的是珍贵树木、国家重点保护的其他植物的可辨认部分(如根、茎、皮等),以及利用珍贵树木、国家重点保护的其他植物或者其可辨认部分加工而成的产品(如工艺品、药品标本等),这里的加工包括物理和化学加工。

（二）主观构成要件

罪过形式 非法收购、运输、加工、出售珍贵树木、国家重点保护的其他植物及其制品罪的罪过形式是故意。这里的故意，是指明知是珍贵树木、国家重点保护的其他植物及其制品而进行收购、运输、加工、出售的主观心理状态。关于非法收购、运输、加工、出售国家重点保护植物、国家重点保护植物制品以何为目的，不影响定罪。无论何种目的，只要行为人明知是国家重点保护植物，而予收购、运输、加工、出售的，主观上即存有故意。至于确实不知道树木是国家重点保护植物而收购的，不构成本罪。

责任能力 凡年满16周岁、具备刑事责任能力的人均可成为本罪的主体。

十三、走私珍稀植物、珍稀植物制品罪的犯罪构成

（一）客观构成要件

行为 走私珍稀植物、珍稀植物制品罪的行为是非法携带、运输、邮寄国家禁止进出口的珍稀植物、珍稀植物制品进出国（边）境。根据《中华人民共和国海关法》第八十二条的规定，"走私"是指违反海关法及有关法律、行政法规，逃避海关监管，偷逃应纳税款、逃避国家有关进出境的禁止性或者限制性管理，有下列情形之一的行为：①运输、携带、邮寄国家禁止或者限制进出境货物、物品或者依法应当缴纳税款的货物、物品进出境的；②未经海关许可并且未缴纳应纳税款、交验有关许可证件，擅自将保税货物、特定减免税货物以及其他海关监管货物、物品、进境的境外运输工具，在境内销售的；③有逃避海关监管，构成走私的其他行为的。其第八十三条规定，有下列行为之一的，按走私行为论处：①直接向走私人非法收购走私进口的货物、物品的；②在内海、领海、界河、界湖，船舶及所载人员运输、收购、贩卖国家禁止或者限制进出境的货物、物品，或者运输、收购、贩卖依法应当缴纳税款的货物，没有合法证明的。一般来说，后者被称为准走私。不过，关于准走私，《刑法》第一百五十四条则增加了"直接向走私人非法收购国家禁止进口物品的"行为。

主体 本罪主体是一般主体，既可以是自然人，也可以是单位。

对象 走私珍稀植物、珍稀植物制品罪的对象是国家禁止进出口的珍稀植物及其制品。所谓珍稀植物，是指国家重点保护的原生地天然生长的珍贵植物和原生地天然生长并具有重要经济、科学研究、文化价值的濒危稀有植物，如银杉、水杉、银杏、水松、杜仲、桫椤、珙桐、苏铁树、金钱松、台湾松、香果树等。既

可以是原产、原生于我国，也可以是原产、原生于外国。根据国务院1996年9月30日发布的《野生植物保护条例》的规定，珍稀植物分为国家一级保护野生植物和国家二级保护野生植物。其范围包括《国家重点保护植物名录》所列野生植物、《濒危野生动植物保护名录》附录一、附录二所列的濒危野生植物。所谓珍稀植物制品，则是指来源于珍稀植物，经加工出来的制成品，如工艺品、药材、木材、标本、器具等。

（二）主观构成要件

罪过形式　走私珍稀植物、珍稀植物制品罪的罪过形式是故意，即明知是国家禁止进出口的珍稀植物及其制品，而仍决意非法携带、运输、邮寄进出国（边）境。过失不能构成本罪。如果不知是珍稀植物及其制品或虽知是珍稀植物及其制品但不知是国家禁止进出口的珍稀植物及其制品，即使有走私行为，也不能构成本罪。

责任能力　凡年满16周岁、具备刑事责任能力的人均可成为本罪的主体。

十四、非法狩猎罪的犯罪构成

（一）客观构成要件

行为　非法狩猎罪的行为是违反狩猎法规，在禁猎区、禁猎期或者使用禁止的工具、方法进行狩猎，破坏野生动物资源。

（1）这里的禁猎区，是指国家规定不准狩猎的适宜野生动物栖息繁殖的一定区域，以及需要保护自然环境的地区，包括名胜古迹、风景旅游区等。根据《野生动物保护法》第十条规定，"国务院野生动物行政主管部门和省、自治区、直辖市政府，应当在国家和地方重点保护野生动物的主要生息繁衍的地区、水域，划定自然保护区，加强对国家和地方重点保护野生动物及其生存环境的保护管理。"其中，所规定的禁猎区，具体包括一、二、三类保护动物的主要栖息、繁衍地区，如《自然保护区名录》所列自然保护区、风景区，等等。在此区域内，任何人任何时候都不得进行狩猎。

（2）禁猎期，是指根据野生动物的繁殖、肉食、皮毛成熟的季节，分别规定禁止猎捕的期限。规定禁猎期的目的在于保证野生动物能够拥有良好的繁衍环境，使其正常发展，保持并增加种群数量，供人们永续利用。禁猎期由县级以上人民政府或其野生动物行政主管部门按照自然规律规定。

（3）禁用的工具，是指足以破坏野生动物资源，危害人畜安全，或者破坏森林、草原的工具。《野生动物保护法》第二十一条明确规定,"禁止使用军用武器、毒药、炸药进行猎捕。"《陆生野生动物保护实施条例》第十八条规定,"禁止使用军用武器、气枪、毒药、炸药、地枪、排铳、非人为直接操作并危害人畜安全的狩猎装置……以及县级以上各级人民政府或者其野生动物行政主管部门规定的其他狩猎工具狩猎。"禁用工具还包括地弓、大铁夹、大挑杆子,等等。行为人使用上述工具狩猎的,即属于非法狩猎行为。

(4) 禁用的方法,是指禁止使用的损害野生动物资源正常繁殖、生长的方法。《陆生野生动物保护实施条例》第十八条明确规定,如投毒、爆炸、火攻、烟熏、掏窝、拣蛋、夜间照明行猎、歼灭性围攻,以及县级以上各级人民政府或者其野生动物行政主管部门规定的其他狩猎方法狩猎,等等。行为人使用这些方法狩猎动物的,应以非法狩猎行为论。

主体 本罪主体是一般主体,既可以是自然人,也可以是单位。

对象 非法狩猎罪的对象是除珍贵、濒危的陆生野生动物和水生野生动物以外,有益的或者有重要经济、科学研究价值的陆生野生动物。行为人非法狩猎的对象如果涉及属于国家重点保护的珍贵、濒危野生动物,应按非法猎捕、杀害珍贵、濒危野生动物罪论处。可见,本罪的对象仅指一般陆生动物,即未列入《国家重点保护野生动物名录》的其他所有陆生野生动物。

结果 非法狩猎行为必须是情节严重的行为,才能构成本罪;未达到情节严重标准的行为,仅属违法行为,不能以犯罪论。根据最高人民法院《关于审理破坏野生动物资源刑事案件具体应用法律若干问题的解释》的规定,违反狩猎法规,在禁猎区、禁猎期或者使用禁用的工具、方法狩猎,具有下列情形之一的,属于非法狩猎"情节严重":①非法狩猎野生动物20只以上的;②违反狩猎法规,在禁猎区或者禁猎期使用禁用的工具、方法狩猎的;③具有其他严重情节的。

(二) 主观构成要件

罪过形式 非法狩猎罪的罪过形式是故意。这里的故意,是指明知是非法狩猎的行为而有意实施的主观心理状态。即明知是在禁猎区、禁猎期或者使用禁止的工具、方法进行狩猎而故意为之。至于是为了营利或者其他目的,均不影响本罪的成立。过失不能构成本罪。

责任能力 凡年满16周岁、具备刑事责任能力的人均可成为本罪的主体。

十五、非法猎捕、杀害珍贵、濒危野生动物罪的犯罪构成

(一) 客观构成要件

行为 非法猎捕、杀害珍贵、濒危野生动物罪的行为是违反国家有关野生动物保护法规，猎捕、杀害国家重点保护的珍贵、濒危野生动物。由此可见，本罪的行为具有以下两种情形：①猎捕。这里的猎捕，是指采取特定方法抓捕。②杀害。这里的杀害，是指残害致死。至于其捕杀行为是在何时、何地、用何种工具，采用何种方法都不影响本罪的成立。实践中具有非法猎捕和杀害两种方式之一的，即可构成本罪，同时具备两种方式的，也只构成一罪，不能按数罪并罚。

主体 本罪主体是一般主体，既可以是自然人，也可以是单位。

对象 非法猎捕、杀害珍贵、濒危野生动物罪的对象是国家重点保护的珍贵、濒危野生动物。这里的珍贵、濒危野生动物，根据2000年11月17日最高人民法院《关于审理破坏野生动物资源刑事案件具体应用法律若干问题的解释》第一条的规定，是指列入国家重点保护野生动物名录的国家一、二级保护野生动物，列入《濒危野生动植物种国际贸易公约》附录一、附录二的野生动物以及驯养繁殖的上述物种。

(二) 主观构成要件

罪过形式 非法猎捕、杀害珍贵、濒危野生动物罪的责任形式是故意。这里的故意，是指明知是珍贵、濒危野生动物而予以猎捕、杀害的主观心理状态。过失不构成本罪。行为人可能是为了出卖牟利、自食自用、馈赠亲友或者出限取乐的目的，都可以构成本罪。

责任能力 凡年满16周岁、具备刑事责任能力的人均可成为本罪的主体。

十六、非法收购、运输、出售珍贵、濒危野生动物和珍贵、濒危野生动物制品罪的犯罪构成

(一) 客观构成要件

行为 非法收购、运输、出售珍贵、濒危野生动物和珍贵、濒危野生动物制品罪的行为是违反国家有关野生动物保护法规，收购、运输、出售国家重点保护的珍贵、濒危野生动物及其制品。由此可见，本罪的行为具有以下三种情形：一是收购。这里的收购，是指以营利、自用为目的的购买行为。二是运输。这里的运输，是指采用携带、邮寄、利用他人、使用交通工具等方法进行运送的行为。

三是出售。这里的出售，是指出卖和以营利为目的加工利用行为。无论行为人实施的是其中一种行为，还是同时实施数种行为，均可构成本罪。

主体 本罪主体是一般主体，既可以是自然人，也可以是单位。

对象 非法收购、运输、出售珍贵、濒危野生动物和珍贵、濒危野生动物制品罪的对象是国家重点保护的珍贵、濒危野生动物及其制品。

（1）这里的珍贵、濒危野生动物，与非法猎捕、杀害珍贵、濒危野生动物罪的珍贵、濒危野生动物的范围相同。根据 2000 年 11 月 17 日最高人民法院《关于审理破坏野生动物资源刑事案件具体应用法律若干问题的解释》第一条的规定，是指列入国家重点保护野生动物名录的国家一、二级保护野生动物，列入《濒危野生动植物种国际贸易公约》附录一、附录二的野生动物以及驯养繁殖的上述物种。

（2）珍贵、濒危野生动物制品，是指珍贵、濒危野生动物的可辨认的部分，以及利用珍贵、濒危野生动物或其可辨认部分作为原料加工而成的产品，如工艺品、日用品、药品、标本等；珍贵、濒危野生动物的活体的任何部分，以及其器官、肢体、皮毛、骨骼、角、胚胎等制作加工而成的制品，如熊胆汁、麝香等；珍贵、濒危野生动物的死体的任何部分以及其器官、肢体、皮毛、骨骼、角、胚胎等制作加工而成的制品，如象牙、虎骨等。

（二）主观构成要件

罪过形式 非法收购、运输、出售珍贵、濒危野生动物和珍贵、濒危野生动物制品罪的罪过形式是故意。这里的故意，是指明知是珍贵、濒危野生动物及其制品而予以收购、运输、出售的主观心理状态。过失不构成本罪。实践中，由于一些非专业人员对野生动物领域了解不多，因而通常对何种动物为野生动物的认识不够，也因此对该种动物制品缺乏认识，在这种情况下实施了非法收购、运输、出售自己认为是珍贵、濒危野生动物及其制品的，一般不以本罪论处；如果行为人实施了非法收购、运输、出售自己认为不是珍贵、濒危野生动物及其制品的，而事实上确实是珍贵、濒危野生动物及其制品，亦不宜以本罪论处。

责任能力 凡年满 16 周岁、具备刑事责任能力的人均可成为本罪的主体。

十七、走私珍贵动物、珍贵动物制品罪的犯罪构成

（一）客观构成要件

行为 走私珍贵动物、珍贵动物制品罪逃避海关监管，非法携带、运输、邮

寄珍贵动物或其制品进出国（边）境。走私的行为方式与走私珍稀植物、珍稀植物制品罪表现方式相同。

主体 本罪主体是一般主体，既可以是自然人，也可以是单位。

对象 走私珍贵动物、珍贵动物制品罪的对象是珍贵动物及其制品。

（1）珍贵动物。所谓珍贵动物，是指国家重点保护的珍贵稀有的陆生、水生野生动物。其不仅包括具有重要观赏价值、科学研究价值、经济价值以及对生态环境具有重大意义的珍贵野生动物，亦包括品种数量稀少、濒危绝迹的濒危野生动物。既可以是我国特产的，亦可以是虽不属于我国特产但已在世界上列为珍稀濒危种类的动物。根据国家《野生动物保护法》的规定，国家重点保护的珍贵动物分为国家一级保护野生动物和二级保护野生动物。根据2000年10月8日最高人民法院《关于审理走私刑事案件具体应用法律若干问题的解释》第四条规定，珍贵动物是指列入《国家重点保护野生动物名录》中的国家一、二级保护野生动物和列入《濒危野生动植物种国际贸易公约》附录一、附录二中的野生动物以及驯养繁殖的上述物种。

（2）珍贵动物制品。珍贵动物制品，是指珍贵、濒危野生动物的可辨认的部分，以及利用珍贵、濒危野生动物或其可辨认部分作为原料加工而成的产品，如工艺品、日用品、药品、标本等；珍贵、濒危野生动物的活体的任何部分，以及其器官、肢体、皮毛、骨骼、角、胚胎等制作加工而成的制品，如熊胆汁、麝香等；珍贵、濒危野生动物的死体的任何部分以及其器官、肢体、皮毛、骨骼、角、胚胎等制作加工而成的制品，如象牙、虎骨等。

（二）主观构成要件

罪过形式 走私珍贵动物、珍贵动物制品罪的罪过形式是故意，即明知是珍贵动物、珍贵动物制品而走私的主观心理态度。行为人不知道属珍贵动物及其制品，即使有走私的客观行为，亦不能构成本罪。至于其目的，既可以是为了非法牟利，也可以是其他目的，但这不会影响本罪成立。

责任能力 凡年满16周岁、具备刑事责任能力的人均可成为本罪的主体。

附录三　生态犯罪刑事案件的证据指引整理

"生态犯罪刑事案件证据指引"（以下简称"证据指引"），主要是指由公安机关管辖并立案侦查的生态犯罪刑事案件，在向检察机关移送审查起诉中，对收集固定的证据作出规范化、标准化指引，以利于生态犯罪刑事案件的顺利移送起诉，也是落实以审判为中心的诉讼制度改革实践的具体要求。证据指引分为两个部分：一是一般规定，主要对各类生态犯罪刑事案件通用的证据基本要求予以说明；二是对公安机关办理的几类常见刑事案件证据要求予以指引。

第一部分　一般规定

1-1. 适用范围

本证据规范适用于公安机关生态犯罪刑事执法办案全过程。

1-2. 遵守法定程序

执法办案人员收集、审查、应用证据必须严格遵守法定程序，依法客观、全面地收集、审查、核实和认定证据。

1-3. 证据概念、种类

1. 概念

可以用于证明案件事实的材料，都是证据。

2. 种类

证据有以下几种：

（1）物证；

（2）书证；

（3）证人证言；

（4）被害人陈述；

（5）犯罪嫌疑人供述和辩解；

（6）鉴定意见；

（7）勘验、检查、辨认、侦查实验等笔录；

（8）视听资料、电子数据。

证据具有客观性、关联性、合法性，必须经过查证属实，才能作为定案的根据。

1-4. 证明对象

需要用证据证明的案件事实包括：

（1）犯罪嫌疑人、被害人的身份情况；

（2）被指控的犯罪事实是否存在；

（3）犯罪嫌疑人是否实施了犯罪行为；

（4）犯罪嫌疑人是否具有刑事责任能力；犯罪嫌疑人、实施犯罪行为的主观罪过、起因、动机、目的、时间、地点、手段、过程、后果以及其他情节；

（5）犯罪嫌疑人是否共同犯罪以及在共同犯罪中的地位作用；

（6）作为从重、从轻、减轻或免除处罚理由的事实；

（7）有关附带民事诉讼、涉案财物处理的事实；

（8）有关管辖、回避、延期审理等的程序事实；

（9）其他与定罪量刑有关的事实。

1-5. 免证事实

下列事实不需要证明：

（1）众所周知的事实；

（2）自然规律和定理；

（3）国内法律及其有效解释。

1-6. 证明标准

《刑事诉讼法》第五十三条第二款规定，证据确实、充分，应当符合以下条件：

（1）定罪量刑的事实都有证据证明；

（2）据以定案的证据均经法定程序查证属实；

（3）综合全案证据，对所认定事实已排除合理怀疑。

1-7. 证明效力

原始证据是最佳证据。收集、运用证据应当遵循原始证据优先规则。如果能够收集原始证据的，必须收集原始证据。

1-8. 全面收集证据

侦查人员要全面收集、客观制作能够证明犯罪嫌疑人作案起因、动机、目的、时间、地点、手段、过程、后果等的物证、书证、现场勘验笔录、鉴定意见等证据，防止片面重视犯罪嫌疑人供述的倾向。

侦查人员应当依法收集能够证实犯罪嫌疑人有罪或者无罪、犯罪情节轻重的各种证据，不得隐匿对犯罪嫌疑人有利的证据。

对犯罪嫌疑人供述的犯罪事实、无罪或者罪轻的事实、申辩和反证，以及犯罪嫌疑人提供的证明自己无罪、罪轻的证据，侦查机关应当认真核查；对有关证据，无论是否采信，都应当如实记录、妥善保管，并连同核查情况附卷。

1-9. 物证、书证的提取、扣押

1. 收集物证、书证时，应当制作提取、扣押笔录，必要时可以同步录音、录像、拍照。在搜查、勘验、检查时发现物证、书证时，应当通过搜查笔录或勘验、检查笔录反映物证、书证的特征、来源及其扣押情况。

2. 经勘验、检查、搜查提取、扣押的物证、书证，应当附有相关笔录、清单，笔录、清单应经侦查人员、物品持有人、见证人签名，没有物品持有人签名的，要注明原因；相关笔录、清单应当注明物品的名称、特征、数量、质量等。

3. 对物证、书证来源及提取、扣押情况有争议的，由物证、书证收集者或者提供者进行证明。

1-10. 物证、书证的收集

1. 调取物证应当调取原物。原物不能搬动或者系易损坏、消失、变质及易燃、易爆物品，或者因保密需要不能调取原物的，可以将原物拍照、录像或制模。对原物拍照、录像及制模应当足以反映原物的外形和特征。不能反映原物的外形和特征的，不得作为定案的根据。

2. 调取书证应当调取原件。取得原件有困难或者因保密、档案材料管理等限制难以调取原件的，可以调取复印件，并注明原件存放地点、提供人姓名、单位等。书证有更改迹象不能作出合理解释的，或者书证的副本、复制件不能反映书证原件及其内容的，不能作为证据使用。

3. 对物证照相、录像、制模和调取书证复印件的，应当对不能调取原物、原件的原因、复制的过程和原物、原件存放地点做出说明，并由制作人员和原物证、书证持有人或持有单位有关人员、见证人签名或盖章。

1-11. 物证、书证的固定

1. 物证、书证应当交当事人或者证人辨认，必要的时候可以进行鉴定。

2. 对现场遗留与犯罪有关的具备鉴定条件的血迹、体液、毛发、指纹等生物样本、痕迹、物品，应当进行 DNA、指纹等鉴定，并与犯罪嫌疑人或者被害人的相应生物检材、生物特征、物品等进行比对。鉴定，应当全面、科学，并穷尽鉴定手段。

3. 依法应当返还的物证，应当制作足以反映原物性质、特征、数量的照片、视频或者复制品。

1-12. 证人、被害人询问笔录

1. 首次询问证人、被害人时，应当告知证人、被害人有关作证的权利义务和法律责任。询问证人、被害人应当个别进行。询问未成年证人时，应当通知其法定代理人或者合适成年人到场，并在询问笔录中注明法定代理人或者合适成年人是否到场。

2. 询问笔录的制作、修改应当符合法律及有关规定，应当注明询问的起止时间和地点，并交由证人、被害人阅读后签字确认。没有阅读能力的，应当向他宣读。根据案件需要，询问过程可以同步录音、录像。

1-13. 犯罪嫌疑人讯问笔录

侦查人员讯问犯罪嫌疑人应当符合法律及相关司法解释的规定。首次讯问时，应当告知犯罪嫌疑人相关权利义务和法律规定；应当完整记录犯罪嫌疑人的姓名、年龄、民族、籍贯、文化程度、职业、住址、身份证号码、家庭成员、犯罪时住址、有无前科等情况。

讯问未成年犯罪嫌疑人时，应当通知其法定代理人或者合适成年人到场，并注明法定代理人或者合适成年人是否到场。

讯问笔录的制作、修改应当符合法律及有关规定，应当注明讯问的具体起止时间和地点，并交由犯罪嫌疑人阅读后签字确认。没有阅读能力的，应当向他宣读。

讯问犯罪嫌疑人时，可以对讯问过程进行录音或者录像；对于可能判处无期徒刑、死刑的案件或其他重大犯罪案件，应当对讯问过程进行录音、录像。录音或者录像应当全程进行，保持完整性。不得选择性地录制，不得剪接、删改。

犯罪嫌疑人被送交看守所羁押后，侦查人员对其讯问应当在看守所内进行，法律另有规定的除外。

1-14. 勘验、检查笔录

1. 勘验、检查应当依法进行，笔录的制作应当符合法律及有关规定，勘验、检查人员和见证人应当在笔录上签名或者盖章。

2. 下列人员不得担任见证人：

（1）生理上、精神上有缺陷或者年幼，不具有相应辨别能力或者不能正确表达的人；

（2）与案件有利害关系，可能影响案件公正处理的人；

（3）现场勘验检查工作记录应当客观、全面、详细、准确、规范，能够作为核查现场或者恢复现场原状的依据。现场勘验笔录正文需要载明现场勘验过程及结果，包括与犯罪有关的痕迹和物品的名称、位置、数量、性状、分布等情况。

3. 对现场进行多次勘验、检查的，在制作首次现场勘验检查工作记录后，逐次制作补充勘验检查工作记录。

4. 勘验、检查现场时，应当邀请1~2名与案件无关的公民作见证人。由于客观原因无法由符合条件的人员担任见证人的，应当在笔录材料中注明情况，并对相关活动进行录像。

5. 补充进行勘验、检查的，应当说明再次勘验、检查的缘由，前后勘验、检查的情况是否矛盾等。

1-15. 辨认笔录

1. 辨认应当在侦查人员主持下进行，主持辨认的侦查人员不得少于2人。辨认前应当禁止辨认人与被辨认对象见面。辨认时，应当将辨认对象混杂在特征相类似的其他对象中，侦查人员不得给辨认人任何暗示，辨认活动应当个别进行。

2. 辨认犯罪嫌疑人时，被辨认的人数不得少于7人；对犯罪嫌疑人照片进行辨认的，不得少于10人的照片；辨认物品时，混杂的同类物品不得少于5件。

3. 对场所等辨认对象进行辨认，或者辨认人能够准确描述物品独有特征的，陪衬物不受数量限制。

4. 对辨认经过和结果，应当制作辨认笔录，由侦查人员、辨认人、见证人签名。必要时，应当对辨认过程进行录音或者录像。

1-16. 鉴定意见

1. 鉴定机构和鉴定人应当具有法定资质，检材的来源、取得、保管、送检应当符合法律及有关规定，并与相关提取笔录、扣押物品清单等记载的内容相符。

2. 侦查人员应当做好检材的保管和送检工作，并注明检材送检环节的责任人，确保检材在流转环节中的同一性和不被污染。

3. 鉴定机构和鉴定人应当按照鉴定规则，运用科学方法独立进行鉴定。鉴定意见应当注明提起鉴定的事由、鉴定委托人、鉴定机构、鉴定要求、鉴定过程、鉴定方法、鉴定日期等相关内容，鉴定机构加盖司法鉴定专用章并由鉴定人签名、盖章。

4. 公诉人、当事人或者辩护人、诉讼代理人对鉴定意见有异议，经人民法院依法通知的，鉴定人应当出庭作证，否则，鉴定意见不能作为证据使用。

5. 鉴定意见应当告知相关当事人。

1-17. 视听资料、电子数据

1. 视听资料、电子数据应当附有提取过程的说明，来源合法。视听资料、电子数据的收集程序、方式应当符合法律及有关技术规范；经勘验、检查、搜查等侦查活动收集的电子数据，应当附有笔录、清单，并经侦查人员、电子数据持有人、见证人签名；没有持有人签名的，应当注明原因；远程调取境外或者异地的电子数据的，应当注明相关情况；对电子数据的规格、类别、文件格式等应当注明清楚。

2. 视听资料、电子数据应当为原件，取得原件确有困难或者有其他原因不能调取原件的，可以调取复制件。是复制件的，应当附有无法调取原件的原因、复制件制作过程和原件存放地点的说明，制作人、原视听资料持有人应当签名或者盖章。

3. 对视听资料有疑问的，可以进行鉴定。

1-18. 技侦资料的转化

1. 侦查机关采用技术侦查和秘密侦查措施所收集的材料在刑事诉讼中可以作为证据使用。如果使用该证据可能危及特定人员的人身安全，或者可能产生其他严重后果，应当采取不暴露有关人员身份、技术方法等保护措施，必要的时候，可以由审判人员在庭外对证据进行核实。

2. 采用技术侦查措施收集的材料作为证据使用的，批准采取技术侦查措施的法律文书应当附卷。

1-19. 量刑证据的收集

1. 除定罪证据以外，侦查机关还应当收集犯罪嫌疑人犯罪情节轻重的各种证据。这些证据主要包括犯罪动机目的、犯罪性质、犯罪情节、悔罪表现等说明犯罪行为社会危害性以及犯罪嫌疑人主观恶性的材料。

2. 侦查机关还应当收集未成年人犯罪、老年人犯罪、限制行为能力人犯罪、防卫过当、避险过当、犯罪预备、犯罪未遂、犯罪中止、从犯、胁从犯和教唆犯等量刑情节证据。

3. 对于共同犯罪案件，侦查机关应当充分收集能够证明犯罪嫌疑人在共同犯罪中地位作用差别、主观恶性和人身危险性方面不同的各种证据。

1-20. 前科材料

犯罪嫌疑人系再犯、累犯或者具有犯罪前科的，侦查机关应当随案附刑事判决书、裁定书、释放证明等证明材料。

1-21. 自首、立功材料

1. 自首证据材料一般应当包括犯罪嫌疑人投案经过、有罪供述以及能够证明其投案情况的其他材料。投案经过的内容一般应当包括犯罪嫌疑人投案时间、地点、方式等。证据材料应当加盖接受投案单位的印章，并由接受人员签名。

2. 立功材料一般应当包括犯罪嫌疑人检举揭发材料及证明其来源的材料、司法机关的调查核实材料、被检举揭发人的供述等。证据材料应加盖接收犯罪嫌疑人检举揭发材料的单位印章，并有接收人员签名。被检举揭发案件已立案、侦破，被检举揭发人被采取强制措施、公诉或者审判的，还应当有立案决定书、逮捕决定书、侦查终结报告、起诉意见书、起诉书、判决书等相关的法律文书。

1-22. 被害人过错材料

侦查机关要收集能够证明被害人具有过错及过错程度、责任大小的证人证言、被害人陈述、犯罪嫌疑人供述、视听资料、鉴定结论等证据材料。

1-23. 程序性材料的收集

侦查机关要完善能够证明侦查行为合法性的各种程序性材料，包括搜查证、拘留证、拘留通知书、批准逮捕决定书、逮捕证、逮捕通知书、网上追逃材料、通缉令、鉴定意见通知书等法律文书材料。

1. 证明强制措施合法性的材料

对犯罪嫌疑人采取拘传、取保候审、监视居住、拘留、逮捕等强制措施的，应当随案移送拘传证、取保候审决定书、保证金缴纳凭证或者保证人保证书、监视居住决定书、监视居住通知书、拘留证、拘留通知书、提请批准逮捕意见书、批准逮捕决定书、逮捕证、逮捕通知书等证明采取强制措施具有合法性的材料。

2. 证明搜查、扣押、查询、冻结行为合法性的材料

侦查机关对犯罪嫌疑人的人身、物品、住所和其他有关地方进行搜查的，应当随案移送相应的搜查证。

执行拘留、逮捕的时候，遇有下列紧急情况之一的，不用搜查证也可以进行搜查：

（1）可能随身携带凶器的；

（2）可能隐藏爆炸、剧毒等危险物品的；

（3）可能隐匿、毁弃、转移犯罪证据的；

（4）可能隐匿其他犯罪嫌疑人的；

（5）其他突然发生的紧急情况。

侦查机关决定扣押相关涉案物品、文件的，应当制作查封扣押决定书、扣押笔录、查封、扣押物品、文件清单，并随案移送。

侦查机关向金融机构等单位查询犯罪嫌疑人的存款、汇款、债券、股票、基金份额等财产的，应当随案移送协助查询财产通知书、协助冻结财产通知书等能够证明查询、冻结行为合法性的证据材料。

3. 证明讯问行为合法性的材料

对于可能判处无期徒刑、死刑的案件或其他重大犯罪案件，应当随案移送能够证明讯问过程合法性的全程同步录音录像、看守所体检表、押解出入所证明、身体检查记录等证明材料。

1-24. 证据的排除规则

采用刑讯逼供等非法方法收集的犯罪嫌疑人供述和采取暴力、威胁等方法收集的证人证言、被害人陈述，应当予以排除。收集物证、书证不符合法定程序，可能影响司法公正的，应当予以补正或作出合理解释的，对该证据应当予以排除。

1. 物证、书证的排除规则

（1）在勘验、检查、搜查过程中提取、扣押的物证、书证，未附笔录或者清单，不能证明物证、书证来源的，不能作为定案的根据。

（2）物证、书证的收集程序、方式有下列瑕疵，经补正或者作出合理解释的，可以采用：

①勘验、检查、搜查、提取笔录或者扣押清单上没有侦查人员、物品持有人、见证人签名，或者对物品的名称、特征、数量、质量等注明不详的；

②物证的照片、录像、复制品，书证的副本、复制件未注明与原件核对无异，无复制时间，或者无被收集、调取人签名、盖章的；

③物证的照片、录像、复制品，书证的副本、复制件没有制作人关于制作过程和原物、原件存放地点的说明，或者说明中无签名的；

④有其他瑕疵的。

（3）对物证、书证的来源、收集程序有疑问，不能作出合理解释的，该物证、书证不得作为定案的根据。

2. 物证、书证的排除规则

（1）证人证言具有下列情形之一的，不得作为定案的根据：

①询问证人没有个别进行的；

②书面证言没有经证人核对确认的；

③询问聋、哑人，应当提供通晓聋、哑手势的人员而未提供的，或者询问不通晓当地通用语言、文字的证人，应当提供翻译人员而未提供的。

（2）证人证言的收集程序、方式有下列瑕疵，经补正或者作出合理解释的，可以采用；不能补正或者作出合理解释的，不得作为定案的根据：

①询问笔录没有填写询问人、记录人、法定代理人姓名以及询问的起止时间、地点的；

②询问的地点不符合规定的；

③询问笔录没有记录告知证人有关作证的权利义务和法律责任的；

④询问笔录反映出在同一时段，同一询问人员询问不同证人的。

3. 被告人供述的排除规则

（1）被告人供述具有下列情形之一的，不得作为定案根据：

①讯问笔录没有经被告人核对确认的；

②讯问聋、哑人，应当提供通晓聋、哑手势的人员而未提供，或者讯问不通晓当地通用语言、文字的被告人，应当提供翻译人员而未提供的。

（2）讯问笔录有下列瑕疵，经过补正或者作出合理解释的，可以采用；不能补正或者作出合理解释的，不得作为定案根据：

①讯问笔录填写的讯问时间、讯问人、记录人、法定代理人等有误或者存在矛盾的；

②讯问人没有签名的；

③首次讯问笔录没有记录告知被讯问人相关权利和法律规定的。

4. 鉴定意见的排除规则

（1）鉴定意见具有下列情形之一的，不得作为定案的根据：

①鉴定机构不具备法定资质，或者鉴定事项超出该鉴定机构业务范围、技术条件的；

②鉴定人不具备法定资质，不具有相关专业技术或者职称，或者违反回避规定的；

③送检材料、样本来源不明，或者因污染不具备鉴定条件的；

④鉴定对象与送检材料、样本不一致的；

⑤鉴定程序违反规定的；

⑥鉴定过程和方法不符合相关专业的规范要求的；

⑦鉴定文书缺少签名、盖章的；

⑧鉴定意见与案件待证事实没有关联的；

⑨违反有关规定的其他情形。

5. 辨认笔录的排除规则

辨认笔录具有下列情形之一的，不得作为定案根据：

①辨认不是在侦查人员主持下进行的；

②辨认前使辨认人见到辨认对象的；

③辨认活动没有个别进行的；

④辨认对象没有混杂在具有类似特征的其他对象中，或者供辨认的对象数量不符合规定的；

⑤辨认中给辨认人明显暗示或者明显有指认嫌疑的；

⑥违反有关规定，不能确定辨认笔录真实性的其他情形。

6. 视听资料的排除规则

视听资料具有下列情形之一的，不得作为定案根据：

①经审查无法确定真伪的；

②制作、取得的时间、地点、方式等有疑问，不能提供必要证明或者作出合理解释的。

7. 电子数据的排除规则

（1）电子数据具有下列情形之一的，应当予以排除：

①经过综合审查，证明电子数据确被增加、删除、修改，并且影响电子数据真实性的，应当排除；

②其他无法保证电子数据真实性的情形。

（2）具有下列情形之一的电子数据，经补正或者作出合理解释的，可以采用；不能补正或者作出合理解释的，不得作为定案根据：

①未以封存状态移送的；

②笔录或者清单上没有侦查人员、电子数据持有人（提供人）、见证人签名或者盖章的；

③对电子数据的名称、类别、格式等注明不清的；

④有其他瑕疵的。

第二部分　常见自然资源犯罪刑事案件证据指引

2-1. 非法占用农用地罪

2-1-1. 办理非法占用农用地罪的法律依据

1. 立案依据

《刑法》第三百四十二条、第三百四十六条和最高人民检察院、公安部《关于公安机关管辖的刑事案件立案追诉标准的规定（一）》第六十七条。

2. 立案标准

根据最高人民检察院、公安部《关于公安机关管辖的刑事案件立案追诉标准的规定（一）》第六十七条的规定，违反土地管理法规，非法占用耕地、林地等农用地，改变被占用土地用途，造成耕地、林地等农用地大量毁坏，涉嫌下列情形之一的，应当立案追诉：

（1）非法占用基本农田 5 亩以上；

（2）非法占用防护林地或者特种用途林地数量单种或者合计 5 亩以上的；

（3）非法占用其他林地数量 10 亩以上的；

（4）非法占用本款第（2）项、第（3）项规定的林地，其中一项数量达到相应规定的数量标准的 50% 以上，且两项数量合计达到该项规定的数量标准的；

（5）非法占用其他农用地数量较大情形。

本条规定的"造成林地大量毁坏"是指违反土地管理法规，非法占用林地，改变被占用林地用途，在非法占用林地上实施建窑、建坟、建房、挖沙、采石、采矿、取土、种植农作物、堆放或排泄废弃物等行为或者进行其他非林业生产、建设，造成林地的原有植被或者林业种植条件严重毁坏或者严重污染，被毁坏林地数量达到以上规定的。

3. 法律依据

（1）《刑法》相关规定

第三百四十二条 违法土地管理法规，非法占用耕地、林地等农用地，改变被占用土地用途，数量较大，造成耕地、林地等农用地大量毁坏的，处五年以下有期徒刑或者拘役，并处或者单处罚金。

第三百四十六条 单位犯本节第三百三十八条至三百四十五条规定之罪的，对单位判处罚金，并对其直接负责的主管人员和其他直接责任人员，依照本节各该条的规定处罚。

（2）司法解释

最高人民法院《关于审理破坏林地资源刑事案件具体应用法律若干问题的解释》及最高人民检察院、公安部《关于公安机关管辖的刑事案件立案追诉标准的规定（一）》（公通字〔2008〕36号）第七十二条第二、第三、第四款。

2-1-2. 犯罪嫌疑人供述和辩解

1. 犯罪嫌疑人基本情况是指犯罪嫌疑人的姓名（别名、曾用名、绰号等）、性别、出生日期、出生地、身份证件种类及其号码、民族、文化程度、职业或工作单位及职务、居住地（如户籍所在地、经常居住地、暂住地等）、国籍、政治面貌、特殊身份情况（如人大代表、政协委员等）、前科劣迹、简历、家庭等情况。

2. 犯罪客观方面包括：

（1）实施非法占用农用地行为的时间、地点、参与人、作案过程、手段、归案经过。

（2）作案工具种类、特征、数量、来源及下落、涉案物品情况。

（3）雇工与帮工情况。

（4）毁坏林地、森林或者林木并改变林地用途的方式与作案工具。

（5）林地用途改变前的性质与状况；原林地类型；原林地或森林、林木状况或面貌。

（6）危害后果：被占与被毁林地现状，被毁坏的森林或者林木现状；被占用林地面积、类型；在改变林地用途活动中毁坏的森林、林木的树种、株数、规格、蓄积量；毁坏的林业设施情况；经济损失。

（7）赃物去向：改变林地用途活动中被毁坏林木及林业设施的现状；销售林木及林业设施的时间、地点、对象、价格、价款与获利情况。

（8）赃物运输方式：销售、利用被毁坏的林木及林业设施是自己运输还是请人运输、何种运输方式；承运人基本情况、运输工具（车型、牌号等）情况；是否明知是赃物；是否参与分赃或者所得运费。

（9）作案经过中的其他情况。

（10）林地与林木权属情况：改变用途的林地所有权与用益物权情况、林地上林木所有权与用益物权情况；改变林地用途是否与林权人约定或签订协议，约定情况。

（11）许可情况：是否经过林业主管部门、国土资源主管部门批准或办理有关手续；办理征占用林地审核同意书情况。

（12）同类违法经历：作案次数，历次作案时间、地点、经过与结果。

3. 犯罪主观方面包括：

（1）证明行为人故意的证据：

①证明行为人明知的证据：证明行为人明知自己的行为会发生危害社会的结果；

②证明直接故意的证据：证明行为人希望危害结果的发生。

（2）犯罪原因、动机。

4. 共同犯罪情况包括犯意的提起、策划、联络、分工、实施等情况。

5. 犯罪嫌疑人从抓获到审讯结束每次讯问都要有完整的录音录像资料。

6. 影响定罪量刑的情况包括犯罪嫌疑人对有罪无罪，法定、酌定加重、从重、减轻、从轻情节的供述与辩解。

7. 犯罪嫌疑人平时表现。

2-1-3. 被害人陈述

1. 被害人基本情况，是指被害人的姓名、性别、出生日期、出生地、身份证件种类及号码、民族、文化程度、职业或工作单位及职务、居住地（如户籍所在地、经常居住地、暂住地）等情况。

2. 被害人的陈述。

2-1-4. 证人证言

1. 雇工、帮工陈述。
2. 当地乡镇、村委会、林场或者其他有关单位工作人员的陈述。
3. 林地和林木所有权人的陈述。
4. 毁坏、占用林地现场目睹人陈述。
5. 护林员与林业管理人员的陈述。
6. 其他人员陈述。

2-1-5. 物证

1. 林木、林业设施等涉案物品的照片、影像资料与提取物证笔录。
2. 作案工具照片、影像资料等结合现场勘查、搜查、检查需要制作扣押笔录及清单。
3. 涉案林地照片。
4. 其他物证照片、影像资料等结合现场勘查、搜查、检查需要制作扣押笔录及清单。
5. 其他录像资料（勘验犯罪现场，搜查有关场所、提取有关物证、辨认、扣押等形成的录像资料）。

2-1-6. 书证

1. 犯罪嫌疑人提供的有关合同或者协议、使用林地审核同意书、林木采伐许可证、木材运输证以及办理有关手续的申报材料等。
2. 林地、林木权属证明。
3. 当地林业主管部门或者其他有关单位出具的林地、森林或者林木被毁坏之前状况的证明或有关资料。
4. 当地林业主管部门或者其他有关单位出具的林地类型与林种证明或有关资料。
5. 当地林业主管部门出具的征占用林地与采伐林木审批情况的证明。
6. 当地市场或有关经营者关于林木和林业设施等物品价格的调查和证明材料等。
7. 其他书证。

2-1-7. 鉴定意见

鉴定意见包括林地的面积种类；林地上林木的林种、立木蓄积等内容。

2-1-8. 勘验、辨认等形成的笔录

1. 现场勘查笔录包括：

（1）勘查时间、地点、光线、勘验前现场的条件（变动现场、原始现场）。

（2）被勘验场所的具体地点、方位、周围环境和现场状况（一般指周边地形、地貌、植被状况）；被勘验场所范围、形状（详细记录各边长测量数据）、现场物品的种类、数量、布局、特征、损害等情况、现场变动状态或异常情况。

（3）需要提取或者做其他处理的要记录提取的方法，数量和保存处理情况。照相的内容和数量、录像的内容和时长、绘图的种类和数量也应当在笔录中记录。

2. 辨认笔录包括：

（1）犯罪嫌疑人辨认笔录（对犯罪现场、共同犯罪嫌疑人、作案工具及其他与案件有关场所、物品的辨认）。

（2）被害人、证人辨认笔录（对犯罪现场、犯罪嫌疑人、作案工具及其他与案件有关场所、物品的辨认）。

3. 搜查笔录包括：

（1）对犯罪嫌疑人的身体、物品、住处进行搜查。

（2）对可能隐藏罪犯的人的住处和其他有关的地方进行搜查。

（3）对可能隐藏犯罪证据的人的身体、物品、住处和其他有关的地方进行搜查。

2-1-9. 视听资料、电子数据

1. 视听资料包括：

（1）视听资料（执法记录仪记录民警现场处置的视频资料或其他监控视听资料）要完整、不能剪辑。

（2）相关人员通过录音录像设备拍摄的视听资料（现场当事人、证人用手机、相机等设备拍摄的反映案件情况的资料）。

2. 电子数据包括手机微信、短信、聊天记录、通话记录、网上购买作案工具、通过网络联系作案等形成的电子数据。

2-1-10. 法定量刑方面的证据

1. 自然人犯罪嫌疑人身份证据材料，是指：

①居民身份证、临时身份证、工作证、护照、港澳居民来往内地通行证、台湾居民来往大陆通行证、中华人民共和国旅行证；

②户口簿、微机户口卡或公安部门出具的户籍证明材料；

③个人履历表或入学、入伍、招工、招干等登记表；

④医院出生证明等。

2. 自然人犯罪嫌疑人前科证据材料，是指：

①刑事判决书、裁定书；

②释放证明书、假释证明书；

③行政处罚决定书；

④其他证明材料。

3. 犯罪嫌疑人认罪态度，自首、立功的证据，在共同犯罪中为主犯、从犯、胁从犯、教唆犯的证据。

4. 报案材料、公安机关出警经过、犯罪嫌疑人归案材料等。

2-2. 盗伐林木罪

2-2-1. 办理盗伐林木罪的法律依据

1. 立案依据

《刑法》第三百四十五条第一款和第四款、第三百四十六条和最高人民检察院、公安部《关于公安机关管辖的刑事案件立案追诉标准的规定（一）》第七十二条。

2. 立案标准

根据最高人民检察院、公安部《关于公安机关管辖的刑事案件立案追诉标准的规定（一）》第七十二条的规定，盗伐森林或者其他林木，涉嫌下列情形之一的，应予立案追诉：

（1）盗伐2~5立方米以上的；

（2）盗伐幼树100至200株以上的。

以非法占有为目的，具有下列情形之一的，属于本条规定的"盗伐森林或者其他林木"：

（1）擅自砍伐国家、集体、他人所有或者他人承包经营管理的森林或者其他林木；

（2）擅自砍伐本单位或者本人承包经营管理的森林或者其他林木的；

（3）在林木采伐许可证规定的地点以外采伐国家、集体、他人所有或者他人承包经营管理的森林或者其他林木的。

本条规定的林木数量以立木蓄积计算，计算方法为原木材积除以该树种的出材率。"幼树"，是指胸径 5 厘米以下的树木。

根据国家林业局、公安部《关于森林和陆生野生动物刑事案件管辖及立案标准》的规定，盗伐森林或者其他林木，立案起点为 2 立方米至 5 立方米或者幼树 100 至 200 株；盗伐林木 20 立方米至 50 立方米或者幼树 1000 株至 2000 株，为重大案件立案起点；盗伐林木 100 立方米至 200 立方米或者幼树 5000 株至 10000 株，为特别重大案件立案起点。

3. 本罪与盗窃罪的界限。

根据最高人民法院《关于审理破坏森林资源刑事案件具体应用法律若干问题的解释》第九条规定，将国家、集体、他人所有并已经伐倒的树木窃为己有，以及偷砍他人房前屋后、自留地种植的零星树木，数额较大的，依照《刑法》第二百六十四条的规定，以盗窃罪定罪处罚。第十五条规定，非法实施采种、采脂、挖笋、掘根、剥树皮等行为，谋取经济利益数额较大的，依照《刑法》第二百六十四条的规定，以盗窃罪定罪处罚。同时构成其他犯罪的，依照处罚较重的规定定罪处罚。

4. 法律依据

（1）《刑法》相关规定

第三百四十五条 第一款 盗伐森林或者其他林木，数量较大的，处三年以下有期徒刑、拘役或者管制，并处或者单处罚金；数量巨大的，处三年以上七年以下有期徒刑，并处罚金；数量特别巨大的，处七年以上有期徒刑，并处罚金。

第四款 盗伐、滥伐国家级自然保护区内的森林或者其他林木的，从重处罚。

第三百四十六条 单位犯本节第三百三十八条至三百四十五条规定之罪的，对单位判处罚金，并对其直接负责的主管人员和其他直接责任人员，依照本节各该条的规定处罚。

（2）司法解释

最高人民法院《关于审理破坏森林资源刑事案件具体应用法律若干问题的解释》（法释〔2000〕36 号）第三条、第四条、第七条、第八条、第十七条、第十八条、第十九条。

最高人民检察院、公安部《关于公安机关管辖的刑事案件立案追诉标准的规定（一）》（公通字〔2008〕36 号）第七十二条第一款。

2-2-2. 犯罪嫌疑人供述和辩解

1. 犯罪嫌疑人基本情况。
2. 犯罪客观方面包括：
（1）实施盗伐森林或者其他林木的时间、地点、参与人、作案过程、手段、归案经过；
（2）盗伐林木的方式与盗伐林木的工具种类、特征、数量、来源及下落，涉案物品情况；
（3）盗伐林木的树种、株数、规格、蓄积量；
（4）林木去向：销赃时间、地点、对象、价格、数量、所获赃款及分赃情况；
（5）运输方式：自己运输还是雇佣他人运输，何种运输方式；承运人的基本情况、运输工具（车型、牌号等）情况，是否明知，是否参与分赃、所得承运费情况；
（6）林权情况：采伐迹地所有权与用益物权情况、被盗伐林木的所有权与用益物权情况；
（7）许可情况：有无采伐林木许可证或其他有关手续（在采伐许可证规定的地点以外采伐国家、集体及他人所有的林木等情形）；
（8）同类违法经历：作案次数，历次作案时间、地点、经过与结果。
3. 犯罪主观方面包括：
（1）作案动机及目的；
（2）是否知道有关法律规定与实施该行为的社会危害性，主观方面故意的表现。
4. 共同犯罪情况包括是否有同伙，同伙身份与相互间的关系；相互间是如何约定的；各犯罪嫌疑人在盗伐林木中所起的作用。
5. 犯罪嫌疑人从抓获到审讯结束每次讯问都要有完整的录音录像资料。
6. 影响定罪量刑的情况包括犯罪嫌疑人对有罪无罪，法定、酌定加重、从重、减轻、从轻情节的供述与辩解。
7. 犯罪嫌疑人平时表现。

2-2-3. 被害人陈述

1. 被害人基本情况，是指被害人的姓名、性别、出生日期、出生地、身份证件种类及号码、民族、文化程度、职业或工作单位及职务、居住地（如户籍所在地、经常居住地、暂住地）等情况。

2. 被害人的陈述。

2-2-4. 证人证言

1. 雇工、帮工陈述。

2. 当地乡镇、村委会、林场或者其他有关单位工作人员的陈述。

3. 收购盗伐林木行为人陈述。

4. 承运盗伐林木行为人陈述。

5. 护林员与林业管理人员的陈述。

6. 现场目睹人、案件发现人陈述。7. 其他人员陈述。

2-2-5. 物证

1. 盗伐林木等涉案物品的照片、影像资料与提取物证笔录。

2. 作案工具照片、影像资料等结合现场勘查、搜查、检查需要制作扣押笔录及清单。

3. 其他物证照片、影像资料等结合现场勘查、搜查、检查需要制作扣押笔录及清单。

4. 其他录像资料（勘验犯罪现场，搜查有关场所、提取有关物证、辨认、扣押等形成的录像资料）。

2-2-6. 书证

1. 林木权属证明。

2. 林木交易合同或协议。

3. 盗伐林木犯罪嫌疑人、承运盗伐林木行为人、收购盗伐林木行为人记账单或木材码单。

4. 当地林业主管部门或其他有关部门出具的未批准采伐林木证明。

5. 当地木材市场或木材经营者关于木材价格的调查和证明材料等。

6. 林木交易、运输付款凭证或收款收条等。

7. 与案件有关的通讯记录。

8. 其他书证。

2-2-7. 鉴定意见

鉴定意义包括林木的林种、立木蓄积等内容。

2-2-8. 勘验、辨认等形成的笔录

1. 现场勘查笔录包括：

（1）勘查时间、地点、光线、勘验前现场的条件（变动现场、原始现场）。

（2）被勘验场所的具体地点、方位、周围环境和现场状况（一般指周边地形、地貌、植被状况）；被勘验场所范围、形状（详细记录各边长测量数据），现场物品的种类、数量、布局、特征、损害等情况，现场变动状态或异常情况。

（3）需要提取或者做其他处理的要记录提取的方法、数量和保存处理情况。照相的内容和数量、录像的内容和时长、绘图的种类和数量也应当在笔录中记录。

2. 辨认笔录包括：

（1）犯罪嫌疑人辨认笔录（对犯罪现场、共同犯罪嫌疑人、作案工具及其他与案件有关场所、物品的辨认）。

（2）被害人、证人辨认笔录（对犯罪现场、犯罪嫌疑人、作案工具及其他与案件有关场所、物品的辨认）。

3. 搜查笔录包括：

（1）对犯罪嫌疑人的身体、物品、住处进行搜查。

（2）对可能隐藏罪犯的人的住处和其他有关的地方进行搜查。

（3）对可能隐藏犯罪证据的人的身体、物品、住处和其他有关的地方进行搜查。

2-2-9. 视听资料、电子数据

1. 视听资料包括：

（1）视听资料（执法记录仪记录民警现场处置的视频资料或其他监控视听资料）要完整，不能剪辑。

（2）相关人员通过录音录像设备拍摄的视听资料（现场当事人、证人用手机、相机等设备拍摄的反映案件情况的资料）。

2. 电子数据包括手机微信、短信、聊天记录、通话记录，网上购买作案工具、通过网络联系作案等形成的电子数据。

2-2-10. 法定量刑方面的证据

1. 自然人犯罪嫌疑人身份证据材料，是指：

①居民身份证、临时身份证、工作证、护照、港澳居民来往内地通行证、台

湾居民来往大陆通行证、中华人民共和国旅行证；

②户口簿、微机户口卡或公安部门出具的户籍证明材料；

③个人履历表或入学、入伍、招工、招干等登记表；

④医院出生证明等。

2. 自然人犯罪嫌疑人前科证据材料，是指：

①刑事判决书、裁定书；

②释放证明书、假释证明书；

③行政处罚决定书；

④其他证明材料。

3. 犯罪嫌疑人认罪态度，自首、立功的证据，在共同犯罪中为主犯、从犯、胁从犯、教唆犯的证据。

4. 报案材料、公安机关出警经过、犯罪嫌疑人归案材料等。

2-3. 滥伐林木罪

2-3-1. 办理滥伐林木罪的法律依据

1. 立案依据

《刑法》第三百四十五条第二款和第四款、第三百四十六条和最高人民检察院、公安部《关于公安机关管辖的刑事案件立案追诉标准的规定（一）》第七十三条第一款。

2. 立案标准

根据最高人民检察院、公安部《关于公安机关管辖的刑事案件立案追诉标准的规定（一）》第七十三条的规定，违反森林法的规定，滥伐森林或者其他林木，涉嫌下列情形之一的，应予立案追诉：

①滥伐10~20立方米以上的；

②滥伐幼树500~1000株以上的。

违反森林法的规定，具有下列情形之一的，属于本条规定的"滥伐森林或者其他林木"：

①未经林业行政主管部门及法律规定的其他主管部门批准并核发林木采伐许可证，或者虽持有林木采伐许可证，但违反林木采伐许可证规定的时间、数量、树种或者方式等，任意采伐本单位所有或者本人所有的森林或者其他林木的。

②超过林木采伐许可证规定的数量采伐他人所有的森林或者其他林木的。

违反《森林法》的规定，在林木采伐许可证规定的地点以外，采伐本单位或者本人所有的森林或者其他林木的，除农村居民采伐自留地和房前屋后个人所有的零星树木以外，属于本条第二款第（一）项"未经林业行政主管部门及法律规定的其他主管部门批准并核发林木采伐许可证"规定的情形。

林木权属争议一方在林木权属确权之前，擅自砍伐森林或者其他林木的，属于本条规定的"滥伐森林或者其他林木"。

根据国家林业局、公安部《关于森林和陆生野生动物刑事案件管辖及立案标准》的规定，滥伐森林或者其他林木，立案起点为10立方米至20立方米或者幼树500至1000株；滥伐林木50立方米以上或者幼树2500株以上，为重大案件；滥伐林木100立方米以上或者幼树5000株以上，为特别重大案件。

3. 法律依据

（1）《刑法》相关规定

第三百四十五条 第二款违法森林法规定，滥伐森林或者其他林木，数量较大的，处三年以下有期徒刑、拘役或者管制，并处或者单处罚金；数量巨大的，处三年以下七年以下有期徒刑，并处罚金。

盗伐、滥伐国家级自然保护区内的森林或者其他林木的，从重处罚。

第三百四十六条 单位犯本节第三百三十八条至三百四十五条规定之罪的，对单位判处罚金，并对其直接负责的主管人员和其他直接责任人员，依照本节各该条的规定处罚。

（2）司法解释

最高人民法院《关于审理破坏森林资源刑事案件具体应用法律若干问题的解释》（法释〔2000〕36号）第五条、第六条、第七条、第八条、第十七条、第十八条、第十九条。

最高人民检察院、公安部《关于公安机关管辖的刑事案件立案追诉标准的规定（一）》（公通字〔2008〕36号）第七十三条第一款。

2-3-2. 犯罪嫌疑人供述和辩解

1. 犯罪嫌疑人基本情况。
2. 犯罪客观方面包括：

（1）实施滥伐森林或者其他林木的时间、地点、参与人、作案过程、手段、归案经过；

（2）滥伐林木的方式与滥伐林木的工具种类、特征、数量、来源及下落、涉案物品情况；

（3）滥伐林木的树种、株数、规格、蓄积量；

（4）林木去向：销赃时间、地点、对象、价格、数量、所获赃款及分赃情况；

（5）运输方式：自己运输还是雇佣他人运输，何种运输方式；承运人的基本情况、运输工具（车型、牌号等）情况，是否明知，是否参与分赃、所得承运费情况；

（6）林权情况：采伐迹地所有权与用益物权情况、被滥伐林木的所有权与用益物权情况；

（7）许可情况：有无采伐林木许可证或其他有关手续（在林木采伐许可证规定的地点、时间、数量、树种或者方式采伐本单位所有或者本人所有的森林或者其他林木的情形）；

（8）同类违法犯罪经历：作案次数，历次作案时间、地点、经过与结果。

3. 犯罪主观方面包括：

（1）作案动机及目的；

（2）是否知道有关法律规定与实施该行为的社会危害性，主观方面故意的表现。

4. 共同犯罪情况包括是否有同伙，同伙身份与相互间的关系；相互间是如何约定的；各犯罪嫌疑人在滥伐林木中所起的作用。

5. 影响定罪量刑的情况包括犯罪嫌疑人对有罪无罪，法定、酌定加重、从重、减轻、从轻情节的供述与辩解。

6. 犯罪嫌疑人平时表现。

2-3-3. 被害人陈述

1. 被害人基本情况，是指被害人的姓名、性别、出生日期、出生地、身份证件种类及号码、民族、文化程度、职业或工作单位及职务、居住地（如户籍所在地、经常居住地、暂住地）等情况。

2. 被害人的陈述。

2-3-4. 证人证言

1. 雇工、帮工陈述。

2. 当地乡镇、村委会、林场或者其他有关单位工作人员的陈述。

3. 收购滥伐林木行为人陈述。

4. 承运滥伐林木行为人陈述。

5. 护林员与林业管理人员的陈述。

6. 现场目睹人、案件发现人陈述。

7. 其他人员陈述。

2-3-5. 物证

1. 滥伐林木等涉案物品的照片、影像资料与提取物证笔录。

2. 作案工具照片、影像资料等结合现场勘查、搜查、检查需要制作扣押笔录及清单。

3. 其他物证照片、影像资料等结合现场勘查、搜查、检查需要制作扣押笔录及清单。

4. 其他录像资料（勘验犯罪现场、搜查有关场所、提取有关物证、辨认、扣押等形成的录像资料）。

2-3-6. 书证

1. 林木权属证明。

2. 林木交易合同或协议。

3. 滥伐林木犯罪嫌疑人、承运滥伐林木行为人、收购滥伐林木行为人记账单或木材码单。

4. 当地林业主管部门或其他有关部门出具的未批准采伐林木证明。

5. 当地木材市场或木材经营者关于木材价格的调查和证明材料等。

6. 林木交易、运输付款凭证或收款收条等。

7. 与案件有关的通讯记录。

8. 其他书证。

2-3-7. 鉴定意见

鉴定意义包括林木的林种、立木蓄积等内容。

2-3-8. 勘验、辨认等形成的笔录

1. 现场勘查笔录包括：

（1）勘查时间、地点、光线、勘验前现场的条件（变动现场、原始现场）；

（2）被勘验场所的具体地点、方位、周围环境和现场状况（一般指周边地形、地貌、植被状况）；被勘验场所范围、形状（详细记录各边长测量数据），现场物品的种类、数量、布局、特征、损害等情况。现场变动状态或异常情况；

（3）需要提取或者做其他处理的要记录提取的方法、数量和保存处理情况。

照相的内容和数量、录像的内容和时长、绘图的种类和数量也应当在笔录中记录。

2. 辨认笔录包括：

（1）犯罪嫌疑人辨认笔录（对犯罪现场、共同犯罪嫌疑人、作案工具及其他与案件有关场所、物品的辨认）；

（2）被害人、证人辨认笔录（对犯罪现场、犯罪嫌疑人、作案工具及其他与案件有关场所、物品的辨认）。

3. 搜查笔录包括：

（1）对犯罪嫌疑人的身体、物品、住处进行搜查；

（2）对可能隐藏罪犯的人的住处和其他有关的地方进行搜查；

（3）对可能隐藏犯罪证据的人的身体、物品、住处和其他有关的地方进行搜查。

2-3-9. 视听资料、电子数据

1. 视听资料包括：

（1）视听资料（执法记录仪记录民警现场处置的视频资料或其他监控视听资料）要完整、不能剪辑。

（2）相关人员通过录音录像设备拍摄的视听资料（现场当事人、证人用手机、相机等设备拍摄的反映案件情况的资料）。

2. 电子数据包括手机微信、短信、聊天记录、通话记录，网上购买作案工具、通过网络联系作案等形成的电子数据。

2-3-10. 法定量刑方面的证据

1. 自然人犯罪嫌疑人身份证据材料，是指：

①居民身份证、临时身份证、工作证、护照、港澳居民来往内地通行证、台湾居民来往大陆通行证、中华人民共和国旅行证；

②户口簿、微机户口卡或公安部门出具的户籍证明材料；

③个人履历表或入学、入伍、招工、招干等登记表；

④医院出生证明等。

2. 自然人犯罪嫌疑人前科证据材料，是指：

①刑事判决书、裁定书；

②释放证明书、假释证明书；

③行政处罚决定书；

④其他证明材料。

3. 犯罪嫌疑人自首、立功的证据,在共同犯罪中为主犯、从犯、胁从犯、教唆犯的证据。

4. 报案材料、公安机关出警经过、犯罪嫌疑人归案材料等。

2-4. 非法狩猎罪

2-4-1. 办理非法狩猎罪的法律依据

1. 立案依据

《刑法》第三百四十一条第二款、第三百四十六条和最高人民检察院、公安部《关于公安机关管辖的刑事案件立案追诉标准的规定(一)》第六十六条。

2. 立案标准

根据最高人民检察院、公安部《关于公安机关管辖的刑事案件立案追诉标准的规定(一)》第六十六条的规定,违反狩猎法规,在禁猎区、禁猎期或者使用禁用的工具、方法进行狩猎,破坏野生动物资源,涉嫌下列情形之一的,应予立案追诉:

(1) 非法狩猎野生动物 20 只以上的;
(2) 在禁猎区内使用禁用的工具或者禁用的方法狩猎的;
(3) 在禁猎期内使用禁用的工具或者禁用的方法狩猎的;
(4) 其他情节严重的情形。

3. 法律依据

(1)《刑法》相关规定

第三百四十一条 第二款违反狩猎法规,在禁猎区、禁猎期或者使用禁用的工具、方法进行狩猎,破坏野生动物资源,情节严重的,处三年以下有期徒刑、拘役、管制或者罚金。

第三百四十六条 单位犯本节第三百三十八条至三百四十五条规定之罪的,对单位判处罚金,并对其直接负责的主管人员和其他直接责任人员,依照本节各该条的规定处罚。

(2) 司法解释

最高人民法院《关于审理破坏野生动物资源刑事案件具体应用法律若干问题的解释》(法释〔2000〕37号)第六条、第七条、第八条、第十二条。

最高人民检察院、公安部《关于公安机关管辖的刑事案件立案追诉标准的规定(一)》(公通字〔2008〕36号)第六十六条。

2-4-2. 犯罪嫌疑人供述和辩解

1. 犯罪嫌疑人基本情况。

2. 犯罪客观方面包括：

（1）实施猎捕野生动物的时间、地点、参与人；

（2）猎捕野生动物的方式、作案工具（包括交通工具）及来源；违反狩猎证规定的事项；

（3）预谋及作案过程、手段、归案经过；

（4）猎捕的野生动物的种类、特征、价值、数量；

（5）猎捕野生动物的去向：自用、出售或者其他；出售价格及获利、分赃情况；

（6）运输方式：何种运输方式，承运人基本情况、运输工具（车型、牌号等）情况，运费；

（7）许可情况：是否申请办理狩猎证，狩猎证规定的种类、数量、地点、工具、方法和期限等情况；

（8）同类违法犯罪经历：作案次数，历次作案时间、地点、经过与结果。

3. 犯罪主观方面包括：

（1）作案动机及目的；

（2）是否知道有关法律规定与实施该行为的社会危害性，主观方面故意的表现。

4. 共同犯罪情况包括是否有同伙，同伙身份与相互间的关系；相互间是如何约定的；各犯罪嫌疑人在非法狩猎中所起的作用。

5. 犯罪嫌疑人从抓获到审讯结束每次讯问都要有完整的录音录像资料。

6. 影响定罪量刑的情况包括犯罪嫌疑人对有罪无罪，法定、酌定加重、从重、减轻、从轻情节的供述与辩解。

7. 犯罪嫌疑人平时表现。

2-4-3. 证人证言

1. 雇工、帮工陈述。

2. 出售或者提供作案工具人员的陈述。

3. 护林员与林业管理人员的陈述。

4. 现场目睹人、案件发现人陈述。

5. 违法犯罪嫌疑人邻居、同事及周边知情人陈述。

6. 承运野生动物行为人陈述。

7. 收购、利用野生动物行为人陈述。

8. 其他人员陈述。

2-4-4. 物证

1. 猎获物等涉案物品的照片、影像资料与提取物证笔录。

2. 作案工具照片、影像资料等结合现场勘查、搜查、检查需要制作扣押笔录及清单。

3. 其他物证照片、影像资料等结合现场勘查、搜查、检查需要制作扣押笔录及清单。

4. 其他录像资料（勘验犯罪现场、搜查有关场所、提取有关物证、辨认、扣押等形成的录像资料）。

2-4-5. 书证

1. 违法犯罪嫌疑人或者有关人员提供的狩猎证、持枪证。

2. 当地狩猎期、狩猎区的证明。

3. 与案件有关的记账单。

4. 与案件有关的通讯记录。

5. 其他书证。

2-4-6. 鉴定意见

被猎获的动物种类、价值、目种等级鉴定，以证明行为人猎捕的是否属于国家保护的珍贵、濒危野生动物；狩猎工具、狩猎方法的鉴定，证明行为人是否违反"四禁"进行狩猎活动。

2-4-7. 勘验、辨认等形成的笔录

1. 现场勘查笔录包括：

（1）勘查时间、地点、光线、勘验前现场的条件（变动现场、原始现场）；

（2）被勘验场所的具体地点、方位、周围环境和现场状况（一般指周边地形、地貌、植被状况）；被勘验场所范围、形状（详细记录各边长测量数据），现场野生动物的品名、数量、大小、体貌特征、伤亡等情况；

（3）需要提取或者做其他处理的要记录提取的方法，数量和保存处理情况。照相的内容和数量、录像的内容和时长、绘图的种类和数量也应当在笔录中记录。

2. 辨认笔录包括：

（1）犯罪嫌疑人辨认笔录（对犯罪现场、共同犯罪嫌疑人、作案工具及其他与案件有关场所、物品的辨认）；

（2）被害人、证人辨认笔录（对犯罪现场、犯罪嫌疑人、作案工具及其他与案件有关场所、物品的辨认）。

3. 搜查笔录包括：

（1）对犯罪嫌疑人的身体、物品、住处进行搜查；

（2）对可能隐藏罪犯的人的住处和其他有关的地方进行搜查；

（3）对可能隐藏犯罪证据的人的身体、物品、住处和其他有关的地方进行搜查。

2-4-8. 视听资料、电子数据

1. 视听资料包括：

（1）视听资料（执法记录仪记录民警现场处置的视频资料或其他监控视听资料）要完整、不能剪辑；

（2）相关人员通过录音录像设备拍摄的视听资料（现场当事人、证人用手机、相机等设备拍摄的反映案件情况的资料）。

2. 电子数据包括手机微信、短信、聊天记录、通话记录，网上购买作案工具、通过网络联系作案等形成的电子数据。

2-4-9. 法定量刑方面的证据

1. 自然人犯罪嫌疑人身份证据材料，是指：

①居民身份证、临时身份证、工作证、护照、港澳居民来往内地通行证、台湾居民来往大陆通行证、中华人民共和国旅行证；

②户口簿、微机户口卡或公安部门出具的户籍证明材料；

③个人履历表或入学、入伍、招工、招干等登记表；

④医院出生证明等。

2. 自然人犯罪嫌疑人前科证据材料，是指：

①刑事判决书、裁定书；

②释放证明书、假释证明书；

③行政处罚决定书；

④其他证明材料。

3. 犯罪嫌疑人自首、立功的证据，在共同犯罪中为主犯、从犯、胁从犯、教唆犯的证据。

4. 报案材料、公安机关出警经过、犯罪嫌疑人归案材料等。

2-5. 非法猎捕、杀害珍贵、濒危野生动物罪

2-5-1. 办理非法猎捕、杀害珍贵、濒危野生动物罪的法律依据

1. 立案依据

《刑法》第三百四十一条第一款、第三百四十六条和最高人民检察院、公安部《关于公安机关管辖的刑事案件立案追诉标准的规定（一）》第六十四条。

2. 立案标准

根据最高人民检察院、公安部《关于公安机关管辖的刑事案件立案追诉标准的规定（一）》第六十四条的规定，非法猎捕、杀害国家重点保护的珍贵、濒危野生动物的，应予立案追诉。

本条规定的"珍贵、濒危野生动物"包括列入《国家重点保护野生动物名录》的国家一、二级保护野生动物列入《濒危野生动植物种国际贸易公约》附录一、附录二的野生动物以及驯养繁殖的上述物种。

3. 法律依据

（1）《刑法》相关规定

第三百四十一条 第一款非法猎捕、杀害国家重点保护的珍贵、濒危野生动物的，或者非法收购、运输、出售国家重点保护的珍贵、濒危野生动物及其制品的，处五年以下有期徒刑或者拘役，并处罚金，情节严重的，处五年以上十年以下有期徒刑，并处罚金；情节特别严重的，处十年以上有期徒刑，并处罚金或者没收财产。

（2）司法解释

最高人民法院《关于审理破坏野生动物资源刑事案件具体应用法律若干问题的解释》（法释〔2000〕37号）第三条、第四条、第七条、第十条、第十一条、第十二条。

最高人民检察院、公安部《关于公安机关管辖的刑事案件立案追诉标准的规定（一）》（公通字〔2008〕36号）第六十四条第一款。

2-5-2. 犯罪嫌疑人供述和辩解

1. 犯罪嫌疑人基本情况是指犯罪嫌疑人的姓名（别名、曾用名、绰号等）、性别、出生日期、出生地、身份证件种类及其号码、民族、文化程度、职业或工

作单位及职务、居住地（如户籍所在地、经常居住地、暂住地等）、国籍、政治面貌、特殊身份情况（如人大代表、政协委员等）、前科劣迹等情况。

2. 犯罪客观方面包括：

（1）实施猎捕、杀害珍贵、濒危野生动物的时间、地点、参与人；

（2）猎捕、杀害珍贵、濒危野生动物的方式、作案工具（包括交通工具）及来源；

（3）预谋及作案过程、手段、归案经过；

（4）猎捕、杀害珍贵、濒危野生动物的种类、特征、数量；

（5）猎捕、杀害珍贵、濒危野生动物的去向：自用、出售或者其他；出售价格及获利、分赃情况；

（6）运输方式：何种运输方式、承运人基本情况、运输工具（车型、牌号等）情况，运费；

（7）许可情况：是否申请办理特许猎捕证，特许猎捕证规定的种类、数量、地点、工具、方法和期限等情况；

（8）同类违法犯罪经历：作案次数，历次作案时间、地点、经过与结果。

3. 犯罪主观方面包括：

（1）作案动机及目的；

（2）是否知道有关法律规定与实施该行为的社会危害性，主观方面故意的表现。

4. 共同犯罪情况包括是否有同伙，同伙身份与相互间的关系；相互间是如何约定的；各犯罪嫌疑人在非法狩猎中所起的作用。

5. 犯罪嫌疑人从抓获到审讯结束每次讯问都要有完整的录音录像资料。

6. 影响定罪量刑的情况包括犯罪嫌疑人对有罪无罪，法定、酌定加重、从重、减轻、从轻情节的供述与辩解。

7. 犯罪嫌疑人平时表现。

2-5-3. 证人证言

1. 雇工、帮工陈述。

2. 出售或者提供作案工具人员的陈述。

3. 护林员与林业管理人员的陈述。

4. 现场目睹人、案件发现人陈述。

5. 违法犯罪嫌疑人邻居、同事及周边知情人陈述。

6. 承运珍贵、濒危野生动物行为人陈述。

7. 收购、利用珍贵、濒危野生动物行为人陈述。

8. 其他人员陈述。

2-5-4. 物证

1. 猎获物等涉案物品的照片、影像资料与提取物证笔录。

2. 作案工具照片、影像资料等结合现场勘查、搜查、检查需要制作扣押笔录及清单。

3. 其他物证照片、影像资料等结合现场勘查、搜查、检查需要制作扣押笔录及清单。

4. 其他录像资料（勘验犯罪现场、搜查有关场所、提取有关物证、辨认、扣押等形成的录像资料）。

2-4-5. 书证

1. 违法犯罪嫌疑人或者有关人员提供的特许猎捕证、持枪证。

2. 与案件有关的记账单。

3. 与案件有关的通讯记录。

4. 其他书证。

2-5-6. 鉴定意见

鉴定意见包括涉案珍贵、濒危野生动物的品名、种属、数量、价值、重量等内容。

2-5-7. 勘验、辨认等形成的笔录

1. 现场勘查笔录包括：

（1）勘查时间、地点、光线、勘验前现场的条件（变动现场、原始现场）；

（2）被勘验场所的具体地点、方位、周围环境和现场状况（一般指周边地形、地貌、植被状况）；被勘验场所范围、形状（详细记录各边长测量数据），现场珍贵、濒危野生动物的品名、数量、大小、体貌特征、伤亡等情况；

（3）需要提取或者作其他处理的要记录提取的方法，数量和保存处理情况。照相的内容和数量、录像的内容和时长、绘图的种类和数量也应当在笔录中记录。

2. 辨认笔录包括：

（1）犯罪嫌疑人辨认笔录（对犯罪现场、共同犯罪嫌疑人、作案工具及其他与案件有关场所、物品的辨认）；

（2）被害人、证人辨认笔录（对犯罪现场、犯罪嫌疑人、作案工具及其他与案件有关场所、物品的辨认）。

3. 搜查笔录包括：

（1）对犯罪嫌疑人的身体、物品、住处进行搜查；

（2）对可能隐藏罪犯的人的住处和其他有关的地方进行搜查；

（3）对可能隐藏犯罪证据的人的身体、物品、住处和其他有关的地方进行搜查。

2-5-8. 视听资料、电子数据

1. 视听资料包括：

（1）视听资料（执法记录仪记录民警现场处置的视频资料或其他监控视听资料）要完整、不能剪辑；

（2）相关人员通过录音录像设备拍摄的视听资料（现场当事人、证人用手机、相机等设备拍摄的反映案件情况的资料）。

2. 电子数据包括手机微信、短信、聊天记录、通话记录，网上购买作案工具、通过网络联系作案等形成的电子数据。

2-5-9. 法定量刑方面的证据

1. 自然人犯罪嫌疑人身份证据材料，是指：

①居民身份证、临时身份证、工作证、护照、港澳居民来往内地通行证、台湾居民来往大陆通行证、中华人民共和国旅行证；

②户口簿、微机户口卡或公安部门出具的户籍证明材料；

③个人履历表或入学、入伍、招工、招干等登记表；④医院出生证明等。

2. 自然人犯罪嫌疑人前科证据材料，是指：

①刑事判决书、裁定书；

②释放证明书、假释证明书；

③行政处罚决定书；

④其他证明材料。

3. 犯罪嫌疑人自首、立功的证据，在共同犯罪中为主犯、从犯、胁从犯、教唆犯的证据。

4. 报案材料、公安机关出警经过、犯罪嫌疑人归案材料等。